发现城市之美
CITY DISCOVERY

出品人◎吴树彬

主编◎肖岳山　徐子雅

汕头

海天出版社（中国·深圳）

汕头在广东省的位置示意图

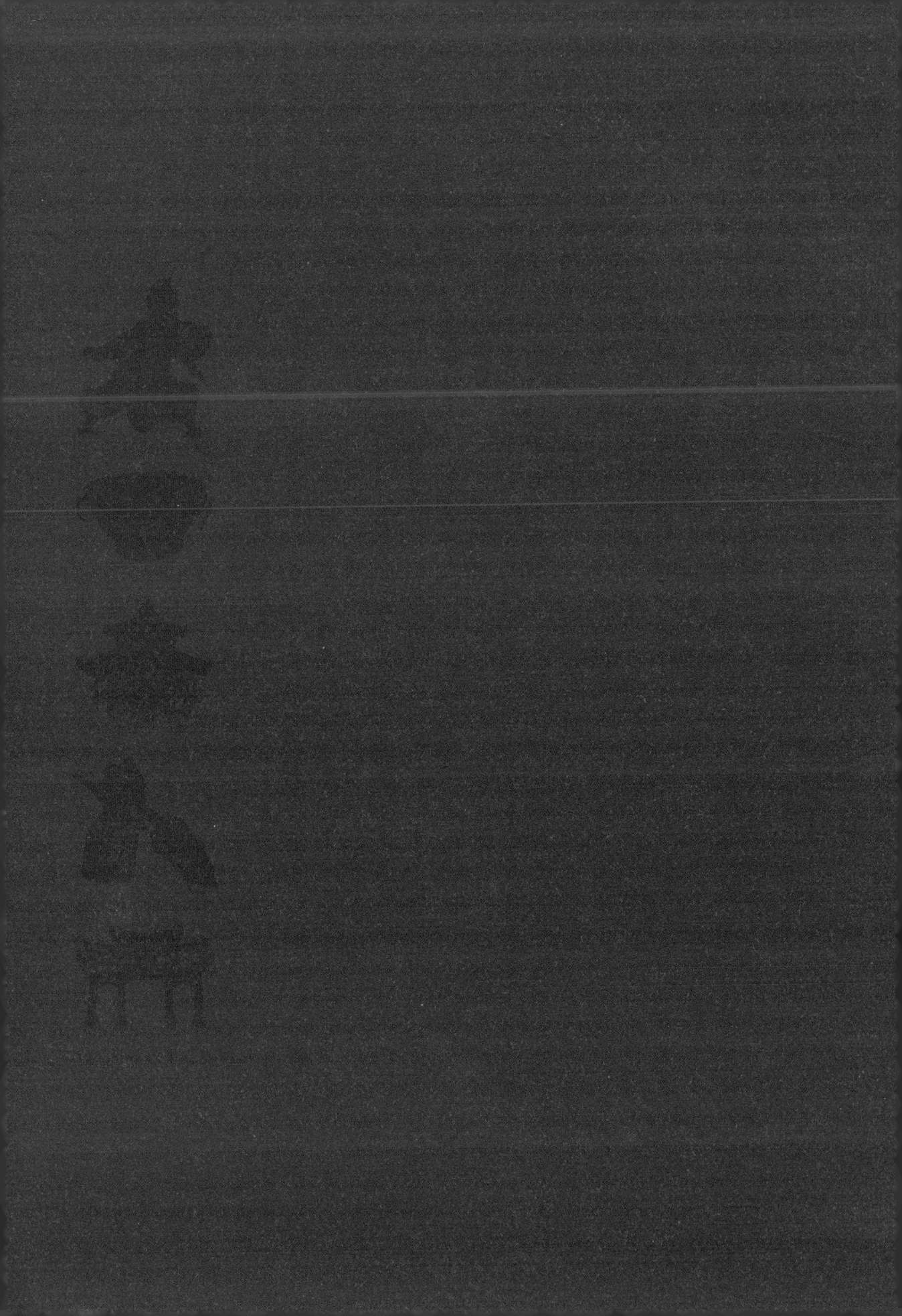

缘起 发现汕头

"留得住青山,记得住乡愁",这句话熨平了多少游子的思乡情,道出了多少异乡人的肺腑之言。来自潮汕,扎根三湘,业务版图远至新疆的吴树彬先生,足迹虽遍及大江南北,但心系故乡的情结从未改变。

记不清多少次走过熟悉的街巷,看到西堤路的骑楼依旧,小公园的洋楼依然,道路整洁通畅,老城面貌焕然一新,故乡的变化让他感慨万千。出外创业的吴树彬先生,十多年前就在新疆开办实业,在广州、衡阳等地也有自己的房地产生意,但真正让他钟情的却是文化事业。

吴树彬先生很早就涉足文化领域,书画、陶瓷、奇石、明清家具等都是他的收藏目标。他有关山月、黎雄才等岭南名家和潮汕历代名家的书画作品,有多件获得"柳州世界奇石展"金银奖的奇石作品……为了让更多人分享他的成果,他在公司开辟了展厅,为藏友和市民提供一个交流鉴赏的好去处。他曾邀北京著名画家李庚、杭州著名画家尉晓榕南下,在汕头博物馆、汕上空间美术馆举办画展,给乡亲献上高雅的文化盛宴。

从2010年起,吴树彬先生发起,通过珠江合创公司先后投入数百万元,与衡阳市美术家协会联合成立"湖南衡阳市美术创作中心",精心打造美术创作与办公场地。并联合创立"珠江合创美术创作奖",奖励参展国家级展览的获奖作者,鼓励年轻画家积极创作美术作品,对衡阳市美术事业的发展起到了积极的推动作用。

吴树彬先生同时还连续担任衡阳市第十届、第十一届政协委员,积极参政议政,为当地经济、文化、社会发展建言献策。目前,他又在衡阳紧锣密鼓地筹办具有会展、创作、茶道空间等功能的愉景文艺星级酒店，相信届时又是一场与艺术碰撞的盛宴。

吴树彬先生与外地朋友、客户相聚，常常介绍故乡的老街古巷、美食习俗、风土人情和文化艺术。有时也觉得说不透彻，意犹未尽，常想如果有一本全面介绍汕头的书籍该有多好，能让朋友们了解和品味故乡的文化。他也经常带朋友回汕头，一起逛逛小公园，看看旧时的园庐，看看海湾的小岛，品潮菜听潮乐，陶醉在醇厚的乡情之中。对于推广故乡，吴树彬先生可谓不遗余力，他的行动受到许多朋友的关注点赞。

世事变幻，沧海桑田。外来文化的冲击，传统文化的日渐式微让吴树彬忧心不已。汕头旧城区的老化，水泥森林的四处崛起，锃亮的玻璃幕墙代替了昔日的花窗瓷栏。对故乡的不关注，乡土文化的渐行渐远，让吴树彬担心失去传统文化熏陶的年轻一代会迷失自己，找不到自己的精神家园。

为了留住汕头的文化印记，展示家乡的原生态文化魅力，吴树彬先生与作为"原生态文化记录者"的深圳点石文化传媒不谋而合，携手合作。深圳点石文化传媒实地走读汕头，以第三者的视角，用轻松抒情的笔调和优美独特的镜头，记录了汕头的前世今生、大街小巷、田野阡陌……留住了一个原生态的文化汕头，留住了海内外游子心目中的乡愁。

希望《发现城市之美·汕头》能成为了解汕头的一扇窗口，让更多的人认识汕头、了解汕头、热爱汕头、支持汕头。这是一个游子心灵深处对故乡的牵挂、眷恋和祈望。

蔡东士先生为本书出版题签留念

序一

汕头，自开埠之日起，就具有开放的秉性。在中华文明漫漫五千年的历史长河中，汕头是刚刚涌现的一小片绿洲，只有短短一百多年的发展历程。与中国众多城市相比，它少了悠久的文明古迹，却多了包容的现代特征。它的商埠意义得到恩格斯的肯定，很早就名扬海外。汕头印象，铭刻世界。

一个法国朋友说，世界上只有两座城市的街区是以蜘蛛网形的道路放射出去的，一座是巴黎，另一座就是汕头。老一辈人都知道，汕头网状街道的汇聚点在著名的小公园凉亭。对这一座城市的历史，歌谣和传说似乎已经沉寂，但古老建筑还在热情诉说。汕头的风雨骑楼，依然在叙述中国近代化的故事。这座"百载商埠"，近代中国最早对外开放的港口城市之一，民国初年就延续下来的"四永一升平"，以及后来的"四安一镇邦"，是一代人难以抹去的集体记忆，也是海外赤子和友人乡愁与眷恋的精神原点。

创作《发现城市之美·汕头》的是一群有家乡情怀的人。他们用笔墨和图片，留下这座城市最动人的一页页。罗素说："这世界上不缺少美，而是缺少发现美的眼睛。"我相信这本书会吸引越来越多的目光，聚焦汕头这片美丽多情的热土。

是为序。

中共广东省委原副书记
广东潮人海外联谊会会长

序二

汕头，近代中国首批对外开放的港口城市之一，在1860年开埠之后，曾有"商贾云集，楼船万国"的盛况。作为潮汕地区的滨海重镇，这里工商繁华，是连接穗、港、沪及海外的新兴城市。汕头不曾修建过城墙、城门和护城河，从接纳落脚汕头的第一代移民开始，它就是包容、开放的。正如恩格斯在《俄国在远东的成功》中所说，"汕头这个唯一有一点商业意义的口岸"，自开埠之初就一直对世界敞开它的大门。从第一条窄小的街道、第一个集市，到后来的通商互市，车水马龙，这座百年商埠在历史浮沉中深深镌刻出近代中国的烙印。东征的烽火，抗战的硝烟，造就了这座城市坚韧不屈的精神。

那些历经风雨的骑楼，深幽安静的巷道，让旅外游子无限怀念的潮汕小吃，仿佛在述说这座城市的荣光和风霜。这里本是一片烟波浩渺的海湾，是川流不息的韩江水携来大量泥沙，才让这片土地逐渐从海底浮聚起来，在一百五十多年的历史长廊里，汕头形成了自己独有的文化特色。然而快速的城市化，让汕头的城市历史正在被遗忘，汕头的文化积淀正在流失。值得庆幸的是，在一众汕头乡贤的合力支持下，来自深圳市点石文化传媒的创作团队，为传承汕头的历史文脉写下厚重的一笔，他们以独特的视角，客观、细致地记述了在汕头的见闻，用朴实的文字和精美的图片，再现了汕头的城市格调和人文气质。我们习以为常的东西，在他们的笔触下，却有着别样的风情。

《发现城市之美·汕头》成书之际，汕头的旧城活化保育工作正在加速进行，凝聚汕头人集体记忆的老建筑、老街道正在悄然发生变化，呈现新的活力。期望本书的出版发行，能进一步展示汕头底蕴厚实的人文景观，擦亮汕头的城市名片，让读者更全面地发现、感受汕头之美。

佳宁娜集团控股有限公司主席
香港九龙潮州公会主席
香港潮属社团总会副主席
广东省政协委员（第九及十届）
马介钦 博士

CONTENTS 目录

第一章 金平

岭东门户，百年商埠

金平，百年商埠的印记	006
23.5°N 上的鮀江	**008**
北回归线标志塔	008
海滨长廊	012
西鮀浦的风华	**014**
沟南许地	014
龙泉岩	020
蓬洲所城	026
石炮台	029
老妈宫	034
存心善堂	038
中山公园	040
乾太厝内	044
开埠记忆	**048**
小公园，大时代	048
虎豹双楼	052
外来宗教文化传入汕头	056
蒋介石的桂园情缘	058
香园，变身钢琴博物馆	060
外马路，一个时代的记忆	062
开埠文化陈列馆：汕头的史书	066
侨批馆	068
海关钟楼，开埠的钥匙	070
邮政总局大楼	074
汕头大厦，开埠第一楼	076
红色汕头	**078**
八一南昌起义纪念馆	078
东江各属行政公署旧址	080
抗战胜利汕头受降处旧址	084
国民革命东征军旧址	087
红色央企，结缘汕头	090
鮀岛古早味	**092**
月浦狮头鹅	092
老妈宫粽球	094
汕头牛肉丸	096
遇见历史熟人	**098**
翁万达与翁公书院	098
金平民俗	**100**
潮汕手信	100

第二章 龙湖

龙湖，汕头经济特区的发祥地 　105	蓬洲都的故人 　126
	吴复古 　126
三江奔流汇南海 　107	翰林佘志贞 　128
妈屿岛 　107	
	小吃甲·烟火气 　130
东鲙浦的荣光 　110	菜头粿 　130
腾辉塔 　110	无米粿 　132
证果寺听禅 　112	朥粕粥 　133
准清庵 　116	
辛氏大宗祠 　118	龙湖民俗 　134
许氏大宗祠 　120	灯首盛会 　134
蓬沙书院 　122	潮乐 　136
名贤王公祠 　124	

第三章 澄海

澄海，红头船的故乡	**141**
澄海在这里沉思	**142**
塔山风景区	142
远去的故园	**144**
樟林，红头船的始发港	144
千年古村程洋冈	148
祖姑祠，谁说女子不如男？	152
黄氏家第，进士世家	156
泰王郑信故里	158
西塘幽翠，澄海名园	162
礼义永宁寨	164
陈慈黉故居，岭南第一侨宅	170
文人荟萃	**176**
北宋书法家卢侗	176
理学名卿唐伯元	178
哲学家杜国庠	180
散文家秦牧	182
忘不掉的乡土味	**184**
樟林鼠曲粿	184
隆都米糍	186
苏南麻薄酥	187
澄海风俗	**188**
灯谜	188
蜈蚣舞	189

第四章 濠江

濠江埠市，千金之港美名扬	192
河渡溪畔望巨石	194
青云岩	195
岩石风景区	198
濠江观沧海	208
达濠古城	208
青篮珍珠娘娘庙	211
青篮三山国王庙	212
玉石玄帝古庙	213
达濠万人墓	214
渡江亭	216
凤岗古村	218
那人那街那些事	220
邱辉与苏州街	220
靠海吃海	222
达濠鱼丸	222
濠江民俗	224
拜月	224

第五章 潮阳

山南水北是潮阳	**229**
山海酝正气	**230**
海门莲花峰	230
双髻山	234
潮阳的文脉	**238**
潮阳双塔	238
潮阳古寺	244
海棠古观	250
潮阳三园	252
厦霖居士林	260
风雨梅康里	262
莲峰书院	266
四序堂	270
宋大元帅墓	274
下底提督府	276
赵厝巷铜门闾	280
贞姑坊	282
郑氏孔安堂	284
古城过客	**286**
一代名儒林大春	286
劝课农桑郑之侨	288
中国电影之父郑正秋	289
电影巨匠蔡楚生	290
棉城绝味	**292**
鲎粿	292
潮阳民俗	**294**
潮阳英歌舞	294
潮阳剪纸	296
潮阳笛套音乐	298
潮阳双忠文化	300

第六章 潮南

山水平原哺潮南	307	**姚氏正贤堂**	320
		郑氏绥福堂	322
山水里的风物	308		
仙湖风景区	308	**遇见历史熟人**	323
		周光镐	323
红色潮南	310		
大南山革命遗址	310	**寻常方是家味道**	326
港头农民协会旧址	313	豆酱沙尖	326
		反沙芋头	327
宫庙访古	314		
胪山古庙，儒释合一	314	**潮南民俗**	328
五阪寺，五戒三阪成正果	316	抢鸡头	328
祥符塔，峡山的标志	318	中秋烧塔	330

第七章 南澳

南澳：海上丝路的重要节点	334
汕头屋脊	**336**
南澳的海湾	336
黄花山国家森林公园	346
南澳大桥	348
木石砖瓦里的南澳史	**350**
闽粤南澳总镇府	350
宋井怀古	354
陆秀夫墓	356
长山尾炮台	358
雄镇关	361
郑芝龙坊	362
深澳天后宫	364
后宅武帝庙	366
大夫第与康厝祠	368
海丝印记	**370**
海丝遗珠——南澳Ⅰ号	370
总兵们	**372**
抗倭名将陈璘	372
民国海军之父萨镇冰	374
山珍海味	**376**
南澳紫菜	376
龙须菜	378
南澳金薯	379
南澳民俗	**381**
麒麟舞	381
车鼓舞	382

跋

岭东门户，百年商埠

　　汕头历史悠久，秦代隶属南海郡地，唐末五代时期便有灵聚庵存在，宋代时砂尾（今金砂乡）已形成聚落，沟南、渔洲亦已有居民。汕头别称"鮀城"，宋宣和年间，属海阳、揭阳、潮阳三县管辖。明初设蓬洲守御千户所，万历年间达濠设招收和砂浦都，属潮阳县管辖。明嘉靖年间潮州府新置澄海县，汕头归其管辖县。清咸丰八年（1858年），《中美天津条约》签订，增设潮州、台南为通商口岸。后因潮州民众的反抗，商埠改设汕头。作为海上丝绸之路的重要节点，1860年开始，汕头正式拉开了百年商埠的序幕。中华人民共和国成立后，1950年，汕头设市；1981年，汕头成为经济特区；2003年，澄海、潮阳撤市建区，归属汕头；2011年，汕头经济特区扩大到全市。如今汕头市下辖金平区、龙湖区、澄海区、濠江区、潮阳区、潮南区、南澳县，以全新的格局开启了汕头的新篇章。

　　作为北回归线上唯一的海滨城市，又是潮汕文化的发祥地之一，临海而居的汕头人传承着优秀的潮汕文化，兼容西方外来文化，又创造了丰富的海洋文化。

东征军军号

1925年10月，国民革命军东征军第一次进入汕头，在外马路207号"适宜楼"（原为英国人办的酒店）设立总指挥部、政治部。总指挥蒋介石先生、苏联军事顾问加伦将军曾在西楼办公，东征军政治部总主任周恩来同志曾在东楼办公。这是当时东征军军号。

　　翁万达、周光镐、黄武贤、郑正秋、蔡楚生、许崇智、杜国庠、秦牧……从古代到现代，这些名人以光辉的事迹成为后人的榜样。

　　这里有让人感受跨越温带和亚热带的北回归线标志塔，拥有几大优质海湾的"东方威尼斯"南澳岛，媲美荷兰风况的风力资源丰富的果老山，著名的岩石风景区、塔山风景区，代表一个时代记忆的外马路，烙上开埠印记的海关钟楼等众多西式建筑，无数华侨记忆里印象鲜明的小公园……

　　这座城市以其得天独厚的自然风光、丰富多彩的民俗信仰、古韵犹存的潮剧潮乐、闲适优雅的工夫茶、独具特色的风味美食等，处处展现着它古今相融、中西合璧的和谐风韵，让人感受它像金凤花般的灿烂繁华，又能静心细品那如兰花般宠辱不惊的城市气质。

第一章 金平

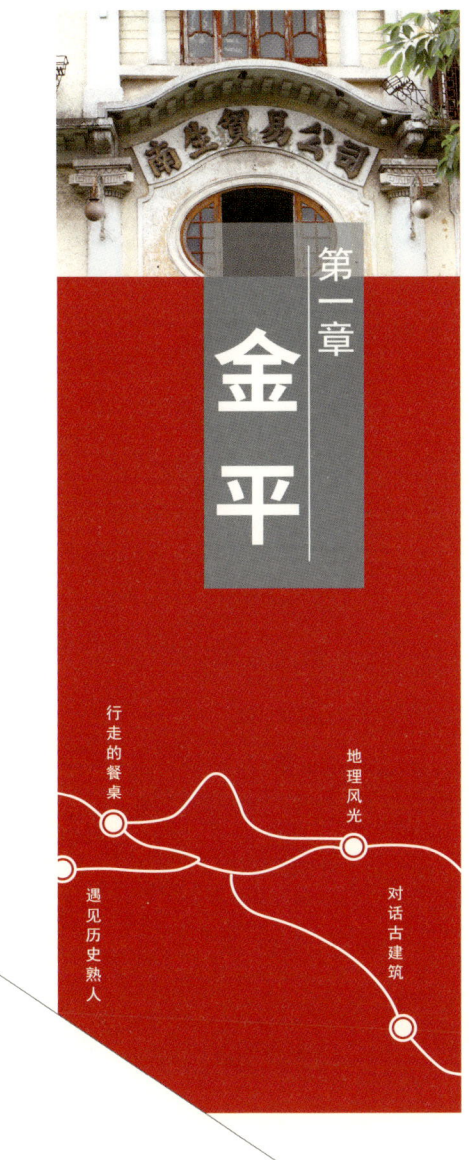

- 行走的餐桌
- 地理风光
- 遇见历史熟人
- 对话古建筑

金平，
百年商埠的印记

　　金平区位于汕头市中心城区西北部，涵盖整个汕头老城区，金平区是汕头市政府所在地，也是汕头市政治、经济、文化、商业中心。2003年，原金园区与升平区合并，各取一字而得今名。

　　金平区昔属揭阳县地，明置澄海县时属澄海县所辖，清属澄海县鮀浦司管辖。民国十年（1921年），汕头设市政厅，与澄海县分治。

　　金平区古称"蓬洲"，因长满蓬草的沙洲而得名，明初在今天鮀浦一带设置蓬洲守御千户所，明洪武二年（1369年）兴建"蓬洲所城"，为海疆要地，也是汕头埠的发祥地。

　　金平区文化底蕴深厚，以小公园为代表，用外马路串联起一个时代的记忆。海关钟楼、邮政总局大楼、开埠文化馆、汕头大厦、胡文虎和胡文豹大楼等欧式建筑，都烙上了百年商埠的印记，反映了汕头开埠时代的繁荣。

　　国民革命东征军纪念馆、八一南昌起义军总指挥部等旧址，是"潮汕七日红"的重要历史文物遗存；充满科学和人文意义的北回归线标志塔、亚洲高等学府排行榜榜上有名的汕头大学，彰显着这座城市的活力。

　　龙泉岩边，为纪念明代尚书翁万达而修建的翁公书院，以翁公为榜样启迪后代，弘扬其宁静致远、发愤苦读的遗风。翁公刻苦奋进而出人头地的励志故事，鞭策着一代代莘莘学子，为后世传颂。

　　桑浦山南麓山脚下的沟南许地，出了一个叱咤风云的许氏家族，抗英功臣许祥光、两部尚书许应骙、一代清官许应荣、辛亥革命元勋许卓、农民领袖许怀仁、著名教育家许崇清、中华女杰许广平，其光辉事迹体现了汕头的人杰地灵。

　　老妈宫、存心善堂等古建筑，不仅独具汕头传统文化的魅力，更体现了潮汕人团结乐善的美德；老妈宫粽球、卤鹅等潮汕传统美食，闻名遐迩，至今仍能勾起无数远走他乡的游子的乡愁和记忆。

　　这些，都是汕头城市文明的"魂"和"根"，是描绘老城区这幅历史画卷不可或缺的一笔。

金平旧城区

发现城市之美 · 汕头

第一章 金平

23.5°N 上的鮀江

| 北回归线标志塔 |

北回归线是北纬 23°26′ 纬线圈,是阳光直射地球表面最北端的界线,也是划分热带和温带的分界线。北回归线是一条假想线,很多国家在处于这条线上的城市建立了标志塔,以便人们能够直观地感受到这条纬线的存在。北回归线标志塔对天文、地理、土壤、生物、气候的科学研究具有重要的意义。

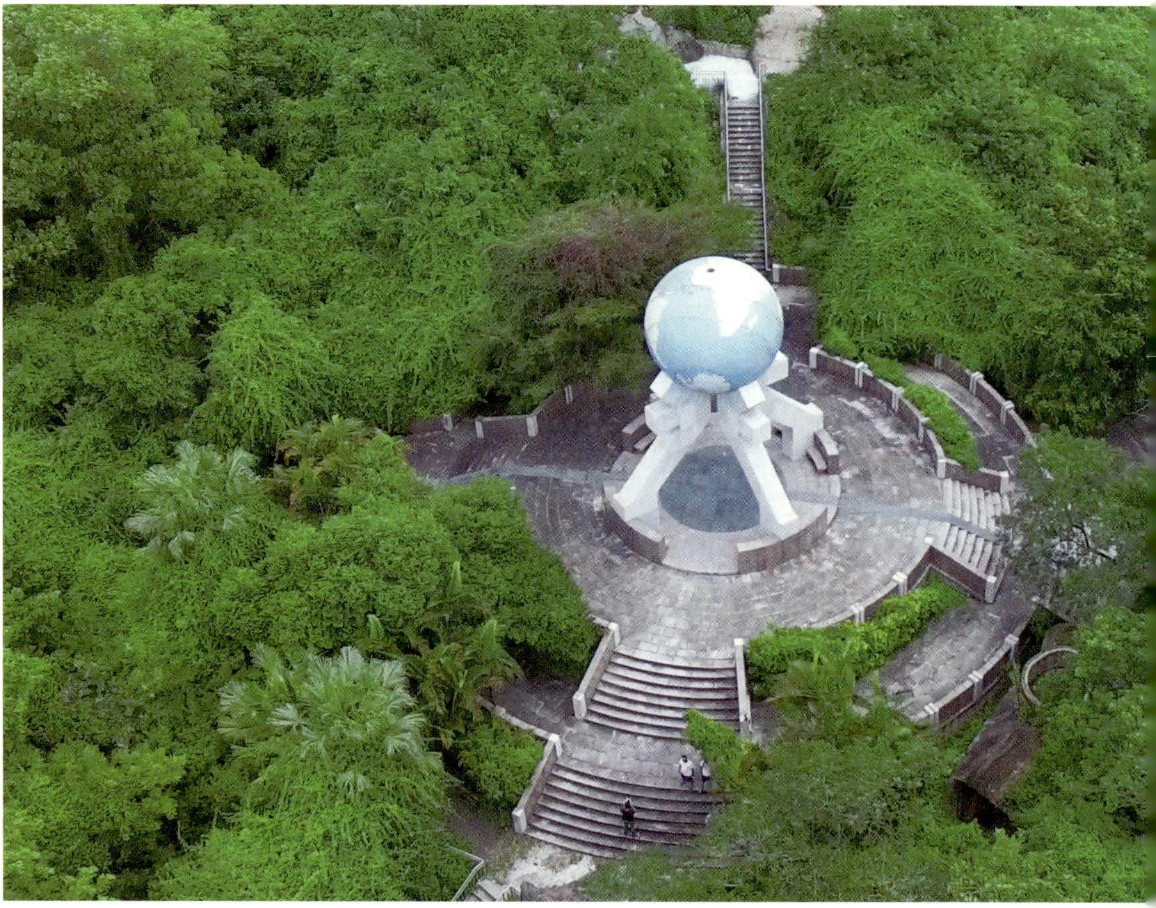

建于鸡笼山半山腰的北回归线标志塔

到目前为止，我国是世界上建立北回归线标志塔最多的国家。其中台湾省的嘉义北回归线标志塔建于清光绪三十四年（1908 年），为世界上首座北回归线标志塔；中国最西边的北回归线标志塔位于云南省墨江县，于 1996 年建成；广东省内在从化、封开和汕头三地分别建有北回归线标志塔。

汕头北回归线标志塔位于市区西郊的鸡笼山，距汕头大学不远，其入口处是座牌坊式的门楼。从门楼到山顶，有条石径相通。沿石径上山，曲径通幽，让人体会到"远上寒山石径斜，白云生处有人家"的清幽意境。石径两边依次立着十来面牌子，上面是我国各地北回归线标志塔的介绍。鸡笼山不高，北回归线标志塔就建在半山腰的一个山坡上，沿石径走大约三百米，便到了塔前。标志塔外观简洁大方，塔基为天坛式，在塔基上有一个"北"字形的支架，支撑着一个直径 5 米的地球仪。这一造型，既突出了标志

北回归线公园山巅的"夸父之亭"石刻

二字的意义，又体现了天文和地理的双重含义。

　　汕头北回归线标志塔又名"北标窥日"，于1985年10月7日动工兴建，1986年6月20日竣工，是中国大陆最东边的北回归线标志塔。该标志塔造型颇具特色，被评为汕头八景之一。每年夏至日，当太阳直射北回归线时，可看到阳光从地球仪中间的小孔穿透过来映在地面上的圆影。汕头北回归线标志塔占地两百多平方米，所处位置视野开阔，周边有"夸父之亭"和"邓林亭"等景观。登上邓林亭，可以西望牛田洋，东看古火山鸡笼山。"夸父之亭"和"邓林亭"取名来自于《山海经》里的一则神话传说。夸父就是男子汉的意思，邓林就是桃林。古时干旱，夸父开始了追赶太阳的旅程，他一路上热渴难忍，饮尽黄河渭水还不止渴，要去饮大海的水，可还未到海边，就在路上口渴而死。夸父丢弃的手杖插在地上，成了茂密的邓林。这两处景观以及相关传说，说明了古人已认识到北回归线与太阳之间的紧密联系。

　　翻看世界地图，可以看到，北回归线穿越的地方大多是荒漠，这一现象被称为"回归荒漠带"。在北回归线上，富饶的陆海交界地极少，汕头恰恰是其中之一。作为北回归线上唯一的海滨城市，汕头可谓得天独厚，充裕的日照给汕头带来良好的自然环境，这里气候温和、雨量充沛、树木长绿，展示出与整个回归荒漠带截然不同的景观。

北回归线公园山巅的邓林亭

北回归线标志塔

海滨长廊

汕头人临海而居,创造了丰富的海洋文化。清代开埠之后,汕头依靠便利的海上交通,成为粤东地区最重要的港口,这座南方的沿海城市自此脱颖而出。可以说,这座城市起源于海,崛起于海,这里的每一寸土地上都洋溢着浓郁的海洋风情。大海给了汕头取之不尽的财富和资源,也造就了这座城市美丽的海滨风光。

在金平区海滨路,有一条沿海岸线修建的观海长廊,也称海滨长廊,是汕头集休闲与观光于一体的海边风光带。长廊沿南岸蜿蜒而行,一边搭在岸上,另一边由圆柱支撑,凌空悬于海面。长廊靠岸的一面是条绿化带,种满常绿树木与花卉,绿叶婆娑,花开四季;靠海的一边,是造型别致的路灯和栅栏,游人凭栏远眺俯瞰,各得其乐。

海滨长廊,集休闲与观光于一体的海边风光带

沿长廊漫步，海浪翻滚，海鸥翔集。长廊一边是汕头城区，可以饱览海滨路上现代化的城市景观——人民广场、体育馆、迎宾馆、市政府、科技大厦等现代建筑依次跃入眼帘。另一边则是碧波万顷的大海，海天一色，白浪滔滔。极目远望，对面是汕头知名景点——岩石风景区。长廊旁边有轮渡码头，停泊着各种各样的船舶，有时候还可以看到渔民捕鱼。散步累了，长廊两边有椅子，可以坐下休息。无论是节假日还是平时，长廊上都有不少游客，他们或休闲或观光，在饱览景观的同时，也感受着这座城市的文化。从表面看来，海滨长廊是条观光带，但实际上，它体现的是汕头与海的亲密关系。

西鮀浦的风华

沟南许地

桑浦山被誉为"潮汕第一名山",山上风光旖旎,人文景观遍布,山下是辽阔的潮汕平原。从地图上看,桑浦山就像颗绿宝石,镶嵌在潮汕三市之间。在桑浦山南麓的山脚下有个村子,从桑浦山上俯瞰,可以看到村子的全貌。村旁边是个长条形的湖泊,水

沟南村是鲁迅夫人许广平的祖籍地,村口照壁上的"沟南许地"四个红色大字取自鲁迅的手迹

"鮀浦"是韩江与榕江出海口之间沿海平原的古地名,因得天独厚的地理位置而发展为港口埠市,是汕头开埠前"鮀浦三都府"的所在地,辖下鮀江都、鳄浦都在今天金平区境内,蓬洲都则包括今天的整个龙湖区辖地和金平区的一部分。

质清亮，碧波荡漾。村子以湖为界，一边是美丽的田园风光；另一边是条石板路，沿湖边蜿蜒，环绕着村子。这条路叫"尚书里"，是村中的主道。从路名可以看出，这是一座有着深厚文化底蕴的村庄。七百多年前，一伙许姓人从福建迁徙而来，定居在桑浦山下，建造房屋，开荒拓土，繁衍后代，建立了这个村子。许姓家族扎下根来，以耕读传家，世代秉承祖训，传承家风。七百多年来，这个家族培育出了无数的栋梁之材，在中国历史中留下了不可磨灭的印记。抗英功臣许祥光、两部尚书许应骙、一代清官许应荣、辛亥革命元勋许卓、农民领袖许怀仁、东征军总司令许崇智、著名教育家许崇清、中华女杰许广平等等，他们用才情与热血谱写了这个村庄以及许姓家族绵延七百多年的辉煌历程。这个村子就是今天的沟南许地。

沟南许地属汕头市月浦街道办事处管辖，距汕头市中心区约7公里。走进沟南许地，迎面而来的是立在村口的一块照壁，上面刻着"沟南许地"四个红色大字，取自鲁迅先生手迹。许广平女士与鲁迅先生的美好姻缘，将一代文豪与这个古老的村庄联系在一起。照壁后面是道圆形拱门，脚底下是条石板路，穿门而过，眼前豁然开朗。首先映入眼帘的是兰桂湖，水面宽阔，波光粼粼，湖边榕树成荫，凉风习习。这些榕树是先人所栽，每棵都有上百年的历史，树龄最大的有七百多年，据说是刚刚建村时种下的，它见证了沟南许地七百多年的时光与变迁。兰桂湖取自"兰桂齐芳"一词，寄意子女长大后摘兰折桂，也就是鼓励读书中举之意。听村里人说，每年端午节，村里会在兰桂湖赛龙舟，那是沟南许地一年中最热闹的时候。

村里的古建筑群落就在兰桂湖边上，隔着石板路与兰桂湖相对。许氏宗祠、尚书府、登科第、文林第、大夫第、儒林第、三希堂等承载着昔日荣耀的古宅，有的屹立于路边，有的隐藏在幽深的巷子之中。这些建筑多为"四点金""驷马拖车"格局，汇集了潮汕传统建筑的精华。在这些历尽沧桑的老屋里，铭刻着"颜子家训""治家格言"以及各种治学、

许广平与沟南村许氏的家族渊源

```
                    许永名
        迁往广州至今传至八代,经二百多年的奋斗成为广州名门望族
                    许拜庭
        ┌────────────┼──────────────┐
       许应骙        许应荣         许祥光
                      │              │
                     许炳晆         许应锵
        ┌──────┬──────┬──────┬──────┬──────┐
       许广平  许崇清 许崇济 许崇灏 许崇年 许崇智 许卓(崇者)
```

许崇智（1886—1965）

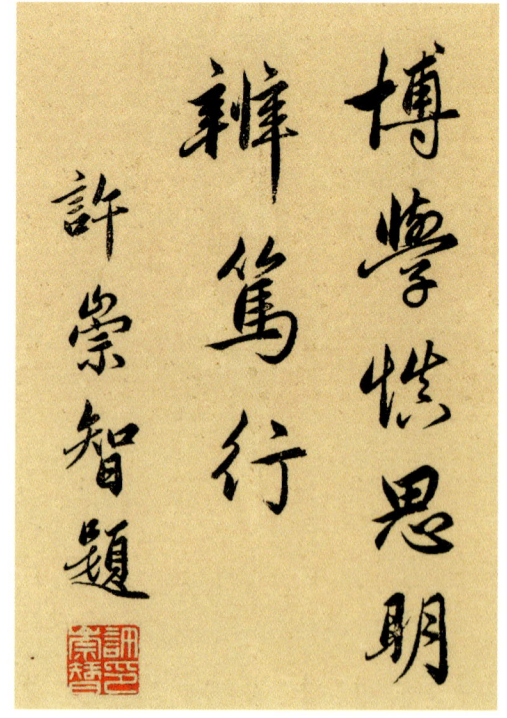

从许崇智手书中可看出其家学渊源

处世、为官的心得警句，寄托着许氏先辈们对后代的殷切期望，使许氏后人得以沐浴于诗礼之家的儒雅气息中。

在沟南许地的许姓村民们眼里，最重要的建筑是许氏宗祠，这座古老的宗祠是粤东地区许氏子孙共同祭祀祖先的地方，祠堂中处处可以看到许氏家风的注解和传承。祠堂外面的墙壁上镶有三十六道石碑，称为"光宗碑"，上面除了铭刻许氏子孙中举立功、加官晋爵的荣耀，更记载了这些名人忠君爱民、勤学孝亲的传世美德；祠堂中"克迪前光""礼乐诗书""孝悌忠信"等名言警句镌刻于显眼之处，无不在提醒子孙后代努力继承先

鲁迅、许广平与儿子海婴的合影（许氏宗祠里的老照片）

如今沟南许地是知名的民俗生态旅游区，仅兰桂湖的一角就已风光无限

辈的优良传统。如今，修葺一新的许氏宗祠，已成为许姓家族历史文化展览馆，向来此参观的游客展示许氏历代名人和家族悠久历史。

兰桂湖的对面是浩瀚广袤的田野，七百多年来，这片肥沃的土地源源不断地养育着这个人杰地灵的村子。如今，尽管经济日益发达，农耕退居一隅，但沟南许地的村民们

依旧没有放弃对土地的耕种。春暖花开，满地油菜花争相怒放，放眼望去，古老的村庄旁边，就像铺开了一块金色的地毯。蓝天、白云、青山、湖泊、金灿灿的田野、古老的房屋，相互映衬，使沟南许地成为一幅梦幻般的油画。

兰桂湖一边是许氏居住的地方，另一边是秀丽的田园风光

| 龙泉岩 |

龙泉岩所在的桑浦山形成于远古时期地壳运动或构造运动，是五岭支脉，这片地方原是海，经过漫长的岁月，在大陆板块的挤压下，从海底隆起，形成连接潮汕三市的桑浦山。山体岩石经过海水的冲刷和浸泡，外表呈暗褐色，无论形状还是颜色，这种岩石与别的地方的岩石迥然不同，因此才有了桑浦山独特的岩石风光，龙泉岩便是其代表之一。

龙泉岩隶属金平区鮀江街道，位于桑浦山的东南麓，正对着榕江入海口，是桑浦山最靠近大海的地方。山上有一眼四季长流的清泉，叫龙泉，龙泉岩因泉得名。相传，古

龙泉岩上形状各异的岩石是其独特的风景，山下遍布各种寺庙

时有条黄龙接受玉帝旨意，下降到人间为百姓消除疫灾。黄龙来到桑浦山后，卧于一块岩石之上，口吐涓涓细泉，供人饮用，附近疫灾顿时消失。黄龙走后，留下此泉，寺里僧人视为至宝，常年将泉水收集在葫芦里，馈送各方施主，无不灵验。如今，人们根据传说，在泉水涌出的地方雕了一条龙，并让这眼传说之泉的水从龙口里流出，使龙泉岩这一地名更加形象和生动。

龙泉岩风光秀丽，是释道二教最喜欢的清修之地，自高僧能通在紫来岩修行，将佛教带到此地后，便不断有僧人来此，在龙泉岩一带修建寺庙，弘扬佛法，长久以来，龙泉岩一带形成了汕头境内最壮观的寺庙群。

龙泉岩也是文人墨客寄情山水寻找灵感的地方。自宋代起，就有文人雅士到龙泉岩游览吟咏，留下了许多石刻。这些石刻既具有书法的艺术性，又具有人文景点的旅游价值，同时，作为潮汕石刻的重要组成部分，它还是地方文化的体现。

龙泉寺是桑浦山最古老的寺庙之一，初建于宋代

龙泉寺

龙泉寺是桑浦山最古老的寺庙之一，建造者因地制宜，佛殿依山上龙泉岩的天然石洞建成，结构简单，浑然天成。在中国，这样的寺庙被称为"岩寺"，很多地方都有。

龙泉寺雄踞龙泉岩之巅，建成后便成为桑浦山上的一处佛教圣地，信众祈望它庇佑富饶美丽的潮汕平原，它也承载着一代代潮汕人向佛为善的信仰。明朝天顺年间，释悟泉禅师主持将龙泉寺在原有基础上进行扩建，在僧人和香客的努力下，古寺由一座小庙扩建成颇具规模的寺院。龙泉岩素以岩、泉奇特闻名，少年翁万达曾在岩上天然石室读书，而后成为明代名臣的事迹，让古寺更加闻名遐迩。数百年间，龙泉寺香火旺盛，游人不绝，文人雅士纷纷慕名而来，留下许多珍贵的石刻和碑记。

"文化大革命"期间，龙泉寺建筑及佛像毁于一旦，仅存石洞。1978年以后，释宏慈住持筹资修复了僧帽石的主佛堂、药师阁、观音殿、龙光阁、慈悲阁等建筑，使古寺得以重生。此后逐步完善，恢复原貌，成为如今的龙泉寺。龙泉寺以悠久的历史以及深厚的文化底蕴，成为潮汕地区一座集宗教与人文于一体的名寺。

紫来岩面朝东方，取"紫气东来"之意

紫来岩

紫来岩，位于龙泉岩的东侧，与著名的翁公书院相邻。在翁公书院内可以听到经声，在紫来岩则可以听到琅琅的读书声。

相传宋徽宗年间，福建南普陀高僧比丘通能在这里择洞而居，参禅修行，自此便有了紫来岩。因此，在汕头民间有"未有龙泉岩，先有紫来岩"之说。清康熙六十年（1721年），由协镇左部厅官员陈必禄、儒学士陈一铨等人牵头，以比丘通能居住过的石洞为主体，修建成二十余平方米的岩寺。1980年初再建。

紫来岩面朝东方，对面是鹧鸪山，旭日东升时，曙光越过对面山巅，射入洞内，满洞生辉，有"紫气东来"之意，"紫来岩"因此得名。岩洞内布满历代铭文石刻，洞门两侧有龙泉岩八景的浮雕。洞外石壁飞悬，气势恢宏。洞口有一块清康熙六十年（1721年）修紫来岩的碑记，字迹已有部分模糊，但依稀可以看出修建人及捐资情况。洞内供奉宋大峰祖师。宋大峰祖师动众捐资，化缘俭节，斥资造桥，为民医治疾病，赠送良药，是继唐代大巅禅师之后又一代德高望重的高僧。石洞内的大岩石顶部绘制了大峰祖师修建潮阳和平桥的全貌，彰显大峰祖师的功德。在紫来岩的两侧，有古代亭台阁榭的小型石壁雕塑，借助山石间的泉水，形成一幅江南秀色庭院楼阁画卷。遗憾的是，由于年久失修，又遭受人为破坏，如今的紫来岩只剩断壁残垣。

铁林寺

龙泉岩的后面，山势突然升高，顺着陡坡一路往上，一座宏伟的佛寺出现在眼前。寺内殿堂林立，布局整齐，飞檐翘角间，隐隐透射出庄严之气。这便是铁林寺。

据民间传说，铁林寺始建于宋初，距今已有近千年历史。景炎元年（1276年），宋帝赵昰御赐寺名，为这座古寺增添了神圣的色彩，因此又称"铁林护国禅寺"。宋代末期，元兵攻入潮汕，大量焚毁中原文化遗存，铁林寺在这场浩劫中荡然无存。在此后的数百年间，始终未能重建。直至2001年，信众捐资重建，铁林寺才得以再次面世。

铁林寺东侧有座玄武庙，与铁林寺同期所建，庙内有"帝德光天"匾额一块，据说为北宋文豪苏东坡所题。铁林寺西侧的山顶，有"佛光岩"和"心印"两处石刻，此外还有石雕的观音一尊，由整块山岩雕琢而成。观音的下方，是一尊通宝佛的雕像，也是由整块山岩雕成，其"手捧金元宝，笑迎八方客"的形象憨态可掬。

铁林寺地处山巅，俯瞰芸芸众生，从寺前望去，周边景色一览无遗，寺中梵音缭绕，香烟袅袅，当太阳升起时，金色的阳光笼罩全寺，恍若佛光普照。

龙泉岩后面的铁林寺

蓬洲所城

蓬洲所城位于金平区鮀江街道,其背后是绵延数十公里的桑浦山脉,前方是辽阔的潮汕平原,视野开阔。以山为屏,据山而守,是古代建造防御工事的重要条件之一,这也是当初将所城建在此地的原因。

明代初期,朝廷采用"筑小城,建卫所"的军事防范策略,推行"卫所制度"。明洪武元年(1368年),成镇将军谢赣南奉旨戍守南部海防,翌年到达潮州,决定在蓬洲都厦岭村设蓬洲守御千户所。所城初建,谢赣南为主理,守南门,陈纪常守东门,傅将军守北门,江将军守西门。当时朝廷规定戍边建所城的将军永不回朝,世代为国驱驰,故同期入潮的开国大将也将世代戍边,永不还朝。谢赣南等几位开国元勋落户蓬洲,谢赣南世袭蓬洲所城指挥。洪武二十七年(1394年),"厦岭之乱"发生,所城内迁,改置于鮀江都之西埕诸村,仍以"蓬洲所城"为名。洪武三十一年(1398年),在百户长董兴的带领下,守城士兵将土墙改砌成石城墙,蓬洲所城成为一座坚固的堡垒。

蓬洲所城周长2公里,设东西南北四

古榕树和古民居是蓬洲所城历史的见证

门，城门上各有月楼，用于侦察敌情。明代初期至中期，这座所城专门用于驻兵，为保卫潮汕地区的安宁做出重要的贡献。明嘉靖年间，倭患严重，百姓深受其害，兵部尚书翁万达上奏，请求朝廷同意四乡民众入住所城，蓬洲所城从此形成兵民联防的格局。各方商贾、富豪纷纷进入所城买地建宅。经统一规划，城中街巷纵横有序。顺兴街、中兴街、原兴街从南向北贯穿全城。城东畔有木坑爷巷、胶走巷、关爷宫巷、文祠巷等，城西畔有杨厝巷、八角楼巷、安臣巷、市巷、许厝巷、亭脚巷、公婆巷等，是一座典型的明式小城镇，城内"士庶相安，农工渐举，商贾肇兴"。

蓬洲所城城墙坚固，几百年来，虽经历了无数次的动乱，却几乎未受到什么损坏。抗日战争时期，日寇入侵，这座古老的所城在炮火中毁去大半。所城历经战火遗存下来的部分于1958年被拆除，现仅存两段残破的城墙。在这两段城墙上，各有一棵参天古榕，这两棵老树盘根错节，根须深入城墙缝隙，与古老的城墙已经结为一体。如今的所城，已经看不到当年的影子，只有那些夹杂于现代民居中的古建筑，静默着证

天褒孝节坊位于所城北城门口，是为旌表清雍正年间的儒士翁依士之妻杨氏而建

明这里曾经人才辈出。据居民介绍，这块兵家驻扎之地，共出过23名进士。由此可以看出，在过去的几百年中，蓬洲所城注重文武兼修。明代兵部尚书翁万达、武进士翁邦祥，清代状元庄有恭、名商陈雨亭等名贤均出生于此。而烈女祖姑母、孝子翁孟统，以及村口的天褒孝节坊，则是所城传统美德的体现。

在护城河包围下的石炮台是一座圆形的建筑，就像一座古老的城堡

石炮台

在汕头市的东南方,有座风格独特的圆形建筑,像座古老的城堡,其外围是条护城河,河水幽深碧绿。城墙顶端有炮口,几门大炮黝黑的炮口伸出来对准海面。这就是著名的崎碌炮台,也叫石炮台。石炮台紧临海滨路,与隔岸苏安炮台遥相呼应,扼住汕头海湾出入口,地理位置十分险要,是清代粤东地区的主要海防建筑。

石炮台视野开阔,防御面积大,防御体系周密。炮台的正门叫西辕门,门边一棵老榕树,见证了炮台从始建至今的历史。从西辕门进去,是条环形炮巷,炮巷既能做躲避敌人攻击的掩体,又可以通过小门抵达任何一处射击点,保证了作战时的机动灵活。炮台中央有个广场,是当初用于练兵的地方,如今植上了一排棕树。从炮巷出来,有条石台阶通往炮台的顶层。沿石台阶上去,左边是块空坪,坪上有些塔状的空心建筑物,这些是传音台,用于作战时发出警报以及维持炮巷里的通讯;右边是排房间,是换班士兵休息的地方。从这排房间过去,围绕炮台依次分布着一些发射台,一尊尊铁炮架在上面对准大海,威风凛凛,给人一种神圣不可侵犯的感觉。

从始建至今,石炮台已有一百多年的历史。19世纪中期,第一、

炮台上的传音台,用于作战时发出警报以及维持炮巷里的通讯

发现城市之美·汕头　第一章 金平

二次鸦片战争先后爆发，清政府与美、英、法等列强签订了丧权辱国的《南京条约》和《天津条约》，实行门户开放，汕头就是当时全国十个通商口岸之一。开埠之后，外国商船纷至沓来，国门初开，一切都处于动荡不安之中，加上海防松散，给汕头百姓带来了严重的不安定因素。当时驻潮州总兵方耀顺应民意，以"邻氛不净，潮海严防"为由奏请清廷，在汕头建筑崎碌炮台，以加强海防。

方耀是个铁腕人物，奏折得到批准后，他立即开始着手建造炮台。在方耀的带领下，清同治十三年（1874年），炮台开始动工修建。至光绪五年（1879年）便全部竣工投入使用，整个工程仅历时五年，耗资八万银元。炮台主要以贝灰砂、煮烂的糯米饭及红糖浆为材料夯筑而成，其大门、炮巷均采用花岗石块砌筑，因而俗称"石炮台"。作为军事工程，这一名字既形象地反映了炮台的建筑特点，同时又有坚如磐石之意。

石炮台建成后，四周布置大炮，驻扎士兵，形成一处坚固的海防工事，保护了汕头一方平安。如今，这座海滨城市早已远离炮火，走入和平时代，这座古炮台所在地则被开发成了石炮台公园。

石炮台的炮巷

城墙顶端的大炮对准海面,扼住海湾出入口

崎碌炮台主要以贝灰砂、煮烂的糯米饭及红糖浆夯筑而成，大门、炮巷均采用花岗岩石块砌筑，因而俗称"石炮台"

老妈宫

在古代,常有出海者在风浪中丧生,出海的人们一直在寻求自己的保护神,相传福建莆田县有一位从小天赋异禀的姑娘林默,二十九岁时在湄洲岛羽化登仙,其后每多显灵,于海上救人无数,因此成为百姓心中海神的化身。其乡人于湄洲岛上建庙拜祭,这就是闻名遐迩的湄洲妈祖庙。妈祖文化由福建船民开始,在沿海一带影响力不断扩散。随着历代帝王的褒封,将妈祖尊为天后,妈祖文化逐渐成为民间传统的信仰之一。

明清时期,妈祖文化从福建传入潮汕地区,潮汕各地纷纷修建妈祖庙,汕头天后宫

天后宫位于外马路与永平路交会处

便是在这种背景下产生。据汕头人介绍,明清时期的天后宫周围曾是一片海岸。以前汕头人远渡重洋谋生,都是从这里出发,在出海远行前,游子必来祭拜妈祖,以求平安。天后宫选址于此,是为了便于人们出海时祭拜。许多海外华侨回乡,依然会回到这里还愿。在几百年的时间里,天后宫给了汕头人精神上的支撑。

汕头天后宫始建于清嘉庆年间,又称老妈宫。老妈宫位于外马路与永平路交会处,旁边是关帝庙。老妈宫的正殿,供奉着"天后圣母"雕像。雕像左侧塑"注生娘娘",右侧塑"珍珠娘娘",据传她们是分管生育和抚养的神明。关帝庙里塑有右手捋美髯左手持《春秋》的关羽雕像,关羽雕像后侧分别是关羽的义子关平和侍卫勇将周仓立像。在

天后宫,又称老妈宫

重焕生机的老妈宫戏台

老妈宫和关帝庙的正堂，各竖有一对用整块石头雕刻的盘龙柱，这对石柱出自福建莆田和晋江工匠之手，精湛的雕刻技艺令人叹为观止。屋顶上的嵌瓷、楹梁上的木雕，形神兼备，巧夺天工，展现了潮汕木雕和嵌瓷艺术的风采。

老妈宫曾于清光绪五年（1879年）重建，门匾额上有刻字记载。由于年代久远，原建筑已残破不堪。1991年，由汕头市文化局主持，华侨、港澳同胞及当地市民捐资重修，坚持"修旧如旧"原则，保留了原建筑的布局结构，石雕、木雕、嵌瓷等装饰依然展现了清代潮汕建筑的艺术特色。

除了重修老妈宫这样的传统建筑，自2016年开始，随着汕头市委、市政府着力推进小公园开埠区的保育活化工作，中山纪念亭、老妈宫戏台等具有历史意义的老建筑也先后修缮复原重焕新姿。

老妈宫戏台所在地原是老妈宫对面的空地，当地人称"妈宫前"，清嘉庆年间就已存在。逢年过节和每年农历三月二十三日的妈祖诞，乡民们会在妈宫前搭戏台演大戏，酬神同乐。平时，妈宫前则作为商贸集市，是汕头埠最早的市集。1930 年，汕头市政府在该址建设汕头第一市场，也叫升平市场。据史料记载，当时一、二楼为农贸市场，三楼为升平戏院。解放后，该建筑物被政府接管，先后作为商贸市场、小商品交易所和市百货文化用品公司的办公经营场所。

重修后的老妈宫戏台恢弘大气，融合中西建筑元素，又沿袭潮汕传统的装饰艺术，精雕细刻，中西合璧。西式卷草窗花浅浮雕、清水红砖墙、彩色釉面砖、拱形窗、彩色玻璃等，充满浓郁的潮汕民俗风情。内厅采用回廊式开放设计，一楼和二楼可同时观演，最多可容纳 200 人。重建老妈宫戏台的过程中还发现了明代的古井，至今水质依然清冽。在老妈宫戏台的主厅，设计者还在进门处的一个水池中树立一尊高达 2.7 米的汉白玉妈祖塑像，将妈祖文化也完美融入其中。

如今，老妈宫戏台与老妈宫隔路相望，成为汕头的城市文化客厅，重唤老一辈汕头人和海外华侨的集体记忆，也传达着潮汕人对妈祖的敬颂之情。

汕头市"老妈宫戏台"由汕头大学长江艺术与设计学院教师周哲雄设计

存心善堂

潮汕善堂是一种地域特色浓郁的民间慈善机构，早期的潮汕善堂是佛家开办的慈善机构，以宋大峰祖师为奉敬之神，其宗旨是弘扬慈悲济世、号召众生积德从善。后来，随着历史的发展，潮汕善堂逐渐从佛家脱离出来，演变成民间自发组织的一种集释、道、儒文化于一体的慈善救济机构。

明清时期，潮汕善堂逐步发展壮大，至清末民初，更是达到了鼎盛，那时的善堂已经有五百多家。海外潮人聚居地如泰国、新加坡、马来西亚、美国以及我国的香港、台湾等地都先后出现了善堂机构。这些异地的善堂，对潮汕地区的经济发展起到了重要的作用。潮汕人闯荡异乡，举目无亲，他们遇到困难时，可以得到善堂的帮助，当祖国有难时，这些善堂也会给予援助。从某种程度来说，这些善堂是维系华侨与故乡之间感情的纽带，为潮商的崛起提供了极为重要的精神支持。因此，善堂既是一种民间文化，也是潮汕人精诚团结的体现。

在汕头市外马路57号，有一栋青灰色的三层洋楼，看上去有点像教堂。洋楼旁边

汕头沦陷期间，存心善堂赈济灾民的场面

是欧式风格的拱门，叫存心学校。学校后面，是座庙堂式建筑，这便是著名的存心善堂。

存心善堂始建于清代，光绪二十五年（1899年），潮汕地区发生瘟疫，潮阳棉安善堂的社友周资深与赵进华等人到汕头做工，看到街边四处是流民，以及被瘟疫夺去生命的遗尸，于是发动达濠、华坞等地的乡民，在外马路创建了存心善堂救助流民。为了镇灾祛邪，驱除瘟疫，赵进华还从棉安善堂请来宋大峰祖师木雕像，供奉于存心善堂。当时，存心善堂没有固定的堂址，只能借地设堂。光绪二十九年（1903年），元兴、南记等48家在汕头有影响力的商行资助修建了固定堂址。民国时期，存心善堂逐渐壮大，成为汕头善堂之首，并修建了学校、医院等公益机构，为潮汕地区的公益事业做出了重要贡献。"文化大革命"时期，善堂停开，此后的五十多年间，这座善堂处于停运状态，直至2003年才恢复了运作，当年的7月，经汕头市有关部门批准，存心善堂成为汕头市慈善总会分支机构，全称为"汕头慈善总会存心善堂福利会"。

在外马路的存心学校侧面，就是民国时期著名的存心善堂

中山公园

1925年3月，孙中山于北京病逝。这一年，国民革命军第二次东征，以攻克汕头宣告彻底平定广东全境，为纪念孙中山的卓著功勋，汕头市将原来的"中央公园"改名为"中山公园"。经过两年的改造，于1928年8月建成开放。中山公园是汕头市现存建园最早、规模最大的综合性公园。

中山公园原址是杏花村临江塭地，清同治十二年（1873年）人工开凿梅溪新溪之后，该地段形成江心浮渚。1921年，汕头市政厅成立，与澄海分治后，划出旧月眉349亩荒芜烂泥地，初步指定为建设公园地点，因公园位置在市区的中央，故定名为"中央公园"。由于经费问题，中央公园一直未建成，直至1925年改建为中山公园。开放时，只有一片草地和一个木架大门、一座木桥、一个自由女神喷水池，还有四五座纪念碑和亭。后来采用游艺大会、募捐、摊派、发彩票的形式，时建时辍，至1934年公园的结构规模基本形成，现为汕头八景之"月苑莺声"。

位处月眉河畔的中山公园，四面环水，以中山桥、月眉桥和迎春桥三座桥梁与陆地连接。园内以玉鉴湖西岸为界，东片挖湖筑丘，形成五个小岛，九曲桥、碧波桥、玉带桥等八座大小、造型各异的桥梁，或跃于碧流之上，或横卧清波之间，成为衔接山水，牵手亭廊的纽带，极富中国

中山公园牌坊上的屋脊走兽

牌坊背面上的独角麒麟

中山公园正门的牌坊，背面刻"天下为公"

公园正门牌楼后的孙中山塑像

古典园林韵味；西面林木青葱，繁花芳草，格外清新，令人流连忘返。

公园中的牌楼、假山、九曲桥被誉为园中"三绝"。从正门而入，首先看到的是一座三门四柱的古色牌楼。牌楼高达18米，朱红色的巨柱矗立，碧瓦覆盖，雄伟壮观。正面门额嵌"中山公园"四个浮雕金字，背面刻"天下为公"。牌楼后矗立着孙中山先生全身铜像。牌楼东面的三层假山，以海石为主，由人工精砌而成，底层保留了一幅展现汕头20世纪30年代繁荣景象的《汕头商埠图》浮雕壁画，为市级保护文物。假山怪石嶙峋，曲径迂回，壁洞通幽，可登高眺望，园景一览无遗，玉鉴湖的九曲桥亦仿佛就在脚下。九曲桥有九折，桥上有四面通风亭三座，大的主亭居中，两边又各有一小亭，以桥联成一体。凭栏远眺秀丽的湖光山色，水光倒影，鱼群戏逐，妙趣横生，令人心旷神怡。

中山公园作为粤东地区历史最久、规模最大、影响最广的公园，至今仍是汕头市民休闲的首选地。它是汕头社会记忆和城市历史文化的载体，承载着汕头埠近一个世纪的记忆。许多老潮汕人在中山公园留下许多美好而难忘的记忆，如今又有更多年轻人在此留下足迹。

公园内的槐荫桥

玉鉴湖中成群的观赏鲤鱼

老旧的洋楼布满沧桑

乾太厝内

安平路位于汕头老城区，作为曾经的"四安一镇邦"商业区的组成部分，在20世纪30年代，这条老街有过辉煌的历史，它是汕头开埠时代的见证。难能可贵的是，不管时代如何变迁，这条老街似乎从未沉寂过。如今，老街两边依然骑楼密集，商铺林立，沿袭着20世纪30年代的商业氛围。在安平路附近的同平路段，有条僻静的巷子。沿巷子往里走，犹如时光逆转，一百多年的风雨和沧桑历历在目。巷子两边是一栋栋中西结合的老旧洋楼，现大多数已残破不堪，门窗腐朽脱落，墙隙间杂草丛生。这荒凉的景象让人无法相信，这就是曾经风光无限的乾太厝内。

乾太厝内始建于清咸丰年间，主人叫林朝阳。在安溪和汕头两地，林朝阳是一位人们耳熟能详的传奇人物。这位福建安溪人在一百多年前，将安溪铁观音带入汕头，开创了安溪茶叶往外销售的模式。他以经营茶叶发家致富，既创造了属于自己的时代，也为安溪铁观音开创了一条经久不衰的营销之路。

乾太厝内窗户虽被砌上了红砖，但仍能看出欧式建筑的风格

曾经风光无限的乾太厝内，如今门窗老旧，墙隙杂草丛生

中年之后，林朝阳弃商入仕。关于林朝阳入仕，在汕头有一个传说。清道光年间，林朝阳一夜之间被一董姓钱庄以倒闭形式侵吞纹银十万两，他去官府上诉，却没被受理，反被钱庄老板讥讽："若要索取这些纹银，当待你任潮州父母官。"一怒之下，林朝阳弃商入仕，志在雪失银之恨。后来经钦差大臣林则徐荐举，林朝阳至四川押运铜锭，表现出色，成功走入官场，并一路高升。后来董姓钱庄再度与人发生诉讼，受理此案的恰好是林朝阳。虽然此次诉讼理在董姓钱庄，但因之前与林朝阳的过节，旁人皆谓董姓钱庄必然败讼。不料林朝阳丝毫不计私怨，秉公办理了此案，判董氏胜诉。董氏深感愧疚，将从前所吞没的纹银归还原主。

无论传说是否属实，可以肯定的是，林朝阳作为商人获得了巨大成功，在官场上同样风生水起。他历任潮粮分府钦加潮州府同知衔、前山军民府特授潮州粮捕、潮州水利分府兼海关税务随带加三级。潮汕一带和安溪故里的民众称他为"林三府"。林朝阳在潮州任职时，正处于第二次鸦片战争期间，广东沿海一带常有小股英军骚扰，走私鸦片的不法奸商更是频繁出没。有司勒令林朝阳领前山军民府职，前往绥靖。林朝阳虽然是文官领武职，但竭力勤政，外抗敌军侵扰，内治不法奸商，有效地维持了潮汕一带沿海的安宁。清咸丰十年（1860年）清廷特钦赐"绩著韩江"匾以彰其绩。同治元年（1862年），林朝阳病卒。清廷为嘉其一生功绩，钦赐"克襄王事"匾。如今，"绩著韩江""克襄王事"二匾存于其故里安溪。

今天的乾太厝内，是由林朝阳为官时所建的大夫第扩建而来。林朝阳去世后，家道开始衰落，其子孙后代将大夫第陆续变卖，只留下少许房屋自住。一些外姓富商因仰慕这位茶叶销售的创始人而迁居到了这里，他们以大夫第为中心，建造了许多西洋风格的洋楼。在不断的扩建之下，乾太厝内最终形成三直一横巷、三闸门、三门楼的壮观格局。听住在这里的老人说，乾太厝内的房屋曾有66幢之多，最盛时期，里面共住了两百多人。后来，随着时代变迁，乾太厝内的住户陆续迁走，只剩下如今的十来户人家，守着这片沧桑老屋，守着一段关于安溪茶叶销售的历史。

开埠记忆

|小公园，大时代|

从高处俯瞰，汕头老城区就像一张蛛网，其中心位置是中山纪念亭，街巷围绕着这座亭子，呈环状往四周散开。这样的街区布局，既具异国风情，又铭刻着汕头的时代烙印。站在中山纪念亭中，举目四望，一座座中西合璧的老骑楼坐落于大街小巷，就如同一张张褪色的老照片，沧桑的底色中透露着异国风情及深厚的历史底蕴，汕头人将这一带叫作小公园。

小公园是汕头20世纪的一张名片，见证了汕头开埠之后的发展史。鸦片战争之后，国门敞开，汕头开埠，外国商人纷纷涌入，推动了汕头的商业发展。至民国初期，汕头埠已成为中国举足轻重的商业重地。开埠带来了汕头的经济繁荣，也带来了多元的文化，一座座外观精致典雅的洋楼与带着欧式风情的骑楼纷纷出现在外马路上。这些中西合璧的建筑物，形成了汕头开埠时代独特的城市景观。1921年，汕头建市，市政建设进一步加快，城区从外马路往内延伸，形成了"四永一升平""四安一镇邦""小公园"三大商业街区。"四永一升平"指的是永兴街、永泰街、永和街、永安街、升平路；"四安一镇邦"指的是怀安、万安、吉安、棉安、镇邦等五条街；而"小公园"则是指以中山纪念亭为中心的周边一带骑楼商业区。这三大商业区的出现，是汕头百年商埠辉煌的体现。在三大商业区中，最有名的是小公园。

小公园形成于20世纪30年代。最初的小公园是

位于汕头老城区小公园中心位置的中山纪念亭

指建在这块商业区中央的街心绿岛，小巧而精致，初建时有假山、喷池，还竖有一块"万国来朝"的牌子，寓意着四方来财，也显示着中国作为文明古国的悠久历史。建成之后，小公园成为汕头人购物时的休憩场所。1934年，人们在小公园增建了一座亭子，取名为中山纪念亭。听老一辈的汕头人说，在这座亭子里，曾经升起了汕头的第一面五星红旗，可见它在汕头人心中的地位。始建于1932年的南生百货大楼，集购物、娱乐、餐饮、住宿为一体，是汕头埠发展的一块里程碑，曾风靡汕头达半世纪之久。

久而久之，这中山纪念亭与小公园一起，成为汕头的一个文化符号，小公园一带的商业区也被人们叫成了小公园。这便是现在广义上的小公园。作为汕头开埠文化的发祥地，小公园是汕头重要的地方文化遗产，它以独特的岭南建筑风格、街道特色和浓郁的商业氛围，成为"百载商埠"魅力展现的载体。这种从中心向四周环状辐射的城区布局，在全世界极为少见，仅有巴黎等极少数的城市拥有这样的环形放射状街区。由此可见，开埠时代的汕头，在城市建设方面吸取了世界一流城市的精髓。

如今的小公园，已经消退了昔时的荣华。许多曾经风光无限的建筑物，沧桑中还透着岁月无法掩盖的时代印记。如今，见证汕头百载商埠巨变的南生百货大楼将启动修缮工程，小公园开埠区由五福路、同平路、国平路、升平路、民族路等13条路构成的"三环三线"的保育活化项目也即将启动。这片在老汕头人心中无可取代的老商业区，将焕然重生，唤醒人们对一个时代的记忆。

小公园的建筑沧桑中还透着时代的印记

南生百货大楼是汕头埠发展的一块里程碑

药业界传奇巨子——胡文虎、胡文豹兄弟

虎豹双楼

胡文虎大楼

在汕头市金平区民族路69号,有一栋风格独特的老楼。老楼临街的一面呈优美的弧形,就像一把打开的扇子。在外观设计上,该楼既有广东传统骑楼的风格,同时又融入了欧式特色,可谓中西合璧,这一特点反映了汕头在开埠时期的文化现象。作为开埠时代的著名建筑物,这栋大楼曾是汕头的标志性建筑,汕头人称之为胡文虎大楼。

胡文虎大楼主体高三层,底层临街,为骑楼样式,三楼楼顶是天台,天台中间突起一座筒形的三层小楼,这座小楼是该楼最大的特色,汕头市民称之为"楼叠楼"。"楼叠楼"的由来有几种传说:一说是因为汕头靠海,地基不坚实,为减负抗震,只能将上面三层建成小筒楼;另一说是风水的需要,筒楼呈圆形,属土格,可能大楼主人胡文虎"八字"缺土,因此以圆形筒楼作为弥补;也有说"天圆地方",这圆筒小楼象征通天之柱,寄寓事业蒸蒸日上之瑞兆。还有一种说法:当年营造厂接受这项工程时,估价不准,很吃亏,但亏本也得干,这是当时汕头以诚信为基准的市场规则。工程委托方也是厚道的，知道承建方亏本，就想了一个追加工程的做法，加盖了这座圆筒楼，让承建方追加预算，借机把原先亏本的缺口补上。

建成之后，胡文虎大楼就如同它的主人一样，顶着亮丽的光环，成为汕头建筑中的佼佼者。胡文虎是那个时代的巨商，业界称之为万金油之王。这位颇具传奇色彩的商业巨子原籍福建，1882年1月16日生于缅甸仰光。1892年，胡文虎回福建老家接受中国传统文化教育，四年后重返仰光，随父学中医，并协助料理药铺店务。1908年，父亲病故，胡氏兄弟继承父业。胡文虎通晓中文，经常往来香港等地办货。由于胡文虎回家乡大多是从汕头出入，所以对汕头地理环境和风土人情较为熟悉。1927年，他在汕头投资建造了胡文虎大楼，以这栋大楼为生产基地，创办了永安堂制药厂。抗日战争之前，永安堂制药厂生产的虎标万金油等药品，畅销国内和东南亚等地，年营业额达20多万银元。1939年6月，日军进犯汕头，永安堂制药厂遭严重破坏，连机器也被劫走。抗战胜利后，胡文虎于1947年5月抵达汕头，恢复了永安堂制药厂的生产，增加虎标万金油的产量，使之成为家喻户晓的产品。虎标万金油包装盒的背面，便是胡文虎大楼的图案。用过虎标万金油的人，在包装盒的背面都见过胡文虎大楼的身影，这栋大楼曾经跟着虎标牌万金油漂洋过海，走遍世界。中华人民共和国成立之后，这栋大楼曾改为运输公司的办公

胡文虎大楼

地点。

如今，胡文虎大楼依然保存完整，虽然不是文物保护单位，却得到了汕头人的一致爱护。据说民族路改造时，因胡文虎大楼超出规划区十多米，面临被拆迁的危险。后来经过各方讨论，大楼得以保存下来。由此可见，在汕头人心中，胡文虎大楼的存在已远远超出了建筑本身的意义，它是胡文虎先生热爱祖国的见证，承载着汕头百年的商埠文化，留存着汕头人心中不可磨灭的记忆。

胡文豹大楼

胡文豹大楼

1860年汕头开埠，西方文化随之传入，汕头成为一个思想活跃、舆论多元的社会，报业发达程度在省内仅次于广州，至北伐时进入全盛，小小的汕头埠竟有报社二十余家。作为商业界的领军人物，头脑精明的胡文虎当然不会错过如此商机，他及时投资报业，与兄弟胡文豹创办了虎豹印务公司。随着业务量的日益扩增，1934年，胡文虎和弟弟胡文豹在永安制药厂大楼的东侧，又盖了一座扇形欧式骑楼，作为"虎豹印务公司"的专用办公地，这就是胡文豹大楼的由来。

曾经，在汕头的民间还流传着"起座胡文虎赔座胡文豹"的俗语，喻义是做了吃亏的事情。譬如：某甲到某工地打短工，干了半个月，非但领不到一分钱，还欠下老板二百块钱，原因是某甲违规操作损坏了机器，按规定要赔偿，这时某甲自叹倒霉时会说："想不到起座胡文虎赔座胡文豹。"

这句俗语的来源便是胡文豹大楼。据说胡文虎大楼交付使用几年后，质量不尽如人意，未能达到要求。其中尤其让主人不满意的是那座虎的雕塑，没过多久虎尾巴便断了。这显然是师傅故意偷工减料造成的，其影响很坏。汕头人常常笑说："胡文虎的虎无尾。"于是胡文虎手下的人找到了承建的营造厂。营造厂的老板心中有数，只因当时与师傅在薪酬上有些纠纷未处理好，师傅使坏，才导致了工程出现问题。为了企业的信誉，营造厂的老板二话不说，当即道歉，并答应重建一座新楼来赔偿。这座新楼就是"胡文豹大楼"。

在外形上，胡文豹大楼和胡文虎大楼几乎一致，不同之处是，胡文虎大楼楼顶上的雕塑是一只虎，而胡文豹大楼楼顶上的则是一只豹。中华人民共和国成立之后，虎豹被拆除。

胡文豹大楼是汕头中西文化交融碰撞、新闻事业发达的最佳见证。建成之后，胡文虎兄弟在汕头创办的《星华日报》迁址于此。《星华日报》歇业后，胡文豹大楼改作《汕头工人报》社址，1954年后又成为国营汕头市印刷厂厂址，至今仍在使用。

外来宗教文化传入汕头

天主教传入潮汕已有三百多年的历史。清顺治七年（1650年）已有西班牙传教士到澄海盐灶传教。1736年，天主教开始传入潮阳海门镇，再传到达濠的澳头村。

道光三十年（1850年），汕头地区传教事务由法国巴黎外方传教会传教士接替。最初，在镇邦街附近设立小教堂，约于清光绪三十一年（1905年）才进入盐埕片区。1906年，教徒倡建天主教堂，由法籍都必师神父主持，于1908年在盐埕片区今红星巷2号（原24号）建成一座四百多平方米的单层带罗马柱装饰的天主堂——圣若瑟堂。民国三年（1914年），天主教广东代牧区分为广州代牧区和潮州代牧区，翌年，潮州代牧区更名为汕头代牧区。1915年，由法籍龚善传神父主持设计，在汕头外马路96号（现133号）建主教楼，民国七年（1918年）建成。主教楼为三层建筑，并附花园，成为汕头地区天主教的领导中心。1946年，汕头代牧区升为汕头教区，管辖汕头、潮州、汕尾、揭阳四市天主教会。

现位于外马路133号的天主教汕头教区主教楼，为1999年在旧址上重建，建筑已经不是纯粹的罗马风格，而是融入了当地的建筑特色。主体楼高约38米，共有七层，首层为大厅，二层为礼堂，三层为主祭圣堂，四、五层为近似"U"字形圣堂，六、七层为罗马式圆顶钟楼，顶端立十字架。每逢夜晚，灯火通明，教堂一派庄严堂皇，神圣而肃穆。

20世纪初，老圣若瑟堂建成后，教会传人先后在汕头地区创办学校、女修会、医院等，到汕头解放前后，汕头教区有外籍神父20人，华籍神父38人，信徒约有3万人。1951年，居住在汕头教区的外籍神职人员先后离境，至"文化大革命"期间，各地教堂多被占用，堂内陈设也遭受破坏，正常的宗教活动被迫停止。直至1980年，汕头天主教会才得以重新开展正常的宗教活动。

随着外来宗教的传入，西方文化也融入当地人们的生活中，其中一些文化以建筑形式为符号保留至今，丰富了当地的建筑美学，成为汕头一个时代的印记。

位于外马路133号的天主教楼,为1999年旧址重建

蒋介石的桂园情缘

在汕头公园路,有一座四层高的西式洋楼,墙体由深红色砖块砌成,墙角镶饰有精美的麻石,古朴中带着典雅。从外观上来看,其建筑风格带着汕头开埠时代的印记。洋楼上下两部分的构造截然不同,上半部分是白色圆柱构成的走廊,下半部分是罗马式的圆形拱门和窗子,整体看上去有点像欧洲古代的城堡。这栋洋楼有个别致的名字——桂园。

桂园原名林桂馥堂,建于1923年,为当时在招商局汕头分局担任要职的林桂园所建,后被称为桂园,并沿用至今。建成之后,桂园很快成为国民革命东征军的住处与办公场所。在近年解密的《蒋介石日记》中,记载了不少他在潮汕的行踪及演说稿,其中就有关于桂园的事迹:"莅汕头,寓于桂园,许总司令、廖党代表(及俄嘉伦)来会,乃偕往总司令部行营,密定方计。下午续议,至深夜方散。"这段日记说明,在1925年4月26日,也就是第二次东征前夕,作为东征军作战总指挥的蒋介石来到汕头,就住在桂园,并与廖仲恺、许崇智等在这里拟定了第二次东征的作战计划。

由深红色砖块砌成的桂园,古朴中带着典雅,是汕头开埠时代的印记

在那段烽火连天的岁月，桂园里却不乏浪漫爱情。蒋介石的日记中，记录了他与陈洁如在汕头的生活："携洁如赴汕船次，为情魔缠绊，怜耶，恼耶，殆无已时。"陈洁如是蒋介石的第三任妻子，比蒋介石小二十岁。她在回忆录《我与蒋介石》中介绍了与蒋介石相知相恋的过程。十三岁时，陈洁如在张静江家中补习，遇到了孙中山与蒋介石，之后便与蒋恋爱结婚，俩人一起生活了七年。陈洁如精通俄语，曾担任蒋介石的秘书，负责处理函件往来和一般文件的保管。第二次东征前夕，蒋介石偕陈洁如来到汕头，两人就住在桂园里。蒋介石与陈洁如的故事，给桂园增添了几分既浪漫又神秘的色彩。

1926年12月4日，蒋介石与陈洁如在庐山

如今，近百年过去，桂园也随着那段动荡的岁月走入了历史。这栋古老的洋楼隐匿于闹市一隅，被世人所遗忘。入境管理处的高楼阻隔了它与外面世界的联系，让它停留在了自己的时代里。如果不是有人带路，这样的一栋老楼是很难找到的。老楼已经破败不堪，墙上和门窗上爬满了藤蔓。然而，在这满墙的绿色下面，覆盖着的是九十多年的沧桑，是那些在桂园里发生过的珍贵往事。

桂园作为汕头市十个历史文物保育修复项目之一，被列为省级文物保护单位。2016年底完成修缮工程，2017年元旦对市民开放。

破败的桂园亦随着那段动荡的岁月走入历史

香园，变身钢琴博物馆

在汕头，兴建于二十世纪二三十年代的中西合璧的建筑已经成为烙印在老汕头人心中的时代记忆。除了小公园的商业骑楼，在外马路一带也保留着有近百年历史的私家别墅群，香园就是其中一座。

从外马路155号的老旧巷子进去，巷子尽头有一座宽阔的院子，院子中央那栋两层高的洋楼在两边现代民居的对比之下显得异常别致。这座院落便是香园。香园的主体建筑是一座仿巴洛克风格的红砖墙建筑。一楼中央是个宽阔的大厅，大厅两侧和楼梯间的墙上，存留着以前的标语和口号。地板由精美的地锦砖铺成，窗户则是近代风格的彩色玻璃，古朴典雅。现在所见只是当年建筑的主座，其他部分已不复存在。主座保存较为完整，虽然经历了岁月的磨砺，仍可以看出当年的辉煌。

多年来，香园一直受到外界的广泛关注，因为在它建好之后的近百年间，鲜有人知道它的主人是谁，直到它的主人重新接手管理香园。香园建于民国初期，建造人李香谷是现濠江区青蓝乡人，早年去上海闯荡，做银号生意，白手起家，发迹后回到汕头，购置了不少旺铺房产。1923年，李香谷在外马路买下一栋民居，五年后将民居拆除建成了

气派的洋楼只是当年建筑的主座

香园。香园正是取自李香谷本人的名字。李香谷请上海设计师设计，采用大量进口建筑材料。香园极具规模，主体建筑面积1900多平方米，共有一主座五辅座，包括庭院花园，正如它的名字一般，非常美丽。李香谷在香园居住的时间并不长，由于当时汕头的局势不稳定，李香谷便带着一家老小移居香港，随后一直在海外发展。此后，虽然香园的产权一直是李氏家族的，但管理者和使用者却一直在更换。

在抗战之前，香园是马禄孚洋行的办公地点，后来洋行停业，该公司的华人经理戴天纵成为香园的管理者，一直居住在香园。中华人民共和国成立后，香园曾作为汕头市纪委和抽纱公司的办公地点，后来又改为"六一幼儿园"、大仓库、老人活动室等。香园还曾一度空置，近年来则成为咖啡馆和茶座。

2015年8月，李香谷的孙子李廷强从香港回到汕头大学任教并接手香园。此时的香园并没有像外表看起来这么气派，不少木质窗户都出现腐烂，后座的屋顶已经坍塌，还有很多改建过的痕迹。本着"保育""活化"的理念，李廷强对香园循序渐进地逐步修缮，准备将香园的修缮作为一个长期项目。李廷强本人是香港音乐家、施坦威艺术家，他决定将香园打造成钢琴博物馆，既让香园在外部结构上得到更好的保护，也让香园在新用途上更好地反映文化内涵，从里到外恢复香园的历史文化原貌。

洋楼中西合璧的雕窗

洋楼楼梯处还留着旧时的标语和口号

外马路，一个时代的记忆

明嘉靖年间，在汕头天后宫与崎碌之间的海面上，浮现一条沙脊。这条沙脊就像上帝送给汕头的一份礼物，让这个海疆小城多出一片宝贵的陆地。在汕头的发展中，它成为不可或缺的一部分。1860年，汕头开埠，对汕头来说，这是一个具有里程碑意义的开端。对外贸易的打通，使汕头经济迅速发展，成为粤东地区最重要的港口。因为临海，这条沙脊占据天时地利，被开辟为一条沿海的街道，起初叫崎碌路，因处在汕头的外缘，遂更名为外马路。

自诞生之日起，外马路的发展与兴衰就牵动着这座城市的变化。当年初建时，这条路是汕头临海的边缘马路，但如今已远离海边，这种变化，是汕头填海发展的结果，外马路的变迁就是一部浓缩的汕头近代史。外马路是汕头开埠文化的起源地，在过去百余年的时光中，这条马路几经风雨，几度易名。1946年改为中正路，中华人民共和国成立

随着城市重心的转移，外马路作为汕头核心的地位也逐渐淡化

后又改称外马路,在"文化大革命"时期改称东方红大道,1975年再次恢复了外马路原名。数次易名,反映了这条马路在汕头的重要地位。从20世纪初到中国改革开放的这六七十年时间里,外马路一直是汕头市区最重要的主干道,就像一条坚硬的脊梁骨,承担着这座城市经济与文化发展的使命。

外马路位于金平区,西起商平路,东至汕头市第三中学,全长2600多米。尽管随着时代发展,外马路作为汕头经济核心带的地位逐渐弱化,但这条两千多米的大路依旧热闹非凡。放眼望去,路两边是20世纪所建的风雨骑楼,各种洋楼、教堂、百年老字号、宗祠、庙宇穿插其间,再加上现代化建筑,仿佛几个不同的时代穿越时空交织在一起。中西文化、古今文明在这里相互碰撞、交融,形成了汕头独特的城市景观,烙刻着汕头的开埠印记。

位于外马路边的天主堂

市西堂是汕头第一所基督教教堂

20 世纪初兴建的外马路风雨骑楼

开埠文化陈列馆：汕头的史书

外马路与永平路相接的路口，有栋三层半的老洋楼，老洋楼的外面，分布着几组带有深刻时代印记的铜制雕像，诉说着这栋建筑所经历的时光。老洋楼坐西南向东北，一面对着外马路，一面对着永平路，其正面在两条路上形成四十五度拐角，就像一个坚固的联结点，在空间和时间上，将这两条历史悠久的马路牢牢地维系在一起。

从外观上看，老洋楼风格独特，整体是欧式造型，细节上又融入了中国元素。其正面首层是一扇直通大堂的圆形拱门，第三层的楼顶上镶着一个红色的五角星，看上去大气庄严。该楼建于1907年，曾经作为日本台湾银行汕头支行的行址，1945年抗战胜利后由西医侯逸仕、陈无尤夫妇租用，开办"汕头无尤医院"。中华人民共和国成立后，先后成为中共汕头地委机关报社址和行政机关办公楼。老洋楼已历百年时光，见证了汕头开埠后的建制沿革和盛衰更迭。在第三次全国文物普查中，这座历尽沧桑的洋楼被登记为不可移动的文物。汕头市金平区委、区政府于2010年5月将其改为汕头开埠文化陈列馆。

开埠文化陈列馆的一楼是展厅，铺着洋气的米色印花地毯。展厅的入口处是陈列馆的吉祥物"鮀鮀"，这是生活在汕头海域的一种鲨鱼，汕头因此又有个别名叫鮀岛。"鮀鮀"后是一面展墙，墙上写着"汕头埠"三个大字，展墙上的内容按时间顺序，依次呈现汕头开埠一百多年以来的历史，其中最引人注目的是《天津条约》签署时的画面。1858年清廷被迫签订《天津条约》，汕头被列为"五口通商"口岸之一。二楼展出的多是些老物件，从过去潮汕地区常见的铜面盆、老屐桃、老唱盘、旧水壶、手摇缝纫机、民间契约、银票、侨批信简、潮汕传统画稿，到英国雷明顿英语打字机、索尼老式开盘录音机、英国电子管收音机、美国留声机、16英寸美国通用交流电电风扇、基督教十字架……可谓包罗万象。一百多年的沧桑变化，一百多年的历史沿革，浓缩在这一馆之中。这些老物件，反映了开埠时代的汕头兼蓄中西文化的特征，体现了汕头这座侨乡城市的深厚积淀与宽阔胸襟。

开埠文化陈列馆前的雕塑，人物原型为怡和洋行老板约瑟夫·渣甸和中国买办

汕头开埠文化陈列馆大楼见证了汕头开埠后的建制沿革和兴衰更迭

侨批馆

汕头是红头船的发祥地,清代中叶至汕头开埠之前,许多潮汕商人从樟林港出发,远涉重洋,在东南亚一带开展远洋运销的红头船贸易。红头船的出现,不仅促进了潮汕地区与世界的经济文化交流,也推动了潮汕地区向东南亚诸国的移民和劳动输出,并开启了一个由华侨写就的时代。侨批即出现于这一时期。侨批是海外侨胞通过民间渠道寄钱回国时连带家书及简单附言的汇款凭证,相当于信件和汇款单的结合体。当时东南亚地区金融邮讯机构尚未建立或极不完善,海外侨胞捎回家乡的款项和信息多由专门往来国内外的"水客"和侨批馆递送,于是就有了大量的侨批出现。

"有侨才有批",侨批是华侨在海外辛苦拼搏的见证,他们身在异乡却难忘故土,靠侨批维系着自己与家园之间的感情。侨批最早出现于清乾隆年间,大量产生于19世纪中后期,直到1979年侨批业务由中国银行统一管理,侨批才退出了历史舞台,前后历

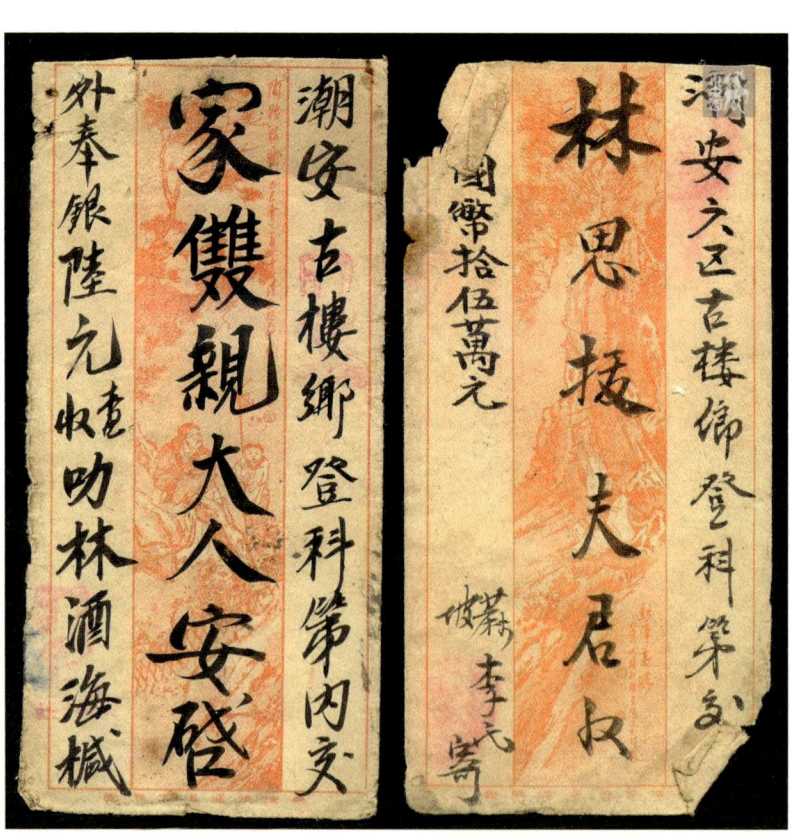

珍藏在侨批馆的"侨批"

自清代中叶始，在海外打拼的侨胞通过当地批局给亲人寄信件和汇款

时近一百五十年。在这一百多年的沉淀中，侨批形成了一种独特的文化现象，汕头市为此成立了侨批文化博物馆。

汕头侨批文化博物馆于2004年4月24日在汕头市落成揭幕。该馆是由香港知名的潮籍人士庄世平先生和饶宗颐教授倡导，潮汕历史文化研究中心主持建立的，是中国首家侨批文物馆。2013年7月28日，博物馆迁至汕头开埠发源地外马路18号的现址。新馆是一栋四层的大楼，原本是中国银行汕头分行的旧址，正面用深红色的竖木条装饰，看上去既有现代气息，又具有历史厚重感。馆内共设有三层展厅。一楼展厅体现了侨批的"特定背景"，展出华侨"过番"的照片和"水客"从海外带回的物品，并设计了一艘红头船，让参观者体验昔日华侨漂洋过海的感觉。二楼展厅体现了侨批的"特殊运作"和"特殊纽带"，介绍海内外的侨批局，再现新加坡批局"再和成伟记"的原貌以及澄海"万德盛"批局的概况，并以雕塑形象地展现侨批往返的整个流程。三楼展厅体现了侨批的"特色遗产"，介绍"侨批档案"申遗的过程。整个展馆从下至上，从始至终，通过数十万份侨批以及物件，把侨批文化生动而又全面地呈现出来。

海关钟楼，开埠的钥匙

"钟楼一鸣，午炮即响"，这是一句很多老汕头人熟悉的俗语，虽然只有八个字，却承载着这座城市的记忆和历史。这里的钟楼，指的是海关钟楼，位于外马路2号，其正前方是滨海大道，美丽的海滨长廊紧随其后。这里是外马路最靠近海的地方，原本是个码头，填海之后，汕头城区扩大了很多，码头变为记忆沉入历史，没有改变的是不远处的茫茫大海，以及这栋两层的海关钟楼。

海关钟楼由英国人兴建，于1919年开工建设，1921年建成，是汕头开埠以来最早的建筑之一。中华人民共和国成立之前，汕头海关的前身潮海关一直在此办公，中华人民共和国成立后至1988年，海关钟楼也一直是汕头海关总部机关的办公所在地。1988年以后，海关的办公地点迁离，这座古老的建筑人去楼空，在时光的流逝中逐渐破败，几近塌圮。为了挽救钟楼，保护这座历史文物建筑，2006年12月，汕头海关遵循"容貌复原"的原则，正式启动了对海关钟楼的修复工程，并于2008年6月顺利完工。

汕头海关关史陈列馆

民国初年汕头钱庄票

20世纪20年代的汕头海关钟楼

修复后的海关钟楼，即是如今的汕头海关关史陈列馆。建筑主体为长方形，外围是罗马柱构成的走廊，看上去端庄典雅。在钟楼的四周，有白色花岗石雕成的栅栏围着，构成庭院的模式，就像20世纪欧洲的公馆。其正门的顶端有个狮子浮雕，散发出淡淡的英伦味道。狮子下边是座蓝色的圆形大钟，如今，它依然每天敲响，钟声中回荡着汕头开埠的记忆。

修缮后的海关钟楼端庄典雅,依然每天鸣钟

邮政总局大楼

在广东省境内,至今还有两座保存完整的欧陆式邮政建筑,其一是广州邮政博物馆,其二便是汕头的邮政总局大楼。

汕头邮政总局大楼位于外马路24号,是汕头开埠以来的第一所自建邮局,它见证了汕头近代邮政发展的历史。清同治六年(1867年),汕头海关开办邮政业务,拉开了汕头邮政的序幕,但当时的邮政仅为在汕头工作的外国人服务。光绪二十三年(1897年),由清政府批准,汕头设立了邮政总局,自此之后,邮政业务在汕头普及,当时的邮政总局隶属海关管辖。宣统二年(1910年),汕头邮政总局改为汕头邮政副总局。宣统三年(1911年),汕头邮政副总局脱离海关,归属邮传部邮政总局管辖,但办公地址仍设在海关区内。1918年,汕头发生地震,邮政副总局办公场地被毁。官方筹银15万元,开始自行购地建设办公大楼。至1922年,汕头邮政总局大楼落成,自此邮政业务完全从海关脱离,进行独立运作。

建成后的汕头邮政总局大楼为两层欧陆式建筑,采用钢筋混凝土结构,建筑面积

汕头邮政总局大楼见证了汕头近代邮政的发展

400多平方米,是当时汕头市最为雄伟壮观的建筑之一。汕头邮政总局大楼启用后,汕头的邮政业迅速发展,邮路遍及大江南北。由于在海外闯荡的潮汕人众多,汕头国际邮件业务也发展很快,基本实现了欧亚两洲国际邮件的互换。在那个时代,这座大楼是潮汕海外华侨与故乡之间不可或缺的纽带,为华侨在海外拼搏提供了强有力的支持。

如今,汕头邮政总局大楼已度过九十多个春秋,目前整座房屋结构基本保存完好,房屋正门上方"邮局"两字清晰可见,屋内的木地板、百叶窗及露台外的罗马柱仍保留着当年的建筑风貌。在外马路上,这栋大楼依然是一道亮丽的风景,无论是整体设计,还是外观造型,或是内部结构,该楼均为一处具有独特建筑风格和艺术价值的建筑物。因为其历史意义重大,2005年,邮政总局大楼被汕头市人民政府公布为第三批市级文物保护单位。

已有近百年历史的邮政总局大楼现为汕头市邮政局信函分局所在地,也是市区唯一的集邮门市所在地

汕头大厦，开埠第一楼

汕头大厦位于外马路与永平路的交界处，是一栋中西合璧的老建筑，楼高八层，楼体布满了岁月的痕迹，在两边低矮骑楼的衬托下，如同一位没落的贵族，潦倒的外表下，仍散发出高雅的气质，门窗上的那些斑驳与沧桑无法掩盖它身上所具有的时代特征。

汕头大厦建于1933年，已有八十多年的历史。其正门是扇高达两层的半月形大拱门，门框上饰有彩灯。各楼层的窗户，为意大利进口的彩色玻璃，看上去流光溢彩。汕头开埠之后，经济一度繁荣，促进了各行各业的发展，尤其是酒楼业。汕头大厦落成之后，最初叫擎天酒楼，后来改名为永平酒楼，中华人民共和国成立后才更名为汕头大厦。当时的永平酒楼集餐饮、娱乐、酒店于一身，以装饰奢华、潮菜精细而闻名，是汕头的四大酒楼之一。在当时，曾流传有"中央好架势、永平好布置、陶芳好鱼翅、中原好空气"的说法。

在汕头灯谜界，至今还流传着一则与永平酒楼有关的美谈：20世纪30年代，汕头市中山公园一度发售中山奖券，用于筹集资金建设中山公园。谜坛骁将陈少梅当时在汕头饼食业打工，有一次，少梅先生用一个月薪水的大部分购买了中山奖券，开奖前他对谜友们说，倘若能中奖，一定将全部奖金用于谜事。果然幸而言中，他竟然中了特等大奖，奖金不菲。少梅先生特地租了永平酒楼的一层楼为谜会会场，邀请了潮汕地区的几十名知名谜友雅集，包吃包住。请书法家写谜笺，把谜笺制作成书法作品，猜射奖品丰厚。少梅先生言而有信，把这笔奖金一文不留贡献给谜事，开创了潮汕灯谜大联猜的先河，也给汕头大厦增添了传统文化情怀。

汕头大厦曾经是汕头四大酒楼之一，是老汕头繁华时代的象征

汕头大厦曾是老汕头繁华时代的象征,它与周边的众多老建筑一样渐渐失去了往日的光彩,当年灯红酒绿、夜夜笙歌的景象只存在于老街坊的记忆之中

红色汕头

|八一南昌起义纪念馆|

　　大埔会馆始建于1926年，由旅居汕头的大埔同乡会集资所建。这是一栋三层的潮汕骑楼，外观典雅大方，中西兼备，带有汕头开埠时期的烙印。大楼位于民权路，一眼望去，在周边现代化建筑的簇拥中，这栋穿越了整整一个世纪的建筑显得遗世独立。会馆外面是用铁栏杆围成的院子，院内绿树成荫，在绿荫的掩映中，白色的大楼显得格外肃静。院子正面是道双开的铁栅门，门上挂着"南昌起义南下指挥部旧址"的金漆牌子，门旁边立有两块由黑色花岗岩雕成的石碑，碑上的简介告诉我们，对于汕头来说，这栋已走过近百年时光的老楼具有非常重要的意义。

　　1927年，南昌起义爆发，起义军8月5日撤离南昌南征广东。9月24日，部队进入汕头，把刚落成不久的大埔会馆作为起义军临时指挥部。周恩来等领导人在这里共商一系列重大军事、政治决策，协同中共地方党委建立工农政权。26日，中共中央临时政

南昌起义军进入汕头，将大埔会馆作为临时指挥部

南昌起义军进入潮汕停留了七日，史称"潮汕七日红"

治局候补委员、中共南方局成员、新任广东省委书记张太雷从香港秘密来汕，并于当天和 28 日两次在大埔会馆主持召开南方局会议，会上传达了"八七"会议精神，提出取消国民党的旗号，停止在汕头成立国民政府的意见。9 月 30 日，在国民党的武力镇压下，南下部队不得不撤离汕头，前往普宁流沙。起义军进入潮汕虽然只有短短 7 天，但在汕头的历史上，却留下了至关重要的一笔，民众把这段历史称为"潮汕七日红"。

南昌起义部队撤离汕头后，大埔会馆被盐务局强行占用，后来在民众的抗议下，盐务局迁走，会馆变成了一座学校。汕头沦陷时期，日军从台湾请来教师，强令适龄的青年人来此学日语。抗战胜利后，大埔会馆又恢复了办学，改为福平二小。中华人民共和国成立后，这里先后作为中马路第一小学、汕头教师进修学院校址。由于与重大历史事件和重要人物有关，1988 年 11 月，大埔会馆被汕头市人民政府公布为市级文物保护单位，1995 年被定为汕头市爱国主义教育基地。2008 年，经市编委批准成立"汕头市八一南昌起义纪念馆"。

如今的大埔会馆原貌保存完好。纪念馆展出实物 150 件、图片 190 幅，并根据当地老人的回忆及史料记载复原了大埔会馆会议室、会客室和阅览室。纪念馆展览分为"南昌起义前形势""南昌起义经过""潮汕七日红""周恩来在潮汕"四个部分，再现了南昌起义军及其南下部队的革命斗争过程。

丘逢甲（1864—1912），晚清爱国诗人、教育家、抗日保台志士

东江各属行政公署旧址

外马路第三小学历史悠久，称得上是汕头的百年老校，溯其根源，它的历史来自校内那栋砖木结构的老宅。这栋老宅原本为潮汕地区传统的"四点金"建筑，在百年的时光中，部分被拆毁，如今主体建筑只剩下一进，看上去有点像四合院。其正门上方挂着"同文学堂"的牌匾，说明在很早以前，这里曾经是一座有名的学府。如今，在第三小学现代化校舍的环抱中，这座古老的学府散发出浓浓的书香之气，现代化校舍与老学堂的结合，让古今两代读书人的精神穿越时空交织在了一起。

汕头市外马路第三小学所在地是东江各属行政委员公署旧址。旧址已于2017年修缮一新，向市民开放

1925年东征军收复潮汕后，选同文学堂为公署办公地点

1985年，广东东江各属行政委员公署旧址被列为广东省重点文物保护单位

同文学堂始建于清光绪十四年（1888年），原本是为善堂所建，因此采用的是潮汕传统建筑风格。建成之后，因经费问题善堂停办，这座院子没有发挥出它应有的作用。时隔十几年之后，也就是清光绪二十七年（1901年），才终于迎来了它的春天。那一年，台湾爱国人士丘逢甲来到汕头，在这座院子里开设了"岭东同文学堂"，由此拉开了汕头新式教育的序幕。1915年，学堂改为"岭东甲种商业学校"，1924年又改为"省立岭东高级商业学校"，实行"三三制"教学。这座学校以先进的教育制度以及先进的课程，让新的知识和新的思想在汕头萌芽。

1925年，国民革命军第二次东征，收复潮汕地区，在汕头设立广东东江各属行政委员公署，并选择同文学堂为公署的办公地点，由周恩来同志担任行政委员，负责地方行政工作。在特殊时期，这座古老的学堂充分体现了它的价值，对革命事业的发展起到了推进作用。上任之后，周恩来立即召开了会议，并邀请恽代英、邓颖超、彭湃等作为代表参加。在会议上，周恩来慷慨陈词，希望扫除官僚气息，代之以新的工作作风，并鼓励人民投身政治，为广东地区的群众革命打下基础。

中华人民共和国成立后，这座老学堂又恢复了它原有的功能，成为小学校址。1979年12月17日，广东省革命委员会将广东省东江各属行政委员公署旧址公布为第二批省级文物保护单位，1995年初，汕头市委、市政府将其确定为汕头市爱国主义教育基地。如今，这座百年老学堂屹立于外马路第三小学内，充当着汕头市莘莘学子的摇篮，它在鞭策学子们勤学苦读的同时，也培养着学子们的爱国主义精神。

抗战胜利汕头受降处旧址

在外马路131号,有栋三层高的灰白色洋楼,结构为方形,第一层由大理石砌成,大理石衔接的缝隙间,呈现出陈旧的暗黑色,可以看出它年代的久远。洋楼门口挂着汕头天主教的牌子,现在这里是一处宗教活动的场所。

洋楼始建于清光绪二十年(1894年),距今已有一百多年的历史。在过去的时光中,这座洋楼一波三折,数易其主,在它每一次易主的背后,都有着一段汕头历史的变迁。

汕头开埠之后,英国人修建了这座洋楼,最早是作为洋行商会的"国际俱乐部",二楼可放映电影,楼后面还有个露天舞池,是那时上流社会开派对、举行酒会活动的娱乐场所。

1945年,日本战败,驻扎汕头的4800名日军投降,受降仪式在这座洋楼举行

1945年抗战胜利后,洋楼成为"汕头联谊社"社址

  1939年,日军进攻潮汕地区,汕头沦陷,洋楼被日军占领,成为东亚会馆场馆。抗战接近尾声时,这座楼被国民党军队收回,设为"潮汕前进指挥所",成为汕头抗日战场的大本营。

  1945年,日本宣布无条件投降,中国战区划分为十六个受降区,汕头为第三受降区,接受粤东地区和粤北地区的日军投降。驻扎在汕头的4800名日军向潮汕人民投降,受降仪式在这栋洋楼内举行,这座古老的建筑经历了大快人心且极具历史意义的一刻。

  日本投降后,此楼成了"汕头联谊社"社址。1949年,汕头解放,该楼又被改建为"汕头宾馆"。此后它还曾作为中共汕头市委统战部和汕头市政协各民主党派办公地,称"民主楼"。

  时至今日,这座洋楼已走过了上百年的时光,它见证了汕头的开埠时代,以及后来的战争与和平年代,虽然饱经风霜,却依然无比坚实。它屹立在外马路上,以其百年的风霜历练,丰富着这座城市的历史文化底蕴。作为日军受降处,它是汕头为数不多的与抗战有关的遗存,而国内目前也仅剩下芷江、武汉、广州和汕头四处,因此,这栋洋楼具有极其珍贵的历史意义。

两栋欧陆风格的红色洋楼,是国民革命东征军指挥部旧址

国民革命东征军旧址

在外马路 207 号,有座矮墙围成的院子,院内树木参天,幽静中透露出一丝庄严。在绿树的掩映中,两栋欧陆风格的深红色洋楼并肩而立。洋楼高两层,外观典雅大方,从墙体颜色看上去,并不像经历了百余年岁月的建筑,也许是持续不断的修缮,掩盖了时光在它们身上留下的痕迹。这里便是国民革命东征军指挥部旧址。

这两栋洋楼为英国人所建,汕头开埠之后,西方建筑和西方文化涌进这座小城,外马路成为类似上海外滩的街区,有点十里洋场的味道。这两栋洋楼最初是旅馆,叫适宜楼,是汕头开埠文化的见证,后来改为抽纱厂,意味着其时的汕头已经由单纯的商埠开始工业化进程。

使这两座洋楼具有革命历史意义的,是东征军和国民革命军的入驻。1925 年 11 月 4 日,国民革命军和东征军第二次进入汕头,一场改变中国命运的革命运动在这座海滨城市悄然展开。因地理位置优越,这两栋红色洋楼成为东征军和国民革命军的办公场

汕头市东征军革命史迹陈列馆

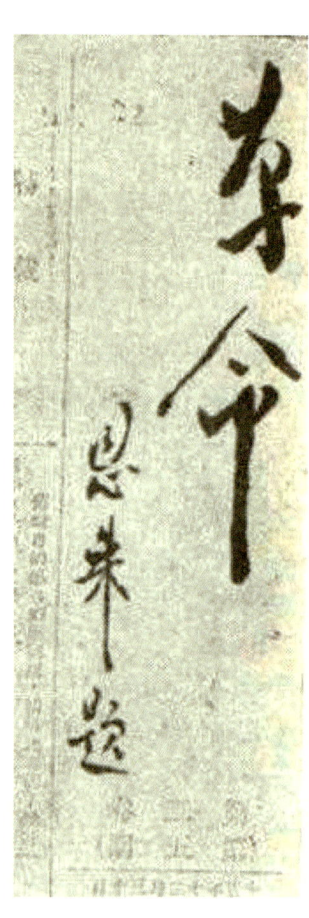

周恩来为《岭东国民日报》副刊题字

所，东征军的总指挥部、政治部便设在这里。总指挥蒋介石和苏联军事顾问加伦将军等在西楼办公；政治部总主任周恩来在东楼办公，在这里周恩来还亲笔为《岭东民国日报》副刊题写了"革命"两字。

为了让人们记住那段难忘的历史，如今，这里被开辟成东征军革命史迹陈列馆，并被列为汕头市爱国主义教育基地。从陈列馆的正门进去，是条洁净的水泥路，路边的花圃修剪得很精致，路的尽头是一面以欢迎东征军和国民革命军为内容的铜制浮雕，与院门正面相对，浮雕中的人物，让人想起那段如火如荼的革命时光。两栋洋楼就在这条水泥路的左边，面向外马路，面积约七百平方米，里面有八个展室，通过实物与图片资料再现了第一次国共合作时期北伐东征的全部过程。这些展示资料告诉我们，正是这些革命志士的不懈努力，才换来了今天的宁静与和平。

汕头市东征军史迹陈列馆中按原样复原的周恩来办公室

华润创始人杨琳先生

| 红色央企，结缘汕头 |

杨琳，又名杨廉安，原名秦邦礼，1908年出生于江苏无锡，是新中国最大外贸企业华润公司的创始人。他19岁参加革命，23岁担负起特殊使命，他所创建的华润公司，成为新中国对外贸易的新窗口。在四十年的革命生涯里，他把满腔热血奉献给党和革命事业，成为后人特别是每个华润人的光辉榜样。

1916年，父亲去世后，年仅14岁的杨琳肄业打工供哥哥和妹妹读书。他先后在无锡和上海当过钱庄和店铺的学徒，九年的学徒生涯为他以后的工作和走上革命道路打下了坚实的基础。

作为曾参加过严朴领导的无锡秋收起义的进步青年，又是当时中共临时中央政治局负责人博古（秦邦宪）的弟弟，杨琳受到时任中央特科负责人陈云的器重。中央特科是中共中央最高保卫机关。1931年，陈云大胆培养杨琳，以两根金条给他做资本，让他为共产党建立秘密交通站，这也成为新中国最大外贸企业华润公司的初始资金。

杨琳在上海先后开了米店、木器店、药店、烟纸店等。以开店做掩护，为中央机关秘密交通站筹集经费，并暗中为中共提供药品、无线电等在当时被国民党严密封锁的战略物资。

1933年初，上海的临时中央做出决定，将临时中央的部分机关和人员迁往江西苏区。当时从上海到瑞金，途中要经过香港或广东，而沿线重要的一站就是汕头。为了保证上海到江西瑞金的交通线持续畅通，杨琳的第六家店铺中法大药房汕头分店在汕头开办。

在此期间，杨琳多次往返于沪汕之间，一边做生意，一边做交通员，护送包括陈云、博古、陈赓以及共产国际代表李德等重要人员前往中央苏区。在汕头，杨琳的中法大药房成为转移中共党员和革命人士的重要一站，他护送过的党员干部多达二百余人。

虽然蒋介石对中央苏区采取军事和经济封锁，但杨琳的六家店铺一直以合法身份营业，又因为他善于经营，六家店铺生意红火，不断为苏区提供物资，为历次反围剿做出了巨大贡献。

1937年，接受陈云指示，杨琳关闭所有店铺，到延安中央党校教务处任职。次年，杨琳在香港最繁华的商业街皇后大道创办"联和行"，以便协助八路军香港办事处工作，支援中共领导的抗日战争。1947年底，杨琳等人决定给"联和行"改名，在朱德提议下取名"华润"，蕴含"中华大地，雨露滋润"之意。1948年，联和行吸收了其他在港的党办商号，正式改组为"华润公司"，这便是今日华润集团的雏形。

上海中法大药房

鮀岛古早味

│月浦狮头鹅│

吃鹅之风在中国起源很早，先秦婚俗中要行"奠雁"之礼，雁即是鹅。随着历史的发展，以鹅为食材的美食越来越多，蒸、煮、煎、烧，五花八门，其中最负盛名的莫过于潮汕卤鹅。清光绪年间，卤鹅制作人许松茂研制出了"贡咕卤鹅"，自此之后，潮汕卤鹅成为闻名天下的美食，也成为潮汕人餐桌上一道珍贵的佳肴。

逢年过节，潮汕人多会买只卤鹅祭祖。用作供品的卤鹅讲究"全牲"，也就是鹅身要完整，不能将易熟的鹅翅和鹅掌切下来单独卤制。卤鹅做好之后，还要配齐整副的鹅内脏。拜祭完毕，闻着供桌上散发出阵阵卤香的卤鹅，经不住诱惑的人往往会打起卤鹅

狮头鹅，是中国最大的鹅种之一

的主意，通常会将鹅肝、鹅胗和鹅肠等内脏先吃掉，然后是鹅翅和鹅掌，但鹅头会留着孝敬家里的老人。久而久之，卤鹅头便脱颖而出，成为卤鹅中最受人欢迎的一道美食。

潮汕卤鹅头的最佳食材是狮头鹅，狮头鹅是中国最大的鹅种之一。明嘉靖年间，饶平浮滨镇溪楼村人选取大型野鹅，驯化成为体型庞大的家鹅，这便是狮头鹅的起源。民国初年，狮头鹅传到汕头月浦乡。自此之后，月浦乡家家户户养鹅，月浦成为著名的狮头鹅之乡。1965年，高级畜牧师唐述尧带领澄海白沙原种场科研人员经过两年多时间，培育出了体态优雅雄壮的鹅王。潮汕人春节"游神"和"赛大鹅"的传统，催生了13.8公斤的鹅王。1978年，中央新闻电影制片厂专程来到月浦乡，以月浦狮头鹅为主题，拍摄了一部美食专题片，作为中华人民共和国成立三十周年的献礼片，"世界鹅王"的美誉从此传遍天下；2008年1月，中国政府将一百颗狮头鹅受精蛋作为国礼赠送给泰国国王，让狮头鹅走向了世界。

如今，狮头鹅的产区已经遍布潮汕各地，但是内行人还是一眼就能辨别出鹅的饲养地是否来自月浦。月浦狮头鹅的体型非常大，而且鹅头和鹅冠也特别大，看起来非常霸气。

潮汕卤鹅

老妈宫粽球

说到汕头的美食,不能不提到老妈宫粽球,粽球是潮汕人对粽子的惯称。汕头游子从外归来,往往都会去老妈宫,第一件事是祭拜妈祖和关公,第二件事便是尝尝老妈宫粽球。

作为由端午节食品演变而来的日常小吃,老妈宫粽球在汕头已有近百年的历史。20世纪初,张强德在老妈宫附近摆摊经营粽球,这种便于携带又美味可口的食品很受汕头人青睐,生意越做越好。后来,张强德的儿子张良杰在老妈宫对面的小巷内租用一小铺,开了"顺德号"粽球店,老妈宫粽球的经营开始形成规模。

张强德父子对粽球制作颇为严谨,其主料均选用颗粒饱满的上等糯米,配料及工艺要求也十分考究。老妈宫粽球有甜、咸和双烹馅料。甜馅有绿豆沙、乌豆沙,咸馅以经腌制的南乳五花肉、香菇、虾米、腊肠、栗子、莲子等原料合成。制作粽球时,先将优

老妈宫粽球深受当地人喜爱,是汕头名小吃

老妈宫对面新关街巷子里的粽球店

煮熟后解开粽叶的粽球

质糯米用清水浸10小时后漂洗干净，捞干用大鼎炒成约六成熟的糯米饭，然后用粽叶折成角斗状，放入糯米饭，再放进各种所需的调配料，包成棱锥形，再用咸草扎实。经过煮熟，食用时解开咸草，拆开粽叶，盛于盘间。粽球有棱有角，晶莹润滑，甘甜香醇，别具风味。粽球以优质赢得了好评，加上"顺德号"在当时占有地利，生意日渐兴隆，老妈宫粽球逐渐发展成为汕头小吃中的一大品牌。

　　老妈宫粽球深受汕头人喜爱，在汕头民间流传有"老妈宫粽球——食定正知"的美谈。老妈宫粽店毗邻老汕头的小公园，这里向来商业发达、人流熙攘。每天一早，市郊的鮀浦、下蓬、鸥汀、葱陇、长厦等地的农民摘蔬菜载到市区贩卖，中午时，菜贩就到老妈宫买一个双烹粽球来吃。这个双烹粽球包有糯米饭、一大片用南乳腌制的五花肉，还有乌豆沙等，既令人饱尝美味，又回味无穷，"老妈宫粽球——食定正知"的说法就传开了，并很快流行成为一句潮汕俗语。这句俗语原来的意思是"打开竹叶吃粽子，越吃越有好味道，吃罢又饱又耐人寻味"，后来还引申为"日久见人心"之意。

汕头牛肉丸

说到汕头美食，首先想起的一定是汕头牛肉丸，民间流传的说法是：来汕头不吃牛肉丸，就像去北京没进全聚德，到了天津没吃狗不理包子。

制作牛肉丸在潮汕已有近百年历史。早期卖牛肉丸的大部分是客家人，20世纪初，许多客家人来到汕头发展，他们挑着小担在汕头市挨街串巷叫卖，晚上，在韩江一带常有小舟在江上穿梭，专为停泊在那里的货船提供夜宵，品种以牛肉丸汤为主。很快，汕头人学会了制作牛肉丸，并在原基础上加以改良，使牛肉丸成为风靡潮汕地区的美食。

传统牛肉丸都是手工制作，弹性极佳，扔在地上能蹦得很高。不过，因为人工操作成本高，随着打丸机的出现，传统制作方式也便日渐稀少。随着经济的发展，人们对美食的要求提高，手打牛肉丸又"重现江湖"，以其鲜嫩弹牙吸引着一批又一批食客。

吃牛肉丸其实也有一番讲究。先将原汤和牛肉丸下锅煮到初沸，要注意的是，煮时水不能太沸，否则牛肉丸就不爽滑，而后加入少量味精、芝麻油、胡椒粉和芹菜粒，配上潮汕式的沙茶酱更为地道。

弹力十足的汕头牛肉丸

牛肉丸搭配潮汕沙茶酱更为地道

遇见历史熟人

翁万达与翁公书院

在明代历史中，翁万达是一位举足轻重的人物。著名政治家张居正曾评价翁万达说，世宗一朝的边臣"仅仅推公屈一指焉"，可见其地位之高。

翁万达，又名翁仁夫，号东涯，于明弘治十一年（1498年）生于揭阳县鮀江都举登村，即今汕头市金平区鮀浦镇举登村。其父翁玉是一介书生，家境贫寒，但对翁万达的教育极其严格。年少的翁万达被父亲送去龙泉岩的一个石洞里读书，度过了一段青灯黄卷、寒窗苦读的时光。明嘉靖五年（1526年），翁万达一举考中进士。靠着勤学苦读改变了命运，翁万达由此成为寒门学子的榜样。他少年时代读书的那个石洞，后来成为"翁公书院"，影响着一代又一代的潮汕学子奋发求知。

考中进士之后，翁万达的仕途平步青云。他先被授予户部主事，再迁郎中，随后出任梧州知府。四年后晋升任广西副使，此后历任四川按察使，陕西巡抚，督宣府（今河北省西北部、宣化一带）、大同、山西、保定军务。因典边有功，累迁为右都御史、左都御史、兵部尚书。翁万达为官刚正不阿，不畏强权，任梧州太守时，总兵仇鸾治军无方，纵容士兵为害百

明代名将、诗人翁万达（1498—1552）

姓，翁万达毅然将为首分子绳之以法。任广西副使时，提出"先平定广西境内各部落之乱，使安南（今越南）首领莫登庸失去内应"的策略，仅一个月，即平定部落之乱，并使安南王莫登庸亲来乞降。督宣府、大同、山西军务时，督修城墙800里，烽堠363所，有效阻止了鞑靼兵的骚扰。

嘉靖三十一年（1552年）十一月十三日，在返梓途中，翁万达因背疽发作，卒于上杭，结束了在官场中叱咤风云的一生。隆庆年间，被追谥襄敏，赠太子少保。因功勋赫赫，翁万达深为后人敬仰，被誉为靖嘉中叶"第一边臣""岭南第一名臣"。

翁万达入仕之前，曾在桑浦山东南麓求学，人们为了怀念他，对翁万达曾在此读书的天然石洞进行过多次修整，清光绪年间在石洞洞门前刻上"翁公书院"四字。书院主体建筑为后人所补建，翁公当年读书的洞穴仍然保存完整。补建部分共有两室，前室有翁公座像供游人瞻仰，座像之后刻有翁公历任官职的简介；后室摆放石床、石桌、石椅等物件，重现翁公当年的学习环境。翁万达出生于普通耕读之家，少年时代只能以石洞为读书之所，当年他在此读书时，洞内无任何东西。他与青灯黄卷相伴，埋头苦读，凭其刻苦终于在29岁时考中进士。翁公一生的文功武绩为后人所敬仰。

翁万达年少时读书的石洞，后成了"翁公书院"

翁公书院前室，内有翁公塑像

金平民俗

潮汕手信

在广东地区,亲友之间互相拜访,或者背井离乡的游子远行归来,都会携带礼品致送家人和好友表达情意。这种礼品称为手信,意思是小宗礼品,可信手捎带。

手信虽小,但千里送鹅毛,礼轻情义重。潮汕人移居海外的很多,华侨回乡探亲,会从海外带回手信,分享给亲朋好友;离乡时,也会带上家乡人赠送的手信,大包小包带着上路,到了异乡的土地上,这些手信可以抚慰他们的乡愁。

听老一辈的汕头人说,在20世纪,汕头大街小巷里随处都可以见到经营潮汕手信的店铺,逢年过节,街上到处都是手里拎着手信的人,呈现一幅温情脉脉的市井图。如今生活节奏加快,人口流动也成常态,手信所蕴含的文化味日趋淡漠,汕头的手信店也已经十分稀少。在龙湖区长平路,有一家百年老店,经过好几代人的传承,至今保持着传统手信店的特色,店里的每一样产品都承载着汕头人传统的记忆。手信店的一楼是各类潮汕小吃,琳琅满目,应有尽有,精巧的包装传递着既传统又有时尚感的气息。二楼经营的是潮绣、抽纱、麦秆画等民间艺术品。一楼

潮汕送礼用的竹花篮

潮汕工夫茶

与二楼之间的楼道两旁布置着一些设计精巧的玻璃陈列柜,陈列着潮汕地区百姓曾经使用的老物件以及出海时所带的用品。这些古老的物件让人想起潮汕人闯南洋的激情时代。

作为民间习俗,手信文化体现的是人与人之间的互相关爱,传递的是浓浓的亲情和友情。

手信店内的潮汕特产

售卖潮汕手信的百年老店

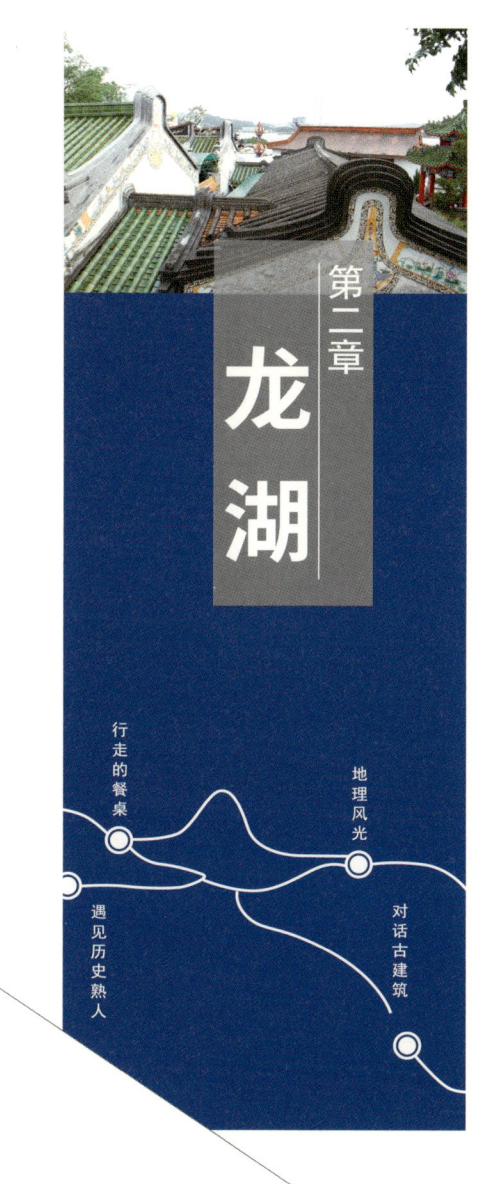

第二章 龙湖

- 行走的餐桌
- 地理风光
- 遇见历史熟人
- 对话古建筑

汕头港

龙湖，汕头经济特区的发祥地

地处汕头市中心的龙湖区，因境内有龙湖沟而得名。1981年，汕头经济特区成立，龙湖是汕头经济特区的试办区，是汕头经济特区的发祥地。龙湖沟，一水蜿蜒东奔南走，集灌溉、排涝、观景于一体，其变迁见证了汕头经济特区发展的足迹。

龙湖区下辖的鸥汀街道曾是韩江出海口之一，因海域连绵，沙鸥翔集，故名"鸥汀"。南宋理宗年间始建鸥汀背寨，是韩江下游四大古寨之一，距今有七百多年历史。

鸥汀历史悠久，钟灵毓秀，是远近闻名的文化之乡、商贾之乡。古有证果谈禅、腾辉倒影、文祠书声、龟桥似月、新兴红树、南薰纳凉、西宁晚泊、庙前白鹭八大胜景，今存证果禅寺、腾辉塔、辛氏大宗祠和许氏宗祠、天后宫、三山国王庙等众多古迹，是潮汕传统文化的集聚地。

龙湖区西北靠桑浦山，东南靠南海，设外砂、新溪两镇。境内的妈屿岛风光秀丽，岛上两座妈祖宫分别始建于元代和清光绪年间，还有海滨浴场和观海亭等古迹新景，构成了汕头一处集历史人文与自然风光于一体的旅游胜地。

妈屿岛是汕头的海路咽喉，汕头因之成为我国沿海最早设关的口岸之一。清咸丰三年（1853年），粤海关在汕头妈屿岛设立海关，称潮州新关，辖原庵埠总口及其所辖各口。清咸丰十年（1860年），被洋税务司控制的潮海关成立，这就是汕头海关的前身。

深厚的文化底蕴丰富了人们的精神文化，代表许多汕头人儿时记忆里家乡味道的传统美食让龙湖区更添烟火气息。人杰地灵的龙湖，以其优雅气韵和充满时代活力的城市特质，给人们展现了一段段鲜活的历史。

妈屿岛正处在海湾大桥中间

三江奔流汇南海

妈屿岛

在龙湖区的南面是榕江入海口，一座白色大桥横跨海湾，连接龙湖与濠江。而在这海口江心飘着一座小岛，正好处于大桥的中间，形成一座巨大的天然桥墩，与大桥连为一体，稳稳地托住这座几公里长的海湾大桥。这座小岛就是汕头有名的妈屿岛。

海湾大桥中间有引桥可上岛，但也有不少游客信众选择岛屿北面的妈屿渡口乘坐渡轮，十来分钟即可到达。这里与闹市一水之隔，就像是一片净土，岛上宁静安谧，风景秀丽，素有袖珍旅游宝岛之称。全岛陆地面积为0.3平方公里（约26.2公顷），海岸线长约2.3公里，分别由凤头山、营仔山、尖山三座小山组成，最高海拔仅44米。现岛上居民有一千余人，主要从事渔业生产。

妈屿原名马屿，与东边的鹿屿（现称德州屿）隔水相望。妈屿岛地理位置极其重要，扼守着汕头的海上航道，是汕头港的门户，清政府曾在岛上建炮台，巡兵驻防。清咸丰三年（1853年），粤海关在妈屿岛设立了"潮州新关"，汕头开埠之后又设"潮海关"，开启了汕头百年商埠的辉煌历史。

自元代开始，岛上便有商船、渔舟往来。为祈求航海平安，船主渔夫专程从福建湄洲妈祖的故乡请来香火，集资兴建天后庙（亦称妈祖庙）祭拜。妈屿岛上有活鸡祭拜妈祖的习俗，过往船人渔夫以活鸡祭拜妈祖之后放生，任其自然生息繁衍，时间长久，整个岛屿鸡群遍地，故岛屿又名"放鸡山"，现今岛上设有大型的鸡群嵌瓷雕塑。后来随着往来船只停泊祭拜增多，妈祖庙声名远播，"妈屿"一名便取代了原名马屿岛或放鸡山。

妈屿岛上除了新老两座妈祖庙，还有海龙王庙、东海普陀山寺、伯公庙等多座大小神庙，以及屹立在放鸡山顶的大型的望海观音雕像，可谓众神来朝，保佑四方。岛上还有一百多年历史的海滨浴场。早在清代，每逢炎夏，住在汕头和出入妈屿的外国人都会

妈屿天后宫

放鸡山上的雕塑

到妈屿岛上避暑,并在岛上建起了别墅式的休息场所,从而给妈屿岛注入了欧陆风情。此外还有建于1853年的礼拜堂、清代海关旧址、观海亭、观凤亭等。百年的时光,沉淀下来的是厚重的历史。如今,妈屿岛已经成为一处集人文与海滨风光于一体的旅游胜地。

妈祖庙(也称天后宫)中的《重修妈屿天后宫碑记》

东鮀浦的荣光

腾辉塔

塔在中国极为常见，作为古代的高层建筑，有着特定的形式和风格，也因其所包含的功能和意义而形成了一种独特的塔文化。位于鸥汀街道鸥上社区的腾辉塔，数百年来镇守一方，屹立不倒，被当地人视为"风水塔"。

据清嘉庆《澄海县志·卷七》记载，腾辉塔是乾隆二年（1737年）由辛昌五等人筹建。辛昌五是鸥汀寨辛氏族人，清代进士，任翰林院检讨时奉命赴福州主持科考，途径鸥汀，见此地连年遭受风雨灾害，又常有外寇骚扰，遂倡建腾辉塔以旺地气，拔擢人才。塔建好后，辛昌五亲自为塔题匾"腾辉塔"三字，并撰联："七层耸壮丽之观云蒸霞蔚，五岭盛衣冠之气凤翥鸾翩"。门额石匾及楹联至今仍清晰可辨。当地乡民称该塔为"鸥汀塔"，《潮州志》则称之为"蓬洲塔"。腾辉塔离海不远，所以在建成之初，作为高层建筑对于海上航行之人起到导航的作用。后来，又成为人们往返于汕澄之间的路标。

腾辉塔是一座贝灰沙夯筑的古塔，塔平面为六边形，共七层，高20.3米。塔的一至三层全部夯实，只留下梯道，形成

腾辉塔，始建于清乾隆二年（1737年），由鸥汀乡人、曾任翰林院检讨的辛昌五等筹建

极为坚固的塔基，使整座塔的承受能力极强。四至七层夯为空心，铺架层板，留有门洞供游人观览。第二层以上为叠涩出檐，每层六面均开有拱形小门。这座七层楼阁式古塔的塔刹，是一个形状与塔身相似的五层楼阁式小宝塔。塔身与塔刹相结合，组成了全国罕见的塔上加塔的建筑结构。

昔时，鸥汀寨地处韩江出海口，寨内支流纵横交错，腾辉塔前就是碧溪绿池，广阔的池面微风轻拂，水明如镜，塔身倒映在水中，相映成辉，宛然如画。"腾辉倒影"成为鸥汀一景，直到 20 世纪 60 年代，仍能见到此美景，后来水池被填平，成为一处广场。

经过近三百年的风雨沧桑，腾辉塔仍巍然屹立。1918 年，潮汕地区发生大地震，腾辉塔顶上的小宝塔被震得倾斜，塔身也出现裂痕，但整座塔却逃过这一劫。这座遍体沧桑的古塔承载着鸥汀人的信仰和昔时的记忆。近年来，当地政府正着手修复古塔，并重新在塔前修建水池，以重现"腾辉倒影"的盛景。

腾辉塔独特的塔上塔结构

证果寺听禅

在鸥汀街道有两处省级文物保护单位，证果寺是其中之一。证果寺位于蓬鸥中学旁边，紧邻公路。寺门极具特色，为三门四柱牌坊式结构，整体大气恢宏。中门上方刻"万派朝宗"四字，两边小门分别刻着"慈云"和"法雨"，寓意佛法强大无边。牌坊顶端的匾额上有"证果寺"三个金色大字，由著名佛学家赵朴初题写。

从正门走进证果寺，可以看到一栋黄色建筑，螺旋形的屋顶带有印度佛寺的风格，这是护法殿，在证果寺中，它是最古老的建筑，其造型与建筑风格在潮汕寺庙中绝无仅有。此外，天王殿、九龙壁玉雕等建筑也极具特色，尤其是精细的建筑工艺，令人叹为观止。寺中那棵五百多岁的菩提树几乎与证果寺同龄，它见证了证果寺的成长。老树旺盛的生命力，象征着这座明代古寺长盛不衰的香火。寺内的般若泉、大型泰国佛铜像和缅甸释迦佛玉像是该寺的宝贵文物，也是古寺历史的见证。

证果寺内的护法寺带有印度佛寺的风格，是潮汕寺庙中绝无仅有的

繁复精美的山门上,"证果寺"三字由著名佛学家赵朴初题写

佛教中四大天王之一的广目天王神像

证果寺始建于明永乐四年（1406年），初建时名崇福庵。建成之后，寺中香火越来越旺盛，成为潮汕地区最有名的寺庙之一。因"证果"两字有成道之意，是潜心修佛的最高境界，遂改称证果寺。

证果寺于清乾隆五十八年（1793年）、民国十二年（1923年）两度重修，规模不断扩大，总面积达到了1300多平方米。1953年，证果寺被毁，僧侣散去，仅存寺门与几间破屋。1983年，下蓬镇鸥上乡陈金豪、官埭头村纪汉臣两人到潮州开元寺祝圣，触景生情，萌生了复建证果寺的想法。1990年10月2日，由释定持、释圆彻主法，举行了大雄宝殿奠基典礼，证果寺正式开始了全面重建。经过十几年的不断努力，证果寺终于重生，形成今天的规模。

证果寺内带有印度佛寺风格的护法殿

准清庵

明末时期,鸥下村的优婆姨林玉莲在鸥汀建了一座斋堂,用于传播佛教,普度众生。在古时的潮汕地区,鸥汀是个大寨,人流密集,为宗教文化的传播提供了较好的条件。林玉莲的这座斋堂建成之后,香火日益旺盛,成为鸥汀的一处佛教重地。到了清代,斋堂已经具有一定规模,于是在潮安县庵埠镇王万村准提庵高僧释福龙的倡议下,由居士以及信众们募资,对该斋堂进行了扩建,并改名为准清庵。

20世纪60年代,准清庵遭到破坏,成为一家电镀厂工场。直到1987年,释长庆尼师任住持,准清庵开始启动修复工程。在释长庆以及众信徒的努力下,一共历时六年,前中后三座大殿工程陆续告竣,准清庵终于恢复了原来的规模。1994年1月20日,准清庵隆重举行了重建落成暨佛像开光典礼。

准清庵位于鸥汀街道西畔村一条僻静的巷子里,这条巷子以初建时的斋堂为名,叫斋堂巷。走到巷口,可以看到一道钢结构的拱门,弧形的门顶镶着"准清庵"三个大字。从拱门进去,庵堂以巷子为界划为两半,左半部分是前中后三座大殿,右边则是宿舍。整座庵堂坐北向南,占地近2亩,其中建筑面积约1000平方米,总体格局呈长方形,周

准清庵由始建于明末的斋堂扩建而成

围筑有长 60 米、宽 20 多米的红砖围墙。前中后三座殿的屋顶饰有金黄色琉璃瓦，飞檐翘角，闪闪发光。院内大理石地埕上摆放着宝鼎、香案、石炉等佛家用具。院内栽有菩提树、落叶松、榆树、铁树、玉兰、寒竹、香雾、角花等植物，还摆有各种各样的花盆，错落有致，环境优美，确实是一处既可以拜佛又能观光的好地方。

作为鸥汀佛教文化的发祥地之一，数百年以来，准清庵承担着宗教传播的重要功能，吸引了众多僧俗名家慕名前来，他们为这座庵堂题写了很多楹联。这些楹联所具有的文化价值，使这座古庵脱颖而出，成为潮汕地区异常珍贵的人文景观。

辛氏大宗祠

在潮汕地区，辛姓并不多见，然而在汕头市龙湖区的鸥汀街道却居住着二千多名辛姓人，占据了潮汕辛氏的大部分，由此可见，鸥汀是潮汕辛氏的发源地。

据资料记载，鸥汀辛氏来自福建，开基始祖叫辛安世，福州人。南宋嘉泰年间辛安世来潮州为官，任潮州通判一职。任职期间正值金兵进逼，宋师败溃，朝政混乱，宋室动摇。在乱世中，辛安世不愿颠沛流离，决定落籍潮汕，并选址在揭阳县鸥汀背寨，也就是今天汕头市龙湖区的鸥汀街道定居。这便是鸥汀辛氏的由来。

自辛安世定居鸥汀以来，辛姓在汕头已有八百多年的历史。在过去的八百多年中，辛氏一族开枝散叶，他们建立宗祠，并以宗祠为核心，建立了自己的宗族文化。

辛氏大宗祠正门，鸥汀辛氏定居汕头已有八百多年历史

辛氏大宗祠内碑廊中的碑记

辛氏大宗祠位于鸥汀街道永兴街，始建于清康熙三十二年（1693年），康熙五十八年（1719年）扩建前座，乾隆四十四年（1779年）又扩建了山门。经过这两次扩建，辛氏大宗祠形成今天的规模。宗祠坐北朝南，占地面积近一千平方米，为三进结构，左右两边建有厝巷，宗祠前面有一道矮院墙围住，祠堂的大门正对着永兴街，大门上方石刻"辛氏大宗祠"，左右两边刻"枕经猎史""金友玉昆"字样。门上雕有反映民间故事的浮雕，图案生动而又精致，堂内的金漆木雕以及屋顶的嵌瓷，显示了潮汕古建筑高超的艺术水准。

宗祠最有特色的地方是堂内有一条碑廊，廊上陈列着十几块从古至今依次排列的石碑，碑文记载了宗祠历代修建的情况。这条碑廊以及这些保存完整的碑刻对于研究潮汕宗祠文化具有重要的价值。2010年，辛氏大宗祠被列为汕头市文物保护单位。

许氏大宗祠

在鸥汀街道鸥下村南畔中街，有一座建于明代的古宗祠。该宗祠为鸥汀的许氏族人所建，当地人叫它许氏宗祠。因整座宗祠以青砖为墙，又名青砖祠。在潮汕地区的宗祠中，这种纯青砖结构的宗祠建筑较为罕见。许氏宗祠因此成为潮汕最具有特色的古宗祠之一。

许氏宗祠前面有条巷子，这条巷子因祠堂而得名，被称为青砖祠巷，可见这座祠堂在当地的名气与地位。青砖祠巷的入口便是进入许氏宗祠的一道侧门，上方刻着"太岳旧家"四字，与之相对的另一道侧门上，则写着"名贤世胄"四字。从侧门进入，是个长方形的院子，宗祠的正门向着院子。正门上方"许氏宗祠"四个大字是明代兵部尚书黄锦所题。正门两边的墙壁上有汕头近代书法家许书翰的六幅石刻书法作品，这位许氏家族的杰出人物，以自己的墨宝为这座古老的祠堂增光添彩。

走进宗祠，可以看到前厅挂着一块"高阳望族"的匾额，这块匾额说明鸥汀许氏是由河北高阳的许姓家族南迁而来。历史上，许姓是名门望族之一。先祖许由，字武仲，是尧舜时期的高士贤人。尧帝敬重他的德能，曾有意把帝位让给他，他固辞不受，隐居箕山，农耕而食。后尧帝又请他做九州长官，他到颍水边洗耳，表示不愿听到。他死后葬于箕山之巅，尧帝封其为"箕山公神，配食五岳，后世祀

因许氏宗祠而得名的青砖祠巷

许氏宗祠是潮汕地区罕见的纯青砖结构的建筑，因此又称"青砖祠"

之",故后人称箕山为许由山。许由活动的颍水流域箕山之下,正是当年许国之地,因此,后世许氏子孙多以他作始祖。至西周时期,周武王分封各路诸侯国,封姜姓文叔于许国,文叔便以封国为姓,即许文叔。许由和文叔同为许姓的始祖,只是许由早于文叔一千一百余年,所以许姓族人认定许由是许姓的开姓始祖,而文叔则是许姓的开国始祖。两位许氏始祖的辉煌事迹,影响着这个源远流长的姓氏与家族。在潮汕地区,许氏家族中也是名人辈出,许申、许驸马、许广平等杰出人物,都被载入了历史。

中华人民共和国成立之前,许氏宗祠一直作为学校使用,先是叫培本小学,后改为墩睦小学。这个古老姓氏的辉煌激励着一代又一代的学子。

完整保存下来的许氏大宗祠

蓬沙书院门楼里精美的石雕依然保存完好

| 蓬沙书院 |

　　蓬沙书院，当地俗称"文祠"，其建筑规模为澄海明清七书院之首，也是潮汕地区目前保存最完整、面积最大的书院。位于龙湖区外砂镇林厝村文祠路头的蓬沙书院，始建于清同治九年（1870年），为清代潮州总兵方耀到外砂"办清乡"时所建。作为旧时兴学育民的教化场所，其中却藏着清末外砂的一页民怨史。

　　清朝末年，国政衰败，多贪官污吏。当时"潮俗好斗，土豪每筑堡聚众，占田产抗官租为常，吏不能禁"。时常发生的宗族械斗，严重影响农业生产和商贸往来。清咸丰三年（1853年），外砂王厝村王兴顺受太平天国影响，率领农民起义反清，官府发兵围剿，王寡不敌众，渡海出走。同治九年（1870年），潮州总兵方耀奉命于外砂"办理清乡，处理九县积案"，用铁腕捣毁了一个又一个村落的堡垒，以严酷惩罚来恢复社会秩序。数年间，讯结积案千余起，悉数均经严治，并无漏网。被剿杀者，有罪有应得的，也有无辜而遭错杀者，不少外砂人在清乡中离家散宅。方耀自知清乡激起民怨，但他也懂"民以教化"为本,为此他在潮属各地新设和复办乡校数百所,其中就包括蓬沙书院。

方耀在外砂各乡筹资,倡建蓬沙书院和方公讲院,委派华埠乡秀才陈大义筹建"两院",至清光绪十三年(1887年)才告落成。两院建筑精工细作,建筑工艺上乘。整个建筑坐东南向西北,为潮汕传统民居的四进"双佩剑"布局,面宽33米,进深62米,占地面积2046平方米。门楼为三山门二叠歇山顶建筑,大门"蓬沙书院"连同左右山门"同德祠"、偏门"方公讲院"等题字,均出自清光绪三年(1877年)丁丑科探花、翰林院编修、晚清书坛名家钟德祥手迹。前三进为门厅、中厅、上厅,连同两侧从屋即花巷和排屋,为蓬沙书院;后厅为三开间格局,为方公讲院。书斋式建筑,穿斗式梁架结构,中堂为硬山顶,内塑方耀披甲坐像。蓬沙书院与方公讲院相连,均开八角形门,现保存完好。

作为兴学育民场所的蓬沙书院,大革命时期曾作为农会会所。1938年9月,外砂青年抗敌同志会成立,会址设在蓬沙书院。抗战胜利后,蓬沙书院改作蓬沙初级中学。中华人民共和国成立后,此处建筑成为外砂人民政府所在地,直到1987年政府新建办公楼后搬出,又改作镇文化中心。近年来,因为年代久远,蓬沙书院局部出现老化,曾进行局部抢救性维修养护,并制订了修缮方案。2012年10月被确定为广东省文物保护单位。

蓬沙书院曾是兴学育民的教化场所,当地俗称"文祠"

左右山门"同德祠"榜书,为光绪丁丑科探花、翰林院编修、晚清书坛名家钟德祥手迹

名贤王公祠

"思无邪与其进也,蒙不洁趋而避之",这是明代清官王天性留下的训言,也是其一生为人为官的写照。数百年来,外砂镇林厝村的村民们常以这位先贤留下的警言和训导来教育子女,并在名贤王公祠的基础上,筹资创建了"王天性纪念馆",以纪念先贤。王天性纪念馆已成为廉政教育基地。

位于龙湖区外砂镇林厝村中兴街85号的名贤王公祠,是一座具有潮汕特色的祠堂式建筑。大门两侧外墙刻有"南昌循吏,潮郡邑贤"八个烫金大字。坐南向北,祠面宽22.6米,进深32.6米,占地780平方米,为二进三开间硬山顶祠宇格局。一进为三门,中门有"名贤王公祠"石匾,左右两门分别有"清风劲节""代有闻人"石匾。馆内四周都有介绍王天性生平的资料,此外还收藏了明嘉靖年间广东监察御史张守约亲笔题赠的"清风劲节"牌匾以及王天性的真迹。二进为七架前后廊石木柱梁构架,现设为纪念展厅,内有王天性泥塑坐像和生平介绍。

王天性本是外砂林厝村人,生于明嘉靖五年(1526年),少年时聪颖异常,长大后,诗文写得很好,在当时很有名望。明嘉靖三十一年(1552年)中举人,先后于盱眙、上高、

名贤王公祠是传统的宗祠,现也辟为王天性纪念馆

村民时常以先贤留下的警言和训导来教育子女

南昌任职,为官清廉,政绩显著,深受万民拥戴。他性情豪爽自若,不同庸俗,因议论鞭法得罪上级官员,同寅和都御史都厌恶他。奸臣严嵩党羽多次拉拢他加入严氏阵营,且许诺提拔为布政使,其始终不为所动,后被弹劾罢职。

王天性家境贫寒,罢职后生活更加窘迫。有人劝他拜谒当权的人,提出要求。他说:"当我佩带三寸大的官印时,何所求而不得。当时尚且决心不这样做,现反而想借助他人取得余利吗?"他还一再告诫为官的子孙不能有贪婪之举,在自己著述的《千字文》等诗集、文集中留下大量的警言和训导。

王天性平素喜作古文。澄海初建县时,未有县志,他留心考查辑录,于明万历二十二年(1594年)编写澄海县第一部县志。王天性家乡邻近外砂河,水患多,常失收,他竭力倡导乡民出钱出力修筑堤防,筑成外砂河西堤沈洲涵至今新溪双涵一带堤段。乡人公论:"富而好施,人们尚难做到,何况他是贫寒的呢?"致仕后的王天性一直为家乡建设尽心尽力,直到84岁卒于外砂。

明万历四十三年(1615年),民众为纪念王天性的功绩,曾在蓬中村口建怀德祠以祀之。清康熙后期择现址重建,清咸丰四年(1854年)被官兵烧毁。同治、光绪年间重建。1994年,王氏后人着手重修。外砂二十多位老人为纪念勤政廉政的先贤,并教育后人,积极奔走于全国各地收集资料,共搜集文物古籍89件,翻译整理王天性原著8本,撰写王天性史料30篇,成功募得一百多万元建馆资金。2005年,王天性纪念馆正式建成并开放,成为当地一处廉政教育基地。

蓬洲都的故人

潮汕八贤之首吴复古（1004—1101）

| 吴复古 |

　　吴复古，字子野，号远游，北宋海阳县延德乡蓬洲都渔洲乡（今汕头市龙湖区）人。作为唐宋潮州八贤之首，吴复古算得上是那个时代的另类。他出生于仕宦之家，父亲吴宗统官至翰林侍讲，身为嫡子，他本可承父荫出仕，却辞让给庶史授国子监教授。也许是宽阔的胸怀给他的人生带来了运气，因品行卓越，他被举为孝廉，受到宋神宗召见，授以皇宫教授，一时名重朝野，公卿鸿儒都倾心敬之，愿与之交好。但吴复古平生淡泊功名，就在他仕途通达之时，却突然以"孝养"为由，上表辞职。宋神宗嘉许其孝心，又知其志在山水，准其所请，特赐号"远游先生"。

　　吴复古辞官后回到故里，辞别妻儿，离家外游。他对妻子许氏说："黄卷尘中非我业，白云深处是吾家。"后来他在麻田山中筑远游庵，建岁寒堂，辟谷绝粒，做了道士，自此浪迹天下，游遍神州名山大川。他遍交公卿名士，却一无所求，在修道的过程中，自

吴复古在仕途通达之际，以"孝养"为由辞官，宋神宗准请并赐号"远游先生"

己创造出一套颇见成效的养生之法。

  吴复古与苏东坡的交情深厚。吴复古辞职归家时年已65岁，其时苏东坡年方三十出头，在文坛上崭露头角。苏东坡从李师中的介绍中了解到吴复古的为人，神交多年，但未有机会结交。直至宋熙宁十年（1077年）一月，苏东坡改任徐州，经青州赴济南，才有机会与吴复古见面。二人一见即成莫逆之交。

  苏东坡后来追述此次会面，说是"子野一见仆，便谕出世法"，这次见面晤谈主题是探研养生之道。吴复古主张不以外物自扰，以不变接外物之变，与苏东坡豪放豁达积极入世的信仰有很大差距，但对苏东坡待人处世的态度却有所影响。苏东坡在惠州时，吴复古多次赴惠探访他。吴复古还出谋献策，协助苏东坡营建惠州西湖。

  96岁那年，已是高龄的吴复古渡海去儋州，专程拜会苏东坡，带去苏东坡将获赦内迁廉州的消息。这对原来已觉得"垂老投荒，无复生还之望"的苏东坡是一个极大的惊喜。六月，吴复古随苏东坡渡海北归，一直到了雷州才分手。苏东坡到了廉州后，又获准随处定居，因此折回广州，稍后乘船返回。吴复古闻讯，随即带着番禺几位长老追至清远峡，与苏东坡同游广陵寺。离别时，苏东坡问吴复古有何交代，吴复古只是笑笑。翌年四月，吴复古终因不胜老迈劳累，病逝于归途，享年97岁。苏东坡在真州惊闻噩耗，悲伤万分，写下《祭子野文》，极力称赞吴复古"急人缓己，立其渴饥；道路为家，惟义是归"。三个月后，苏东坡也病逝于常州。两个年龄相差三十多岁的莫逆之交，在同一年中走完了他们的人生。

佘志贞（1643—1705），清康熙十八年（1679年）进士，又称"佘翰林"

翰林佘志贞

在饶宗颐撰写的《潮州先贤像传》中，对清代澄海儒士佘志贞是这样评价的："生平笃实温雅，奉职清慎。"佘志贞身居翰林学士等高官要职，为人为官刚正忠直自是不必说的，但更为后世所敬仰的是他的文学修养和成就。清嘉庆版《澄海县志》给予其高度评价："本朝邑人以文章擅科名者，志贞为最。"

佘志贞原名艳雪，号峭州，因其为清朝翰林院侍读学士，故人尊称为佘翰林。清朝初年生于潮州府澄海县蓬洲都渔洲乡佘厝上佘村（今汕头市龙湖区渔洲乡上佘村），其出生地祖宅即今太史第。他幼年丧父，又受鸥汀惨案牵连，在母亲带领下逃难到了揭阳县渔湖都塘口佘厝村，孩童时便拜在村中名儒佘元起门下就读。佘志贞天赋聪颖，在名师佘元起的教导下，学业进步极快。在佘元起于清顺治十一年（1654年）甲午科中举之后，适值明朝故老翰林编修、礼部尚书兼兵部尚书黄奇遇告病离开南明朝，归隐于故里渔湖，佘元起常带得意门生佘志贞前往拜访，向其求教，黄奇遇视这师生俩为忘年之交，把多年为官的经历、体会，不加保留地悉心传导指引。佘志贞立志以黄尚书公为榜样，更加奋发上进，于清顺治十七年（1660年）庚子科中举人。

中举之后，佘志贞潜心向学，精益求精，还从教以助学，以期获得更高成就。终于于清康熙十八年（1679年）进京会试，得中二甲进士，选为翰林院庶吉士，入庶常馆学习三年，后授翰林院编修，历官左右赞善庶子，升侍讲、侍读学士，入值南书房，充政治、唐诗类函两局纂修官。

佘志贞擅诗章，任职史官达二十五年，每次召试或应制诗文，都备受康熙皇帝青睐，名噪一时。康熙二十二年（1683年），潮州知府林杭学重修《潮州府志》，书成之时恰逢佘志贞家居，于是参与了后期的校订工作，并为志书撰写了序言。康熙二十九年（1690年），佘志贞出任庚午科山东乡试主考官，录取四十九名举人，其中有十八人考中进士。康熙四十一年（1702年），殿试考翰林，佘志贞名列第二。翌年，奉命代祭西岳华山，沿途各省官员争先赠礼，一概拒收。回京复旨后不久即病逝，葬于京师。逝世时家中四壁萧然，人们无不感叹钦佩。遗著有《蟭蟟草》。

佘志贞为官正直，两袖清风，还有情有义，时刻不忘家乡。早年赴广州乡试时，为不忘出生地而报籍澄海。高中后回澄海蓬洲渔洲佘厝修祠、祭祖以尽孝，同时也不忘渔湖佘厝养育他长大和栽培他成才的深厚恩情，特在此建祠堂、奠旗杆夹斗树官旗以立籍荣亲。佘志贞声名鹊起之后，在潮州城内兴建府第给亲属居住，其后裔于是落籍海阳县（今潮州市区），旧时潮州府城内有一条街道名叫"佘府街"，正是由此得名。

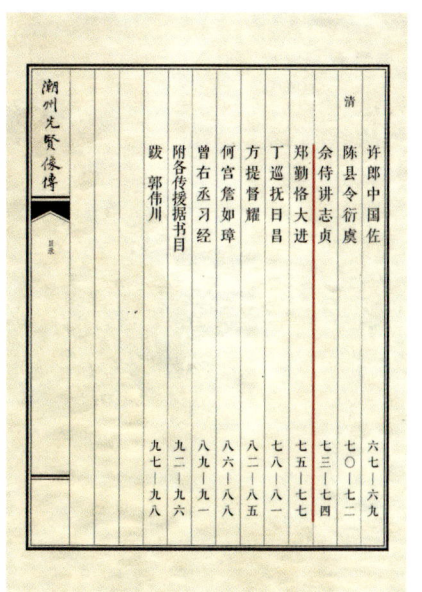

《潮州先贤像传》中有《佘侍讲志贞》篇，名列清代先贤第二位

小吃里·烟火气

| 菜头粿 |

俗话说："冬吃萝卜夏吃姜，不用医生开药方。"由此可见，萝卜是一种对人体极为有益的蔬菜。明代著名医药学家李时珍所著的《本草纲目》中就专门介绍了萝卜药食两用的功效："可生可熟，可菹可酱，可豉可醋，可糖可腊可饭，乃蔬菜中之最有利益者。"

在潮汕地区，人们称萝卜为"菜头"，最受欢迎的萝卜吃法有两种：一是菜脯，二是菜头粿。菜头粿起源于民间八月的祭祀活动，是一种极为重要的供品，随着时间的推移，走下神坛，成为人们餐桌上的家常菜肴。

同样是菜头粿，潮州和汕头两地在制作方法上又有所分别。潮州的菜头粿，讲究的是鲜甜，萝卜的比重较大。而汕头菜头粿讲究的是香味，因此，做菜头粿时萝卜与大米的比例是5比1，另外还要加入香菇、虾米、腊肠、花生、芹菜、胡椒等配料，以突出香味。制作汕头菜头粿时先将萝卜刮去粗皮，刨成丝，下锅炒软，加入腊肠粒、虾米粒、香菇粒、芹菜粒，和入适量味精、精盐、胡椒粉，同米浆、薯粉拌匀，然后入蒸笼内蒸熟，以筷子插入不粘为熟。食用时将菜头粿切块，用油煎至呈金黄色即可食用，煎好后的菜头粿外酥内嫩，味道清香而不甜腻。

煎菜头粿也有讲究，潮汕有句俗语"菜头粿热单畔"，讲的就是菜头粿的煎法，意思是菜头粿只宜单面煎，使油煎的一面金黄酥脆，另一面则保留萝卜清香鲜嫩的原味。"热单畔"就是"单边热"或"单恋"的意思，如果某人做事一厢情愿或单恋了，就可说他是"菜头粿热单畔"。

菜头粿即萝卜糕,由萝卜刨成丝与米浆一起蒸熟而成,还可以加其他作料

无米粿

从字面上看,粿是一种米食。然而在潮汕地区,却有一种众所周知的小吃叫无米粿。顾名思义,无米粿具有"粿"的特点和口感,却并不是以大米为原料来制作。古时的潮汕属贫困边远地区,人多地少,粮食缺乏,百姓常常陷入无米可炊的生活困境。恶劣的生存环境练就了潮汕地区妇女们持家的本领,为了填饱肚子,她们不得不从"米"之外寻求解决温饱的方法。

番薯自明代万历年间由福建人从菲律宾带到中国,再由闽南传到潮汕大地,成为潮汕人的又一项主食。心灵手巧的潮汕女人利用番薯这种易种高产的杂粮为主料,制作出了各种各样的食物。无米粿便是由此而来。番薯吃不完了,便磨成粉。薯头可以养猪,薯粉做副食及调料。著名的潮汕蚝烙、"清心丸"甜汤、薯粉糕等都以薯粉做原料。无米粿的粿皮便是薯粉做的。

无米粿的馅有两种:一种是咸馅,一种是甜馅。咸馅的制法是取去皮绿豆放蒸笼中蒸熟,用面棍将其压碎,加入虾米茸、经腌制煮熟的赤肉粒、生蒜茸,调入鱼露、胡椒粉、味精,炒匀即成;而甜馅的制法则采用绿豆沙或芋泥。而平常所吃的韭菜馅无米粿则是在粿皮内直接包入韭菜,也就是韭菜素馅。无米粿的吃法也有两种:一种是在蒸笼蒸熟直接食用;但大多数潮汕人都会在锅底放少量食用油煎炸食用,外皮香脆,里面的馅柔软香口。吃咸馅的无米粿时配上潮汕产的辣椒酱,是潮汕人认为的绝配。

"巧妇难为无米之炊。"这句俗语表达的是生活的艰辛与无奈。在那贫困的年代里,无米粿实为潮汕巧妇的无米之炊,但经岁月一路传承下来,到了现代,它却已蜕变成老百姓生活里的一道美味小食,在车水马龙的街头巷口飘散的煎炸出来的阵阵粿香,引诱着途经的各式路人。

顾名思义,无米粿不是用米浆制成,它是以薯粉为原料的糕点

膪粕粥

粥是以大米为食材的食品,看似简单实则不简单,其慢火细熬的制作过程可以修身养性,食用时则可以养胃。潮汕人称粥为糜,白米粥称白糜,混合其他食材的粥一律叫香粥,潮汕话叫"攀糜"。潮汕人爱喝粥,就跟工夫茶一样,粥在潮汕人的生活中不可或缺,这种普通食物在潮汕地区被发扬光大,变成一道天下闻名的美食。如今,潮汕的砂锅粥名扬海内外,只要有潮汕人的地方,就有砂锅粥。

在汕头,有些经营小吃的老店隐藏于小巷深处,虽然名不见经传,但当你偶然遇到时,会为那里的美食感到惊讶。这些美食比的不是环境,拼的不是食材,确切来讲,吃的是那种让你亲切而熟悉的味道,无论你身在何地、何时回家,它就像老邻居一样,在老地方等你。鸥汀的膪粕粥,就是这样一种让人备感亲切的小吃。

膪粕粥的特点在于"膪粕"二字。膪粕就是猪油渣,在物资匮乏的年代,猪油渣是不可多得的食材,用来炒菜有种肉香味。而把膪粕做成粥,怕是汕头龙湖区鸥汀村人的独创了。鸥汀膪粕粥大约有一百年的历史。20世纪初,鸥上乡人力再、力任在鸥下卢厝宫下开店,经营膪粕粥。由于口味独特,受到了当地人的喜爱,此后膪粕粥便在鸥汀传了下来。到今天,膪粕粥已经成为代表鸥汀美食的一个标志,很多食客慕名而来。

鸥汀的几家经营膪粕粥的老店都藏在不起眼的僻静街巷里,若是无人带路,外地人恐怕是很难找到的。粥店开在仅粗略装修的简陋门面里,大门向着马路敞开,桌子和凳子很随意地摆放着,灶头就在路边。客人进门,告知店主需要多大分量,大碗还是小碗,然后就坐下来等待。膪粕是早已制好的,随时可以供应,店主将汤入碗,再加入熬好的粥,然后加入膪粕,再撒上香菜等佐料,一碗香气扑鼻的膪粕粥就端到了客人面前。桌上有腌制好的辣酱,客人可以根据自己的喜爱来调味,吃上一碗粥后,还可以坐在店里泡工夫茶、聊天,让人体味到一种家的味道。

膪粕粥。"膪粕",潮汕方言,即猪油渣

龙湖民俗

灯首盛会

崇尚祭拜多神是潮汕民俗的一个特点。据民俗学者考究，这种崇拜多神的习俗源自岭南百越和闽越祖先的传统文化。在龙湖区的村落中，僧舍寺庙、三山国王庙、妈祖庙、伯爷宫，还有玄武帝、龙王庙、关帝庙等等，林林总总有百余处。自隋唐开始，便有先民陆续迁徙于此。这些先民大都来自中原地带的百姓家族，他们迁徙至福建之后，逐渐转入粤东韩江三角洲地域，后迁至下游富庶的沿海地域。他们中有的是避乱迁居，有的是随任南下，有的是戍边驻防的军人，也有的是水上人家的疍民。这些百姓家族带来了各族群的习俗惯例，这些俗例在生活劳作中相互渗透，并一代代相沿袭用。今天人们生活中的许多习性，仍保留着先民的遗风。

"幽韵颂升平合境乐欢腾，清音歌盛世沙庭亮灯首。"灯首是流行于龙湖区鸥汀等

灯首是鸥汀千百年来流传的民俗，鸥汀三王爷庙创建时，由当时乡里五个姓氏的十个家族轮流管理

在农历二月初挑选一个吉日请"三王爷"出游，谓之"灯首"，每个家族十年轮一次"灯首"

地的一个独特民俗。相传"三山王爷"是潮汕各乡的保护神，祖庙至今已经有一千四百多年的历史，其中仅在鸥汀就有四座。鸥汀三王爷庙创建时，就是由鸥汀上乡的张、李、郭、陈、辛五姓组成的十个家族轮流管理。每年的当值家族会在农历二月初挑选一个吉日请"三王爷"出游，巡视乡里，这就是"灯首"，千百年来相袭成俗。每个家族十年轮一次"灯首"。

"灯首"盛会那天，大街小巷全都张灯挂彩，当值家族的族民们家家户户悬挂起大红灯笼。待到各式各样的祭品都已经逐一摆放妥当，祭祀便开始了。在广场的中央摆放一百多头宰好的大肥猪，在农业社会里，屋子里有猪才是家，今天尽管人们已经不再用拥有大肥猪的多少来标记富裕的程度，但在这民俗的盛会上，每家依然会摆上一头精心打扮大肥猪。有些祭品还堆砌成塔状，更有做成动物造型的，别出心裁。

每年的灯首都有精彩的文艺游行，游行队伍中少不了本村年轻人组成的标旗队，还有小孩子们的花篮队、灯笼队，当然也有专门从外地请来助兴的演出团体，如潮阳的英歌队、潮州大锣鼓队、铜管乐队等。强壮帅气的小伙子们敲起大锣鼓，舞起雄狮；秀丽温婉的小姑娘拉起弦乐；身着黄色彩袍的小朋友担的是八宝担；精神抖擞的老人们穿上传统的长衫。晚上，四乡八里的乡亲好友闻讯前来相贺。街道上，人流如织，摩肩接踵，热闹的场面不亚于春节。

潮乐

潮乐即潮州音乐,其特点是古老、典雅、优美、抒情。过去,潮乐演奏活动主要结合当地民间婚丧喜庆、游神赛会等活动而开展。潮乐以自娱自乐的方式在民间流行,又因为它具有吹、拉、弹、打等多种乐器演奏方式,需要以组合形式出现,民间乐馆便自然产生。

龙湖区辖内的乡村都设有乐馆乐点,村民将此当作休闲和娱乐场所。各地自由组合的乐馆乐点规模大的有二三十人,小的仅三五人。昔时,在文化底蕴较深厚的上蓬、下蓬一带,潮乐较为盛行。其中,鸥汀的鸥上乡乐馆较多,规模较大的有李氏的五座、蓬祖、古直,陈氏的寄南、新书斋,辛氏的半闲等。20世纪20年代起,许多乐馆乐点相继组成剧社,如下蓬鸥下的巧闲乐馆,由许之翰等组织。起初,他们是以"潮曲清唱班"

潮乐演奏活动主要是结合当地民间婚丧喜庆、游神赛会等活动而展开

名义进行活动，后来组成"偶然剧社"，主要演出潮剧。

　　潮乐乐馆在积极开展活动的同时，十分注重潮乐技艺、理论研究和新人的培养。1987年，由下蓬镇民间组织成立的"腾辉丝竹社"聘请著名潮乐名家为艺术指导，经常开展理论学习和艺术实践，以提高演奏技巧，并广交外界乐友，互相交流切磋，每逢节日为当地群众献艺。汕头电视台和汕头《潮乐研究》等媒体也多次作介绍。2003年10月，由龙湖区"韵轩潮乐联谊会"创作的潮州音乐《春满渔港》《奔小康》，参加第三届国际（汕头）民间音乐花会获得金奖，同时也被广东省音乐研究会评为"广东民间音乐精品"。

潮乐演奏现场

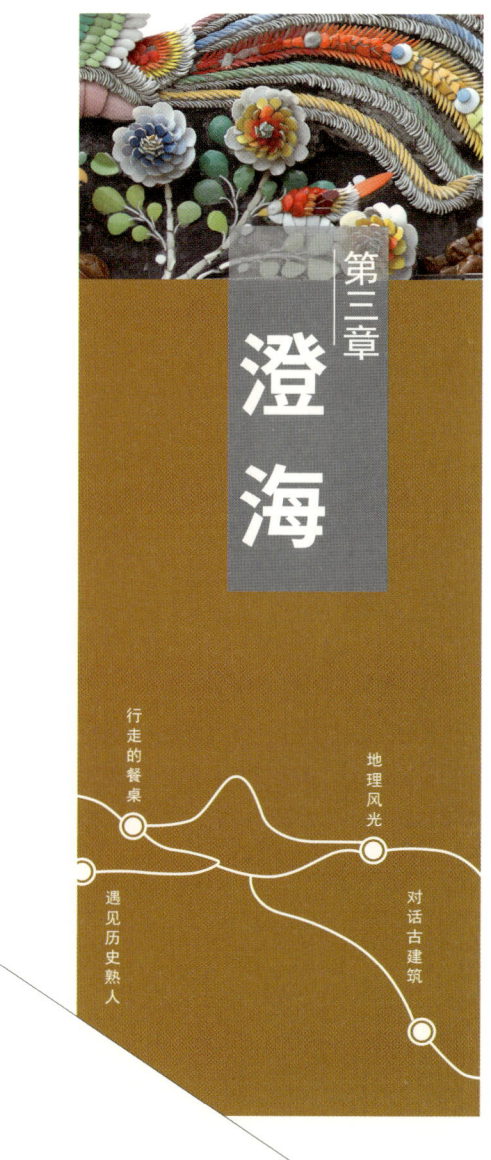

第三章
澄海

- 行走的餐桌
- 地理风光
- 遇见历史熟人
- 对话古建筑

陈慈黉故居前的红头船雕塑。澄海是红头船的故乡,曾有无数潮汕先辈为了生存和梦想,驾着红头船远渡重洋

澄海，红头船的故乡

澄海区地处潮汕平原韩江出海口，西北与潮州交界，全区地势自西北向东南倾斜，素有"一山一水八分地"之称。澄海地区古代隶属几度更迭，至明嘉靖四十二年（1563年），割海阳县、揭阳县、饶平县部分地区置澄海县，隶属潮州府，县治设于下外莆之辟望村，即今澄华街道。

一提起澄海，人们就会想起昔年的"红头船"。自宋迄至明清时期，在澄海的凤岭港、樟林港，粤东和闽南的先民乘坐红头船漂洋过海、经商谋生，开创了红头船的历史，也造就了闻名天下的潮商，而澄海也成了广东著名的侨乡。

澄海人不仅经商有道，更是文教昌明，俊才辈出。在这片土地上先后哺育出潮州"前八贤"中的卢侗、张夔，潮州"后七贤"中的唐伯元，民国时期版画家陈普之、数学家黄际遇、史学家吴贯因、哲学家史学家杜国庠、书法家王鼎新，当代国画家赵世光、雕塑家唐大禧、著名散文家秦牧、诗人许士杰等一大批名人学者。

澄海历史积淀深厚，民间艺术亦丰富多彩。陈慈簧故居、郑信故里、程洋冈古村落、樟林古港遗址构成了澄海灿烂的人文景观，也是澄海历史源远流长的见证。大型动物舞蹈以及澄海灯谜在研究潮汕传统文化和祭拜民俗中有特殊历史价值。2008年6月，《蜈蚣舞》入选国家级非物质文化遗产名录。2000年5月，澄海被文化部命名为"中国民间灯谜艺术之乡"。

澄海在这里沉思

| 塔山风景区 |

澄海地处韩江三角洲，地形以平原为主，素有"一山一水八分地"之称。在这十分之一的山地中，位于西北部的塔山尤为闻名。北宋时，从福建莆田迁徙而来的杜氏族人在塔山下开田辟地，开始了澄海涂城乡的发展历史。到南宋初年，这里已发展成为人烟鼎盛的集镇。南宋绍兴二年（1132年），涂城乡的人在山上建造了一座寺庙，因此山有石似塔，故取名塔山寺，于是这座山也因寺而得名为塔山。

塔山有着八百多年人文历史，山上人文景观众多，其中仅塔山古寺便有"一寺十景"之说——古刹晨钟、石塔堆云、晴凤滴翠、天池夜月、云崖观海、银盏飞霞、龙泉品茗、白石听松、秀夫行迹、良宝遗踪，历来吸引着无数文人墨客登临。在古寺西方有一座小山冈，因冈顶微微凹陷恍如灯盏而得名灯盏坞。这个灯盏坞常年积水，久雨不溢，久旱不涸。相传，灯盏坞是因弥勒佛的弟子黄眉童子撞倒佛座前的长明灯，灯盏滚落塔山所致。因此，每当夕阳西下，灯盏积水红霞闪烁，如佛灯四射，非常奇特。塔山地貌是千万年前地壳运动的结果，奇石多不胜数。除了灯盏坞外，还有石塔堆云、一拳击天、眉童点鼠等三十二奇石。这些奇石类人状物，惟妙惟肖，成了塔山闻名遐迩的重要名片。

塔山风景

远去的故园

| 樟林，红头船的始发港 |

在 19 世纪末英国版的世界地图中，沿着中国蜿蜒的海岸线由北往南，天津、上海、福州……一个个熟悉的地名翻开了一部晚清被迫开放通商口岸的历史。当视线落在闽、粤交界地带，一个名不见经传的地名"樟林"跃入眼帘。这个地方就是被著名汉学家饶宗颐誉为媲美威尼斯的澄海东里樟林港。

樟林因"遍地樟木，枞灌成林"而得名，它地处澄海、潮安和饶平三地交界地带，韩江两条支流从这里奔赴大海。古时，此地濒临南海，海阔江宽，水路交通十分便捷，得天独厚的地理位置以及当时朝廷有力的政令将樟林推向了往港口发展的轨道。清康熙初

樟林因得天独厚的位置发展成为港口，与暹罗（今泰国）的大米贸易，让潮汕经济发展迎来了辉煌的时代

年，海禁开始松弛。康熙八年（1669年），澄海复县，重设海关税馆，大量乡民涌入，修造城池，建设家园，占尽天时地利的樟林渔业、盐业、航运业迅速发展。到清雍正和乾隆年间，朝廷继续开放和暹罗（今泰国）进行大米贸易的自由，在潮汕经济发展史上具有标志性意义的红头船由此迎来了一个辉煌的发展时代。

"红首黑睛，海上恐龙，穿洋过海，大显其能。上至天津，下达马辰（属印尼），帆开得胜，船到功成。"这首当时流传的民谣反映了樟林红头船的繁盛。经过雍正、乾隆、嘉庆、道光四朝一百多年的发展，至晚清时期，樟林港已经拥有几十支远航船队，平均每支船队有红头船不下百艘。每年季风一起，红头船队从樟林港出发，北上杭州、上海、天津、日本，南下暹罗、安南（今越南）、苏门答腊等地，乘风破浪浩浩荡荡，成为樟林古港的一大特色。时至今日，人们提到红头船，仍会联想到当年樟林港码头上，千万潮汕人漂洋过海泪别家人和故乡的情景。如今在樟林村的入口，矗立着一座巨大的石坊，上面阴刻着四个大字"樟林古港"，这便是当年红头船扬帆出海的地方。据不完全统计，早期前往南洋的华侨60%以上都是从樟林古港出发的。泰国吞武里大帝郑信的父亲郑墉、著名侨领陈慈黉的父亲陈焕荣等政要豪贾，都是从樟林港乘红头船出国谋生，创

樟林村古老的民居

造了一个个传奇。据说离乡别井的先辈,在出发前都要到樟林井仔泉去盛一瓶水,再到象鼻山去掏一手帕土,最后才依依不舍地上船。他们到异国他乡后,再把从樟林带去的"水土"投进当地井里,以表示对故乡的永久怀念。

樟林在清代被誉为"通洋总汇",大量的茶叶、红糖、陶瓷、抽纱等商品从这里源源不断运到国外,换回大量大米、豆类、木材、各类西洋货物以及黄金白银。鼎盛时期,每年从以樟林港为首的澄海五口征得的税银达到了全广东税银总额的五分之一。"天上神仙府,地上樟林街",从雍正年间开始到乾隆末年约70年的时间,樟林港步入发展的黄金时代,具有典型港埠风格的"六社八街"就是在这个时候形成的。盛极一时的樟林港在那个时候修建了多座妈祖庙,其中最大的一座便是如今"樟林古港"石坊旁边的天后圣母庙。这些妈祖庙反映出潮汕先民勇于开拓发展海运的强烈愿望,是樟林海运昌盛的历史见证。

历史上,樟林曾被称为樟林寨、樟林镇、樟林埠、樟林市,数次称谓的更改反映出它影响力一步步的增强,最后成为世界地图上的重要口岸。经过数百年繁荣,天时地利不再青睐这个古老的港口,随着河流冲刷海岸线南移,以及鸦片战争后汕头的崛起,樟林逐渐走向没落。然而,从樟林古港扬帆起航的红头船,以及象征艰苦奋斗、诚实守信的红头船精神,一直鼓舞着无数潮汕子孙。正如饶宗颐所说,樟林古港是潮人漂洋过海出国谋生的历史见证,将会吸引成千上万的人前来寻根认祖。

樟林古港，红头船扬帆出海的地方

千年古村程洋冈

韩江滚滚南下，在澄海西北部被一个山冈刺开，呈"人"字形分流而下。这个山冈三面环山，形成天然弧形港湾，古称凤岭港。凤岭港扼韩江之流，地理位置得天独厚，早在唐宋时商贸就十分繁盛。北宋初，凤岭港成为当时潮州府主要的贸易港口，随着云集而来的商贾，这个港口更名为程洋冈，取汪洋之中的山冈之意。

程洋冈青山环绕、绿水萦回，旖旎风光和商埠繁华相得益彰，自古吸引了无数文人雅士来此游历，并最终挑选出令人神往的"程洋冈八景"。在村西公鸡山上，有一株躯干高大盘根错节的古榕，它因状如巨兽而得名麒麟大树。古时这里一片汪洋，航行中的船舶远远望见古榕，便知故土就在眼前。古榕生机勃发，树荫宽大，覆盖着村前的渡

程洋冈村中的仪轩祖祠

口,它的长髯倒垂江面,随风起舞,每当潮水拍击榕下礁石,便可激起千堆雪。这道美景便是八景中的首景——麒麟大树,为古村增添了无限风采。宋时,韩江决堤,滔滔江水在程洋冈冲击出一个周长数百米的湖。人们因地制宜,在湖中广植锦莲,每当盛夏,怒放的荷花点缀着碧绿的湖水,莲香袭人,沁人肺腑,这里又形成了八景中的第二景——莲湖花香。传闻南宋末年,陆秀夫、张世杰带着幼帝途经程洋冈采食莲子,发现这里的莲子都是双心的,惊叹不已。传说虽然无法考究,但这里的莲子清甜爽口,药用价值极高却是不争的事实。除此之外,还有古葵泉井、凉亭石马、虎丘霖雨、风吹叠石、凤岭阴翳、曲水流觞等六景,这些光听名字便能引起无限遐想的美景构成了脍炙人口的"程洋冈八景"。

沿着村中主道永兴街一直往里走,一处兴建于宋代、满布沧桑的营盘山古窑出现在眼前。北宋末年,古运河开通,程洋冈的陶瓷业步入繁盛时期。当时全村一共有17座窑,大量陶瓷远销南洋各地,为官府带来源源不尽的财富。朝廷为了防御海盗,保护

立于程洋冈村口的牌坊,背面镌刻"凤岭古港"

"晏侯纪念坊"为明代万历年间南京知事蔡时徵建,坊额两面分别刻写"九五锡命"和"兰桂联香"

地方工业生产，曾派遣官兵驻扎在营盘山下，并修建了数十间官厝。人烟鼎盛刺激宗教信仰的需求，明成化十三年（1477年），丹砂古寺在此建成。一百多年后，清军入关，明朝覆灭，崇祯朝的探花在寺中削发为僧，遁入空门，成为古寺历史上有名的得源禅师。如今，寺后两米多高的探花塔即是后人为纪念禅师所建。从五百多年历史中走来的丹砂古寺现在被辟为一座千余平方米的三进建筑，是潮汕地区少有的集释、道、儒三教合祀的古寺。

千年古村程洋冈见证了澄海沧海桑田的变化，也见证了潮汕先民遥远的出海历史。这个处于时代变迁中的古村，为潮汕历史添上了浓墨重彩的一笔。

乃秋小庐是下山虎式民居与书斋结合的建筑

程洋冈被列为"广东省古村落"

村里的古榕树

祖姑祠，谁说女子不如男？

"走仔""别人家神"是旧时潮汕民间对未婚女性的蔑称，意指女儿只是家庭中的"过客"，终究要嫁出去并在夫家终老，正所谓"嫁出去的女儿泼出去的水"。由此，女性一般不会被载入父族族谱，更不会进入祖祠或另外建祠祭奉。然而在澄海隆都镇后溪村却有一座祖姑祠，是为金氏家族里的一位女性而建。

走进后溪村中心，一座面积2000多平方米、周身彩绘华丽的大祠堂在村中格外显眼，门额上"金氏大宗"四个金漆大字赫然入目。这就是祖姑祠，又名金氏宗祠，供奉的是金氏祖姑金端洁。端洁乳名二姑，出生于明正统年间。二姑成年后，家境贫寒的父母将她许配给乡里的一位富户。由于相貌平平，且脸部有一个胎记，出嫁当天她遭到男方嫌弃。二姑一气之下，当即回了娘家，此后终身未嫁。回家后，性格豪爽、敢作敢为的金二姑冲破世俗樊篱自主创业，开始了她充满传奇色彩的一生。她自学酿造，创办酒坊，酿出的美酒成为县衙的必备用酒。随着酒坊规模不断扩大，她投资买下100多亩地，酒业蒸蒸日上。金二姑最为后人敬佩的是她对韩江流域水土流失的治理，这位"不嫁姑"发明了一种灰沙合土夯筑田埂、版筑三面光沟渠的系统，防治水土流失效果奇佳，令澄海百姓广为受益。中华人民共和国成立后组织深翻土地，人们惊奇地发现了澄

隆都镇后溪村金氏祖姑祠

后溪村原是个港口，全村金氏单姓，共有13座金氏祠堂

海五百年前的灰埕、灰沟遗迹。金二姑的成功创业，完成了金氏崛起的原始积累。她矢志创业的行动感动了父兄和乡人，她的哥哥将一个儿子过继给她，经过两代人的努力，金氏家族最终成为澄海名门望族。

金二姑去世后谥号端洁，由于她对家族和乡邑贡献极大，后辈皆奉其为祖先，世代尊称她为"祖姑娘"。后溪村编撰《金氏族谱》时，打破了"女子不入谱"的规矩，大笔记录了这位"不嫁姑"的生平事迹。为缅怀金二姑勇敢突破世俗观念、艰苦创业的事迹和精神，明朝末年，金氏后人在后溪村修建了这座祖姑祠，专门供奉这位传奇女子。几百年来，祖姑祠饱经沧桑，抗战时期差一点毁于日军炮火。尽管多次重修，它如今仍然传承着"双佩剑"的传统潮汕建筑格局，分为两进三厢，从屋、库房分居两侧。金氏后人在从屋门

祖姑祠从屋

祖姑祠主殿

额上分别写着"敦宗""睦族",每年农历三月初三,各地金姓来此联宗祭祀,场面十分盛大。他们祭拜的不仅是金氏祖姑,也是一种敢为人先的家族精神。

祖姑祠屋脊的灰塑

黄氏家第，进士世家

自韩愈治潮后，潮汕地区重学之风兴起，民间书院纷纷涌现出来，培育出一代又一代的有用之材。在潮汕民间，流传着很多尊师重教的故事，澄海隆都镇的黄氏家第便见证了一位先贤的尊师美德。

明代嘉靖初年，隆都龙美村人黄石庵到潮安教书。一天，他碰到一个衣衫褴褛正在拾猪粪的孩子，交谈中他惊讶地发现这个孩子天资聪慧，是块难得的璞玉，于是决定将其带回书院。几年后黄石庵回乡任教，征得孩子家人同意后，又将他带回了龙美老家精心栽培。为让孩子安心学习，家境并不宽裕的黄石庵每月还挤出一斗米来接济他的父母。这个孩子没有辜负恩师栽培，明嘉靖十一年（1532年），他高中状元，成为潮汕历史上唯一的文状元。这个孩子即是林大钦，他铭记师恩，高中后尚未给自己建造状元府，便先向嘉靖皇帝请旨，在龙美村为老师修建了这座黄氏家第。

黄氏家第落成后，成为当地名声赫赫的府宅。从此之后，崇文重教之风在龙美村甚至隆都镇广泛兴起，建书院、办师塾，琅琅书声再没有停止过，毗邻学子纷纷慕名前来求学。

如今，五百多年过去，这座大宅在历史的洪流中经久失修变得十分破败。走进古宅，里面梁柱坍塌、老墙剥落、蛛丝遍布，惟有大门上方"黄氏家第"的石匾仍透露出书香之气。然而，无论世事如何变迁，这座老屋的存在始终具有极其重要的意义，因为它树立了一个尊师重教的典范，为潮汕人所敬仰。

黄氏家第大门，门额石刻及对联均为林大钦手书

林大钦铭记师恩,中状元后,向嘉靖皇帝请旨,在龙美村为恩师建造黄氏家第

泰国吞武里王朝国王郑信画像

泰王郑信故里

澄海上华镇华富村的韩江边上,每年都有许多泰国游客组团来到这里。他们望着滔滔韩江,望着这片异域土地,面带崇敬的神情。这些游客跋山涉水不远万里来此,是为拜谒他们曾经的国王郑信。这位泰国历史上赫赫有名的吞武里大帝的坟冢就位于韩江边华富村这片土地上。

上华镇地处韩江入海三角洲地带,出海便捷,自古就是广东著名的侨乡。清代雍正年间,华富村人郑镛南渡暹罗(今泰国),取当地女子为妻,生下了一个男婴取名郑信。郑镛去世后,郑信被暹罗国大臣收为养子,并在9岁那年被送到佛寺学习。郑信长大还俗后在皇宫中任职侍卫统领,从此进入仕途。此时泰国和缅甸两国干戈不息,1763年,缅甸军队入侵暹罗,攻陷王都,大城王朝灭亡。郑信突围后,在东南沿海建立根据地,重新招兵买马,抗缅复国。经过艰苦卓绝的斗争,他终于在1767年将缅军赶了出去,统一暹罗。年仅33岁的郑信被拥为泰国第三代王朝的开国之君——吞武里大帝,成为中国历史上唯一的在海外的华人国王。

上华镇华富村的郑皇达信公园

从韩江大堤向村里望过去，一座三门四柱的牌坊横跨村道，额枋"郑皇达信公园"六个鎏金大字与道路两旁的松柏映衬出一种特别的庄严。走进公园，一尊汉白玉雕塑呈现眼前：头戴泰帽，手执文书，双目炯炯有神凝望着故土，这尊塑像即是以郑信为原型而塑。郑信的墓就位于雕塑前。1782年，这位泰国历史上伟大的帝王去世。几个月之后，亲属把他常穿的泰服和华服各一套带到了华富村安葬，并修建了这座衣冠冢。

郑皇达信公园内的郑信雕像

华富村至今仍保存着一座建于清代雍正年间的老宅,虽然久经沧桑稍显破败,但大门两旁的一副对联却极具气势:"曾与帝王为手足,欣收天子作门生。"这座老宅就是郑氏宗祠,郑信的父亲郑镛就出生在这里。郑信虽然在位只有十多年,但他重视与中国的友好关系,对中泰两国产生了深远的影响。郑信在位时,重用华人将领,实行华人与泰人平等的政策,促成了潮汕人移民暹罗经商谋生的一个高潮。这些移民被尊称为"皇族华人"。如今,潮汕移民及其后裔在泰国的人口超过1000万,占其总人口的25%以上。

泰国20元泰铢纸币上郑信英武的形象

郑皇达信公园内的郑信衣冠冢

西塘为清代福建商贾林氏兄弟在樟林建造的书斋

| 西塘幽翠,澄海名园 |

樟林地处澄海和饶平交界地带,水路交通便利,明清时期,无数红头船从这里扬帆开往世界各地。盛极一时的商贸成就了无数富商巨贾,其中就包括从福建莆田来的林五与林泮两兄弟。清嘉庆四年(1799年),林氏兄弟在樟林修建了一座书斋,这座书斋经历两百多年历史风雨留存至今,即是如今澄海樟林塘西村的西塘。

西塘被誉为"潮汕第一座苏州庭园",从塘西古街拐进一条小巷,一座匾额阳刻"西塘"的大宅进入眼帘。匾额两侧用小字刻着"嘉庆四年,六月吉旦立"。西塘虽然仿苏州园林式样而建,但却最大程度保留了潮汕民居的本色。它集住宅、书斋、庭园三者于一体,以有限空间营造无限美境,在不到一亩的面积内,客厅书房、亭榭楼阁、假山莲池、园林花木应有尽有,山水相连,林木相间,恰如其分。在西塘东部,有一个弓形水湾,过去曾经通航外河,从这里可以直达外面江海,林家财力与生活情趣由此可窥见一斑。

中西合璧的灰塑

曾经的雕梁画栋，如今物是人非

西塘虽然在林氏兄弟手中建成，但将它扬名潮汕的却是红头船名商洪植臣。西塘建成后六年，林氏兄弟因拒绝官府索贿而被诬陷下狱，其子侄上京告状，地方官府抢在朝廷下令重审前将兄弟二人杀害，其家产也被卖出。当时经营茶叶的红头船船主洪植臣一眼相中西塘，便花费2000银元从官府手中买了下来。洪家买下西塘后，特地派人去苏州寻找原建筑工匠的后代和徒弟，将这座庭园修葺一新，之后又斥巨资购买了唐寅、何绍基等名家的书画展于园内，从此西塘名扬潮汕，并得到了另外一个雅称——洪源记花园。

西塘集住宅、书斋、庭院为一体，被誉为"潮汕第一座苏州庭园"

礼义永宁寨

早在唐代,澄海北部就已经被开发,如今的澄北隆都镇在当时因商贾云集、文化繁盛、富甲一方而在当时被誉为"龙眼城都"。清代乾隆年间,这个地方改名隆都沿用至今。深厚的文化底蕴在此积淀出许许多多民俗、风物和建筑,其中就包括位于前美村的永宁寨。

元朝末年,泉州一户陈姓人家举家跋山涉水迁徙到隆都,沿溪而居。他们秉承客家先民耕读传家、勇于开创的传统,在隆都扎下根来。300多年后,陈氏第十一世祖陈慧先行船经商,积累了巨额财富,他自立门户创立了前溪陈村,也就是今天的前美村,并决定在村中修建一座寨子,以保护族人。清康熙四十三年(1704年),寨子开始动工修建。康熙四十八年(1709年),陈慧先去世,寨子不得不停工。陈慧先未能完成的这项工程,最终落到了儿子陈廷光手里。陈廷光是康熙三十二年(1693年)癸酉科举人,为官数年,清正廉洁,爱民如子,被誉为"陈青天"。陈廷光身在外地,心系故里,当他听闻家乡受盗贼掠夺之苦后,决定完成父亲遗愿,修好寨子。他遍观各地城墙城门、古寨村落,并与京都国师郭禹藩共同研讨出建筑村寨的方案。康熙六十一年(1722年),陈廷光委托亲戚监管,这座停工已久的寨子终于得以重新开工。雍正十年(1732年),陈廷光辞官回乡,亲自带领族人和乡民将寨子修建完毕,并取名为永宁寨,意思是解除家

陈氏第十一世祖陈慧先在隆都创立前美村,并决定修建永宁寨以护族人

永宁寨直到陈慧先去世还未建成，后由其子陈廷光于雍正十年（1732年）续建而成

永宁寨内的民居是按典型的潮汕古民居"驷马拖车"的布局建成

乡村民之忧,让他们永享安宁。

　　永宁寨呈长方形,占地面积近万平方米,整体按"驷马拖车"布局,是典型的潮汕古民居建筑。走近古寨,首先看到的是门前的风水池,因水源枯竭又无人护理,风水池的水已经干涸,池中满是污泥和枯草,映衬着古寨的破败与荒凉。在时光流转中,这座寨子已经褪去当年的光鲜,寨中住户搬迁一空,房屋残破不堪,杂草越过墙头。然而,尽管古寨已经破败,但高达8米的寨墙依旧给人一种凛然不可侵犯的感觉。

　　从寨门进去,穿行在那一条条残破的小巷里,那些残旧的房屋所散发出的苍凉和古朴的气息扑面而来,让人感叹时光的无情。古寨中保存最好的建筑叫中瀚第,是主人陈廷光居住并处理事务的地方。中瀚第正厅中央悬挂着一块牌匾,上面写着"重宴鹿鸣"四个字。据了解,"重宴鹿鸣"又称"重赴鹿鸣宴",是依照清代科举制度,为考中举人满六十年的人举办的庆贺仪式。康熙三十二年(1693年),时年22岁的陈廷光考中癸酉科举人,得赴鹿鸣宴;六十年后,经奏准他又重赴专为新科举人所设

寨内的八角形古井，是旧时全寨人生活用水的水源

的鹿鸣宴，以祝贺获得高寿。时任两广总督的苏昌特向82岁高龄的陈廷光赠送对联："与宴重逢攀桂日，问年已越钓璜时。"

在永宁寨内的东南方，有一口保存完好的八角形石井，据说该井井中有井，井水深不可测，永不枯竭，当时全寨人的生活用水全来源于此井。古井的后面有条石阶，沿着石阶可以登上寨门楼和望窗口。寨门楼是以前守楼值更的岗楼，岗楼视野开阔，可以看到寨子周围数里开外的情况。这座岗楼的设计显示了陈廷光设计寨子时的良苦用心。

古寨的前门叫"义门"，这两个字是从永宁寨门楣的题字"义路""礼门"而来的。当初建造永宁寨时，陈廷光以"礼义"二字为家风之本，寄望子孙后代要懂得"礼义乃人生之路，处世之门"。二百多年来，这句家训影响着永宁寨以及前美村的陈氏后人。在永宁寨寨门的前面，有一座破旧的石亭，听附近居民介绍，这里曾经是一个读报亭，建于抗日战争时期，是当时用来宣传抗日救国、张贴通知通告的，村里几经旧屋翻新，危房改造，却一直舍不得拆它。如今，它已经和永宁寨一起，成为那段历史的见证，也成为教育年轻人保家卫国的最好物证。

寨内的古民居

陈慈黉故居，岭南第一侨宅

潮汕地区有句流传百年的俗语："富不过慈黉爷。"这位慈黉爷指的是陈慈黉，他出生于澄海隆都镇，早年闯荡泰国，以经营米业起家，取得了成功，因此被称为"暹罗（泰国）米王"。后来他的生意涉及很多行业，创办了集工商贸易、船务航运、房地产于一体的庞大的陈氏商业集团，成为一代富豪。清末民初，许多闯荡海外的华人衣锦还乡，建造家宅。陈慈黉也回到故里，修建了一座规模宏大的家宅，这便是被誉为"岭南第一侨宅"的陈氏府邸。

陈氏府邸位于隆都镇前美村，如今又被称为陈慈黉故居，是潮汕地区规模最大的近现代家族式建筑，始建于清宣统二年（1910年），由郎中第、寿康里、善居室、三庐书斋四座宅院组成，占地面积25000多平方米，共有厅房506间。据当地人说，由于陈府房屋太多，而住的人少，为使空气流通，陈府专门雇了一位佣人来开关门窗。这位佣人每天清早起来，把里里外外所有门窗全部打开，然后再关上，一天的时间就过去了。在陈慈黉故居的四座宅院中，最具有代表性的是善居室，它始建于1922年，至1939年日本攻陷汕头时，尚未完工。这座古宅是陈府四宅中规模最大、设计最精、保存最为完整的一座，占地6861平方米，共有大小厅房202间，正厅门匾"善居室"三个大字由书法名家华世奎所书，据说这位被誉为"天津八大家"之一的书法家一字千金，善居室造价由此可见一斑。

从建筑风格上看，陈慈黉故居既保留了"下山虎""四点金""驷马拖车"等潮汕

"岭南第一侨宅"陈慈黉故居。陈慈黉早年闯荡泰国，以经营米业起家，成为"暹罗米王"

陈慈黉故居建筑群里各具特色的门框。相传周代宫廷外有三棵槐树，三公朝天子时面槐而立，后以三槐喻三公。陶渊明宅外有五棵柳树，渊明性喜田园，淡泊天然，自号"五柳先生"。后人以"三槐五柳"比喻仕途顺利而清廉

传统建筑特色,又在此基础上融合了南洋建筑艺术。它的基本架构以及繁复的灰塑、木雕、石雕、嵌瓷都沿袭了传统潮汕民居的特色。为追求工艺奇特不重复,嵌瓷工匠斗智斗艺,他们作业时采用布幕遮挡,以防止互相干扰和借鉴,最终令陈府的所有嵌瓷异彩纷呈、百花齐放。府内大量采用了绘有东南亚各国风情图案的墙砖和地板砖,它们历经近百年,花纹色彩依然亮丽如新。这些上等建筑材料多是从上海、泰国、欧洲等地海运过来。为了修建陈氏府邸,陈慈黉家族专门请人挖了一条运河,所有建筑材料可以从

陈慈黉故居外的大莲池

陈慈黉故居的寿康里，建筑风格融合了中西方元素

韩江入海口源源不断一直运到村前。

元代末期,陈氏先祖从福建泉州千里迢迢迁徙来到澄海隆都,他们休养生息、耕读传家,经过五百多年的发展最终步入望族之列。陈慈黉故居以其庞大的建筑、恢宏的气势以及深厚的底蕴见证了"福佬人"敢为人先的创业历史。

文人荟萃

▎北宋书法家卢侗▎

澄海冠山社区西南，有一口近千年历史、面积阔达79亩的人工深潭，名为"中舍潭"。宋代熙宁年间，潮汕地区受台风海潮侵害，韩江江堤屡溃，水患频发。这时，恰好一位名士辞官归隐在冠山，他慷慨捐资赈灾，并带领乡民在山坳挖了一口大潭，将韩江洪水引入潭中，使水灾得到有效缓解。当地百姓感激他的恩德，以他的官职命名这口水潭。这位归隐名士就是官拜"太子中舍"的潮州"前八贤"之一的卢侗。

在潮州西湖湖畔，有一块卢侗留下的摩崖石刻，落款"太子中舍人，致仕范阳卢侗元伯"。天下卢氏出范阳，他一生以范阳卢侗自居，这种敬祖穆宗思想后来成为客家精神的精髓之一。五代时期，北方群雄割据，战乱不息，中书侍郎卢文纪举家南迁到福建莆田九龙江畔。北宋皇祐五年（1053年），卢侗进京赶考高中进士，任国子监直讲。他的仕途诸多不顺，与宰执吕惠卿政见不合，最后上疏辞官，以太子中舍致仕。

卢侗离开朝廷后，一路游学到潮汕地区。此时的潮汕大地，自韩愈刺潮以来，文化兴盛，学风笃厚，而且风光秀美，民风淳朴，卢侗在这里流连忘返。一次，卢侗登山，看见许多书生手握书卷吟诵诗文，不禁驻足倾听。他深为书生们的学识折服，赞叹不已。大家邀请卢侗入席，高谈阔论，相见恨晚。从此，卢侗就在山上结庐而居。几个月过后，仆人见卢侗毫无归家打算，于是加以催促，卢侗写了一封信托仆人带回家。几个月后，仆人从老家回来，将卢侗的全部家人都带了过来。卢侗把家眷安置在冠山，从此结庐读书，潜心研究《周易》，并在郡城设馆授业。

在河源龙川博物馆里，至今还保存着一块北宋太常博士罗恺的墓碑，碑上1140字的墓志铭为卢侗所书，运笔如飞，气势恢宏。900多年前，宋代四大书法家之首的苏轼看罢碑刻后，大为震撼，在自己的文集中写道："寄示《墓铭》及诸刻，珍感！卢直讲一帖，不类近世笔迹，可爱！可爱！"。

卢侗是广东最早的书法家之一，他的出现填补了潮汕甚至广东地区在北宋前没有书法家、没有书法作品的空白。

北宋岭南书法名家卢侗（1023—1094）

唐伯元（1540—1597）

理学名卿唐伯元

潮汕地区有一句熟语叫做"红鞋换乌靴"，用来形容读书人奋发图强走入仕途。明朝晚期，澄海溪南镇出了一个天资聪颖、胆识过人的少年，名叫唐伯元。相传村里的牧童去放牛，水牛偷吃了地主家的禾苗而被地主家牵走扣留，村民多番赔礼讨牛无果，唐伯元自告奋勇去与地主据理力争。地主看他年纪尚小便出对联刁难他，说只要对出来，牛就可以牵走。谁知唐伯元对答如流，地主挂不住面子，派人在唐伯元回去的路上倒满污泥，使唐伯元穿的红鞋被染黑弄脏。唐伯元长大后考中进士，官至吏部郎中，终身崇奉朱程理学，被尊称为一代大儒。因官靴是黑色的，也称"乌靴"，故而"红鞋换乌靴"的励志故事也在潮汕一带代代流传。

明朝王阳明心学盛行，主张"心本论"，与理学分庭抗礼。唐伯元毕生研究理学，认为心性是以物为载体的，离开物，心性便无从谈起。他把物限定在"身、家、国、天下"，人生的最终目的依然在于实现儒家的修身、齐家、治国、平天下。他在科考中以理学思想写成一篇策论，考中进士，开始了仕途。古时，常修建生祠以表达对在世之人的尊崇与纪念。唐伯元为官期间，百姓两次为其修建生祠。他任江西万年县知县时，这个县才刚刚建制几十年。唐伯元在这里励精图治、两袖清风，将万年县治理得井井有条。他离任后，万年县的百姓为他修建生祠。唐伯元署理吉安泰和的五年，再次将一个赣中小县治理得繁荣昌盛。当他调任户部主事时，百姓同样为他修建了生祠。两度建生祠，是百姓对唐伯元为官清廉、齐家治国成绩的极高评价。

在潮州著名的牌坊街上，有一座修建于明代万历四十五年（1617年）的牌坊，四柱三间三楼，枋额上刻着"铨曹冰鉴"四个大字，极具气势。唐伯元曾任吏部员外郎，任职期间，他注意选拔优秀官员，革除弊制，令吏部焕然一新。"铨曹冰鉴"是对他的最好褒奖。唐伯元被《明史》奉为"岭海士大夫仪表"，这位澄海大儒以他的"治行天下第一"对中国传统文化做出了积极影响，也成为潮汕人的榜样。

潮州牌坊街的"理学儒宗/铨曹冰鉴"坊,是为明吏部即中唐伯元而建

位于澄海文化馆内的杜国庠雕像

哲学家杜国庠

杜国庠，1889年出生于澄海区莲上镇兰苑村，曾用杜守素、林伯修、吴啸仙等笔名，不仅是我国著名的马克思主义哲学家、历史学家、革命活动家，也是一位著名的教育学家，曾任中国科学院哲学社会科学部学部委员和中国科学院广州分院院长等。

杜国庠5岁时，原本以教书持家的父亲离世，全家生活更趋困苦。幸得嫡母吴氏和庶母陈氏勤俭贤惠，在他7岁时，送其进私塾接受启蒙教育。

1907年，因学业成绩优异，又得杜氏大宗祠和邑同善祠的资助，18岁的杜国庠赴日本留学，开始了长达12年的海外漂泊生涯。杜国庠先后就读于早稻田大学普通科、东京第一高等学校预科，1919年毕业于京都帝国大学政治经济科。留学期间，他接触到马克思主义思想，也参加过李大钊等人组织的反袁运动，这些都影响着他后来走上了从事无产阶级革命的人生道路。他心忧社稷，爱国热情不断高涨，积极参与当时进步的社会活动，又先后结识了彭湃、郭沫若等人，并几度与周恩来会晤。1928年，杜国庠加入中国共产党。

1919年，留学毕业回国后的杜国庠曾执教于北京大学等校。1925年，因母亲去世，杜国庠辞职回乡，之后先后出任澄海中学校长、金山中学校长。在教育方面，他建立杜氏"书田制"，以田粮的收入作为教育资金，普及农村教育，又提出"男女平等"，打破封建传统惯例，开创男女同校新风，为潮汕早期教育事业的发展作出了重大贡献。

在那动荡的时局下，作为左翼刊物《中国文化》主编的杜国庠，于1935年被捕，直到1937年第二次国共合作才得以出狱。此后他潜心钻研先秦诸子思想，力图用马克思主义观点总结中国古代思想文化遗产。主要著作有《杜国庠文集》《便桥集》《中国思想通史》（与侯外庐等合编）。杜国庠学识渊博，著述颇丰。他个人翻译出版及与他人合编的书刊译著，对当时的广大读者，特别是知识青年学习马克思主义，起了很好的指导作用，同时也充分体现了杜国庠治学的谦谨态度和对发展祖国文化事业的殷切期望。

杜国庠是墨学研究专家，他崇尚墨子思想，一生尚贤节俭，朋辈称其为"守素兄"，郭沫若先生曾戏称他为"墨者杜老"，这句戏称却成为他一生的雅号。

杜国庠一生辗转全国各地，致力于革命文艺理论研究与进步文学作品的翻译。1961年，杜国庠因病辞世，享年72岁。

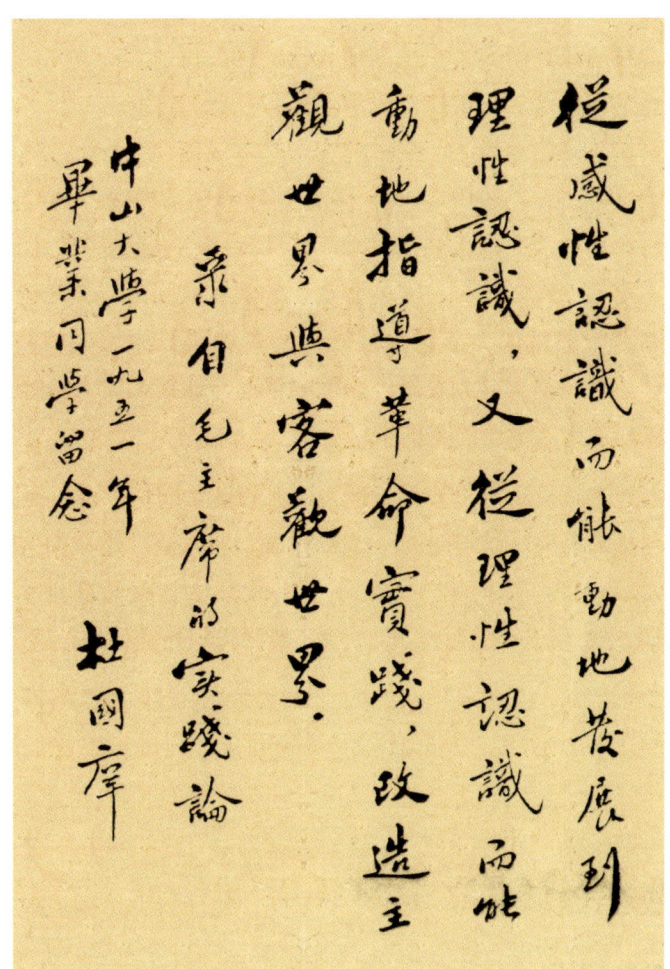

杜国庠书法

散文家秦牧

读小学时,课本上一篇《蛇与庄稼》的哲理散文令人印象十分深刻。作者以蛇与庄稼、猫与苜蓿的关系为切入点,揭示了事物之间的联系规律。文章虽然简短,却寓理于事,结构严密,逻辑性强。这篇《蛇与庄稼》就是当代散文家、澄海东里人秦牧的代表作之一。

秦牧原名林派光,因反对外国对中国人"东亚病夫"的称呼,他曾用名林觉夫。秦牧的故乡澄海东里镇在清代至民国时期曾是广东著名的港口,无数潮汕人在此乘坐红头船出海谋生,秦牧的父亲林运三就

秦牧(1919—1992)

是其中之一。1919年8月19日,颠沛于商旅途中的母亲在香港生下秦牧。小秦牧随父母在新加坡、马来西亚等地生活了13年。漂泊中的小秦牧极爱读书,手不释卷,被人们称为"林阿书"。13岁那年,他随父亲回国,居住在东里观一村一座四合院里。这座四合院即是如今的秦牧故居。回乡后秦牧先后在樟林萃英学校、汕头一中等学校就读,两年后又转到香港。在读书期间,他接触到大量社会科学和文学书刊,为他后来的创作奠定了深厚的基础。

秦牧被誉为"散文一绝",他的散文题材广泛、旁征博引、谈古论今,这种渊博来自他的经历与常年阅读。1938年春,秦牧到广州参加抗日救亡宣传活动,在报刊上陆续发表作品,他的第一本集子《秦牧杂文》就是在这个时期完成的。也正是在这一时期,他结识了紫风,这位与他怀着同样理想的姑娘,就是日后与他相伴50多年的妻子。

"文化大革命"结束后,秦牧迎来了创作的高峰期。这段时期,他结集出版的散文集达到10多部,代表作《长河浪花集》《语林采英》便完成于此时。这些作品思路开阔,潇洒自然,语言流畅又灵活,文笔朴实又讲究,言近旨远,极富哲理性。

虽然治学严谨,但生活中秦牧并不是一个严厉的人,伴随他写作生涯的始终是一颗天真与烂漫的童心。即使垂垂老矣,他仍然写给妻子多首情诗:"互怜白发秋光里,同励丹心晚步间。老去诚知终化蝶,情丝好吐在生前。"秦牧去世多年后,妻子回忆:"他一个男子汉,不抽烟不喝酒,但却像个孩子般喜欢吃零食,口袋里总装着一些,成为邻

家孩子关注的目标。他笔下有那么多儿童作品,小主人公经常也是'零食王'!"虽然没有儿孙绕膝,但秦牧对此并不在意,他说:"树上结的果子是这一类树的后代,而不只是这一棵树的后代。"体现出一个文化集大成者高度豁达的胸襟和俯瞰世间的悲悯之心。

秦牧故居

秦牧的父亲早年在海外谋生,因经营有道积累了不少财富,1932 年,他用 500 银元在家乡买下一座老宅。这座老宅位于东里镇樟林观一村索铺巷 39 号,即是如今的秦牧故居。

秦牧故居建于清末,大门两侧的石雕古典精致,门额上方一块黑色的"秦牧故居"木匾。推开陈旧的大门,一座金色的秦牧雕塑肖然挺立于正厅,它雕刻精致、神形兼备,眉目之间透出这位文学巨匠对老宅的深深眷念之情。这座 300 多平方米的老宅由前厅、天井、后厅构成一条中轴线,其中前后两厅两侧各有一房占据宅子四角——这是一座典型的"四点金"式潮汕传统民居。

在侧房外面还有一间小房,秦牧当年就和哥哥住在这狭小的房间里。穿过侧房便来到秦牧的书斋,书斋陈设十分简单,但秦牧却在这里博览群书、发愤图强,用文字谱写时代乐章,终成一代文学大师。

位于樟林观一村索铺巷 39 号的秦牧故居

忘不掉的乡土味

| 樟林鼠曲粿 |

"转眼天寒过冬节，结伴田间采鼠耳。生地熟地和锅煮，造得乌粿拜老爷。"这首打油诗展现出一幅潮汕地区冬至用"乌粿"祭祀的风俗画卷，"乌粿"即是当地闻名遐迩的小吃鼠曲粿。

每年冬至来临，樟林的田间乡野会有许多忙碌的身影，人们采摘的是一种叫作鼠曲的野草。这种生长于水涧和草地的野草不仅有一种甘香味，而且本身具有祛痰止咳的药性。晚唐著名诗人皮日休曾在诗中写道："深挑乍见鼠耳香"，描写的便是鼠曲草的香味。从田间采集后，人们将鼠曲草沥去涩水，放入石臼舂烂，然后掺入糯米粉揉制成团并分为小块，揉捏成饼包入馅。樟林人对馅要求高，式样也多，分为甜、咸、双烹三类，每一类又分为数种。甜馅有红豆、绿豆、花生芝麻制成的豆沙、麻沙馅，咸馅有糯米饭加香菇、肉丁、虾仁、蟹膏等制成的杂烩馅，双烹则是甜馅咸馅各取一半。当馅料包裹完毕后，便放入传统的木模压形压印。聪慧的樟林人别出心裁，蒸制前在鼠曲下面垫一张剪裁后的新鲜芭蕉叶，糯米、鼠曲草和芭蕉的香韵相互渗透，形成一种独特的香味。蒸熟的鼠曲食用时糯软香甜，散发着天然鼠曲草的清香；煎炸后再吃则韧劲十足，焦香扑鼻。

鼠曲历史悠久，最早可追溯至宋代。南宋末年，元兵侵入潮汕，造成兵荒马乱，民不聊生，食物短缺的人们偶然发现鼠曲草既能充饥又颇具香甜口感，于是便大量采食。饥荒过后，人们又发现把这种草做成食物来食用味道更佳，而且改变了纯糯米粘牙的特性。于是家家户户开始制作鼠曲粿，并将这道小吃的制作工艺代代传承下来。

在中国现代化进程中，手工民俗食物渐渐淡出人们视线，樟林鼠曲粿也变得不再多见。樟林鼠曲粿代表着一种乡韵、一种故土情结，维系着传统文化和现代文化的血脉。

用木模压印的鼠曲粿

隆都米糍

潮汕平原地处韩江下游三角洲,河网密布沃野千里,自古以来盛产稻谷。勤劳智慧的潮汕先人用谷物做成各式各样的食物,糯软清香的米糍就是其中一种,潮汕米糍历来又以隆都最为有名。澄海隆都三面环江,土壤肥沃,明清时期经济繁荣商贾云集,米糍制作兴盛。

隆都米糍俗称"米钱",采用当地糯米研磨成粉,加水搅拌成块,煮熟后反复揉捏捶打制成米皮,再用红豆沙或瓜丁做馅儿,以木模印制而成。粗米糍制成后,它的特制佐料麻豆沙必不可少。麻豆沙由芝麻、花生仁和白砂糖研磨而成。制作时,提前将花生仁放入盐水中浸泡一天后晒干,然后取韩江中的干白细沙洗净晾干后放在鼎中炒热,把花生仁倒进去炒至金黄酥脆后取出脱膜压碎,再加上熟芝麻和白砂糖一起研末即成。经过隆都人精心制作的米糍,消去了糯米黏牙的特性和糖衣的甜腻。当绵软白皙的米糍裹上一层醇香的麻豆沙后,两者仿佛"金风玉露一相逢",细嚼慢咽之下,满嘴都是软玉温香般的醇和,令人忍不住再来一份。

隆都中部有一条小河叫后溪,明代初期,金氏家族迁到河边聚居,最终形成了一个村落,取名后溪村。后溪村全村单姓金氏,制作米糍的手艺得到完整的传承。清末民初时期,后溪金氏开办了一家"清泉"隆都米糍店,不仅享誉潮汕,而且随着当时"下南洋"的热潮,这张美食名片传递到了东南亚。有着百年历史的"清泉"米糍沿袭古法,工艺讲究,如今仍然大受欢迎,每天早上六点准时开业,不到八点便售卖一空。

隆都米糍俗称"米钱",由糯米粉制成米皮,红豆沙或瓜丁做馅儿,软糯甜香

苏南薄饼，又叫麻薄酥

苏南麻薄酥

潮汕地区有句俗语叫做"苏南薄饼——嘴甜舌滑"，它不仅用来比喻人嘴巴甜会说话，而且还道出了一种久负盛名的澄海小吃——苏南麻薄酥。

麻薄酥由黄豆、牛奶、芝麻、麦芽糖、食用油等原材料制成，质地酥脆、甜中存香、不粘牙齿。为追求这种典型潮汕风味，麻薄酥至今还沿袭着传统的熬糖制作方式。熬糖时，师傅先把糖清放到大锅里搅拌，待糖熟后把大锅挪开，放进已准备好的芝麻，再用铁模压成糖饼。熬糖是制作麻薄酥的关键，掌握火候则又是熬糖的关键所在，糖锅内温度必须要控制在136℃，里面的水分则是1.2%，多了不松脆且易变质，少了有焦味。

明代嘉靖四十二年（1563年），澄海正式建县，大约在这个时候，莲下莲阳河畔就有人开始生产麻薄酥。到清末民初时，麻薄酥已经成为远近闻名的饼食了。当时莲阳乡一带以打锡箔南金为业的人非常多，全国各地和海外商人纷纷来这里交易锡箔，经营麻薄酥的店家也与时俱进，纷纷以锡箔为模样创制麻薄酥。

1956年，澄海数家饼店和糖厂合并，莲阳的麻薄酥被并入苏南糖果厂，得到了一个新的名字"苏南麻薄酥"。这种酥脆香甜、薄如锡片的小吃，如今已经成为澄海的一张美食文化名片。

澄海风俗

灯谜

澄海莲下镇程洋冈村古时临河傍海，人口众多，各种民俗活动热闹非凡，是广东有名的历史文化名村。每逢元宵、中秋等传统节日，程洋冈村的"虎丘春灯""虎丘谜苑"等社团便会举办一种灯谜竞猜活动——澄海灯谜，一时胜友如云，游人如织。

灯谜源于春秋战国时期的隐语，到宋代时，人们逐渐将谜语贴于花灯上，供人猜射，从而形成灯谜，并发展成为一种斗智炫巧的文化活动。澄海灯谜起源较早，然而由于方言的局限，只在当地流行。明代，中原灯谜文化跟随客家人南迁的步伐传入澄海，经过与本土灯谜的融合，到清代终于形成了一种极具潮汕特色的灯谜文化。当时，澄海猜谜风俗风靡乡间，据康熙年间《澄海县志》记载："好事者或为藏头诗句，令猜者什百为群，曰灯谜。"到光绪五年（1879年）澄海地方谜社甚至举办了跨地区性的"莲阳谜会"。

澄海灯谜以澄城、莲阳、东里等地为盛，作为中华灯谜艺术的组成部分，澄海灯谜同样包括谜面、谜目、谜底。澄海灯谜在发展过程中与独特的潮汕文化相结合后，形成了显著的地方特色。其猜谜形式更延续了宋代临安"司鼓引猜，曲乐助兴"的遗风，以鼓点指挥，先报谜号，再报谜目和谜底。这种欢快有序、文明礼貌的独特猜射形式成为澄海灯谜的又一特色。

作为大众化娱乐的脑力游戏，澄海灯谜传播知识、开拓思维、老少咸宜、雅俗共赏，是增加节日气氛一项必不可少的文化活动。2008年，澄海灯谜被选入第二批国家级非物质文化遗产名录。

灯谜台上贴满了灯谜

蜈蚣舞

20世纪90年代,香港电影"黄飞鸿"系列可谓家喻户晓,尤其是其中的《铁鸡斗蜈蚣》给观众留下了深刻印象。影片中,在游神赛会上,一只巨大的"蜈蚣"穿梭翻滚,喷火吐刺,时而蜈蚣出山,以角刃刺向对手,时而蜈蚣摆尾,用铁尾蜇向对手,最后夺得了魁冠。影片中这只"蜈蚣"所表演的就是澄海蜈蚣舞。

潮汕地区自古以来游神赛会十分盛行,各种各样的游行节目异彩纷呈。清代同治年间,澄海人陈文锦和石文勇见蜈蚣爬行灵动有趣,联想到热闹欢腾的赛会场面,便萌生了创造一种蜈蚣舞的

游神赛会上的蜈蚣舞

灵感。本是民间嵌瓷师傅的陈文锦对造型艺术颇有研究,经过一番苦心孤诣,他终于设计出了以蜈蚣模型为道具的蜈蚣舞。一百多年来,在潮汕文化滋养下的蜈蚣舞不断改进和完善,最终成为一种气势雄浑、刚柔并济的大型动物舞蹈。

澄海蜈蚣舞所用的蜈蚣道具长达二十多米,其中头部1米,尾部3米,躯干18米,各个部位都需要专人掌控,共需表演武师二十多人。而一次表演一般要一个多小时,需要配备三套人马轮流接替,加上敲锣打鼓的人,整个蜈蚣舞表演团需要近百号人。武师们极力模仿蜈蚣的神态和动作,表演时由一人手执彩珠带引指挥,其余人均用半蹲姿势藏身"蜈蚣"腹下,运用武术的"单弓""双弓""丁字马""双下常"等动作操纵"蜈蚣"。"蜈蚣"舞动时蜿蜒穿梭,变化万千,还有快速咬尾、翻肚、吐珠喷火等紧张激烈的高难度动作,既惟妙惟肖地模仿出蜈蚣的形态和习性,又形成了激烈壮观的表演气氛。

蜈蚣一出,谁与争锋?壮怀激烈的蜈蚣舞极大地配合和提升了澄海地区游神赛会的热闹氛围,受到热烈欢迎,发展最兴盛的时候,有过数条"蜈蚣"齐舞的场面。1936年,西门蜈蚣舞应香港潮商八邑会馆邀请,赴香港参加庆祝英皇乔治六世加冕的盛会,香港总督亲自为"蜈蚣"开灯点目,轰动了全港。蜈蚣舞是澄海土生土长的民俗艺术,它凝结了许多代民间艺人的匠心,是澄海先人智慧的结晶。

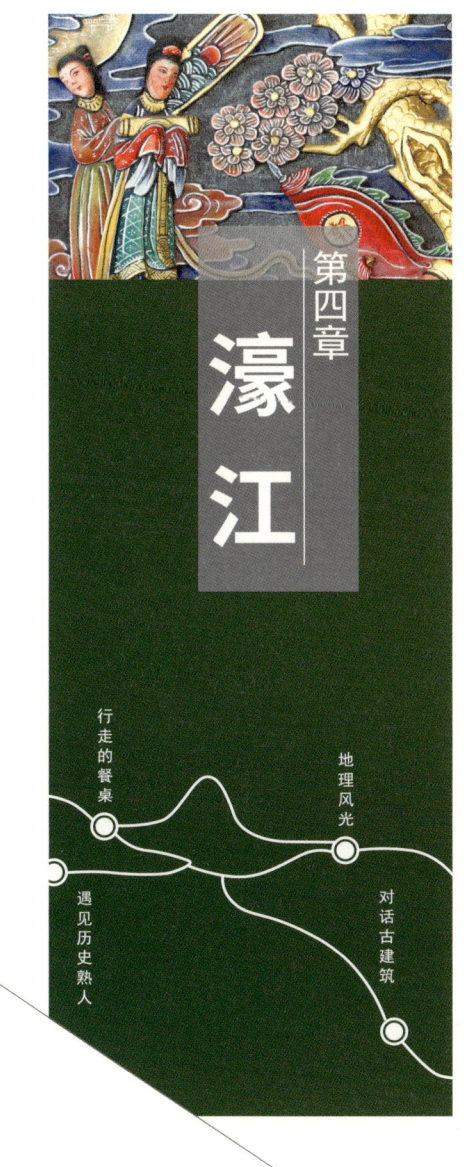

第四章 濠江

行走的餐桌
地理风光
遇见历史熟人
对话古建筑

濠江埠市，千金之港美名扬

濠江区位于汕头市南部，比邻南海，濠江贯穿全境。东晋潮阳置县，濠江属潮阳县地，到宋代属潮阳县奉恩乡。明洪武十四年（1381年），设招收都及砂浦都。达濠在明代被称作"踏头埔"。"踏头"是潮州方言，指岸边石阶，即码头的意思。清顺治年间，由于方言中"踏头"与"达濠"谐音，才开始正式写作"达濠埠"，进而简写为"达濠"或"达埠"。

民国时期，撤都设区，设潮阳县第三区，区公所设于达濠城内。中华人民共和国成立后，先后经历了撤区改乡、成立达濠公社、改设达濠镇等。2003年，原达濠区和河浦区合并组成濠江区，汕头人仍惯称达濠。

濠江区人文历史悠久，早在新石器时代，达濠岛上便有人类定居的痕迹。除渔盐业

的生产外，因潮汕地区位处海上丝绸之路的重要节点，尤其是达濠，拥有得天独厚的地理位置，更是成为粤东沿海对外经贸要地。清朝汕头开埠，成为外来文化的一个输入口，留下了中西文化交融的印记。濠江区依山傍海，除了92.8公里长的海岸线带来的丰富的海洋资源之外，境内风景名胜也是不胜枚举。

与金平区隔岸相望的礐石风景区，为汕头八景之首。汕头开埠时期留下的领事馆、洋行等建筑遗址形成了独特的洋楼文化。奇特的花岗岩地貌景观，屡获地质专家学者的盛赞和推崇，又因是文学翻译家萧乾先生小说《梦之谷》爱情故事的诞生地而充满浪漫的色彩。

以石刻、鸣泉、怪石三绝著称的青云岩风景区，曲径通幽，泉水淙淙，岩洞奇特，摩崖石刻琳琅满目，充满文化气息。庙宇寺观依山而建，山上云岩禅林佛音袅袅，与山下道观琅琅的诵经声和谐共存，相得益彰，展现了潮汕地区佛道不分的地域特色，享有"海国风光第一山"之誉。

建于清康熙五十六年（1717年）的达濠古城，是旧时招收都的政治、军事、经济管理中心，也是全国唯一保存得最完好的"袖珍古城"，是当时因地制宜而建成的一座宜政宜居的建筑，除了防御海盗，也使当地居民免受潮水之灾，处处体现了先人的智慧。

除此之外，北山湾、龙虎滩等海滨浴场，澳头红树林生态区等，作为休闲度假的好去处，也得到越来越多的人青睐。

海上丝绸之路的重要节点——达濠埠

河渡溪畔望巨石

"云岩禅林"中青岩禅寺的山门

青云岩

青云岩风景区位于濠江之东，面朝南海，温暖湿润的海洋气候造就了这里林木浓茂、山石奇特、泉水淙淙的旖旎风光。它自古被誉为"海国风光第一山"，吸引着无数文人雅士登临。明代中叶以来，佛教与道教先后在这里修筑庙宇殿堂，形成了"云岩禅林"，青云岩的名字开始蜚声潮汕。

曲径通幽、奇石嶙峋的青云岩景区摩崖石刻多达百处，它们掩映在繁茂的乔、灌木中，给自然风光渲染上浓厚的人文气息。在一处静水流深的清泉处，"龙泉砺剑"四个大字笔锋劲道，传说用这处泉水淬剑，剑刃锋利，永不生锈。继续前行，行云流水般的"江渚浴牛"四字映入眼帘，这是清代举人张兆昆借诗仙李白的诗句"牛渚西江夜，青天无片云"恣意挥毫而成。从山下仰望山腰，气势磅礴的"五指峰"三个字在一片苍翠中格外醒目，其中"峰"字最后一笔最为飘逸洒脱。这三个字由达濠晚清贡爷张国栋所题，相传当初他架梯题字，写到"峰"字尾笔时，忽然令工匠撤去梯子，他凌空而坠，笔不离石，写成了九尺奇锋的最后一笔。

石刻、鸣泉和怪石被誉为青云岩"三绝"，早在民国时期，旅居南洋的潮汕华

石刻和怪石是青云岩"三绝"里的二绝

侨便在这里修建了房舍,取名为"南山南""北山北"。留存至今的崖刻《南山南序》称赞道:"瀛之东背山面水,一天然胜地,三界频九岩诸名胜,咸是以供士大夫之游赏。"

青云岩得名于瞭望山上一个天然岩洞,此洞宽阔幽深,岩石呈青色,遂名青云岩洞。明嘉靖五年(1526年),僧人信腾登山时发现了这个石洞,当即在此开始了他的穴居修行生活。他在洞内绘刻的栩栩如生的云龙图案,穿越四百多年历史后仍然深印在青石上。青云岩洞辟有前后两门,前门门额上"青云岩"三个字颇具古韵,从后门出去,则可领略碧波万顷、海

栩栩如生的龙形彩塑,至今已有四百多年

天一色的壮阔。信腾就在这清幽与阔达并存的洞中开悟，为普度众生，他又在洞前方"丹丘"之地建造了一座寺庙，即如今"云岩禅林"中最著名的青云禅寺。

青云禅寺寺后佛塔矗立，左侧为真武庙和关帝庙。真武庙祭拜的是道教上神真武大帝，庙中至今仍保存着清代雍正十二年（1734年）铸造的重达三百斤的铜锣铜鼓。这些由释、道、儒众多庙宇和寺观组成的"云岩禅林"，既是当地人们宗教信仰包容性的体现，也是濠江一张厚重的文化名片。

明代高僧信腾发现了这个石洞后，就在此开始了他的穴居修行生活

明嘉靖五年（1526年）的石刻留存至今

岩石风景区

　　岩石海纳韩江、榕江和练江之水，海面平阔悠远。它的南沿是达濠岛的主要山地岩石山，由43座山峰组成，怪石嶙峋，层峦叠翠，被誉为汕头海湾上一颗璀璨夺目的"绿宝石"。岩石海和岩石山相得益彰，两者构成了赫赫有名的岩石风景区。

　　岩石风景区海岸线长达15公里，碧波万顷的海水将岩石山渲染成海中一个兼具雄、奇、秀、幽的巨大盆景。景区内塔山、笔架山、香炉山等诸峰群起，层峦叠嶂，气势磅礴，构成了"云翻峻阁千层浪，袖拂兰台万里风"的壮观场面，是为其雄。岩石山因石而闻名，这里的石头形态各异，类人类物，鬼斧神工般的石头令它的"奇"实至名归。千百年来，关于这些奇石的美丽传说代代相传。在岩石山腰，有一块形似绣花鞋的巨石，传说这里原是一个幽莲盛放的池子，在一个明月高照的夜晚，一位仙女下凡游玩，被岩石的风光所陶醉，便脱下宫鞋濯足戏水。仙女离去时忘记穿鞋，从此宫鞋便留在了人间。独特的地理位置和气候条件给了岩石山清水秀、鸟语花香的秀美，它的秀兼具大气磅礴

岩石风景区一隅

与清新婉约，令人心旷神怡。置身景区，品味洞穴幽深、曲径幽长、层次幽远的意境，整个岩石将一个"幽"字诉说得淋漓尽致。

"人间名胜知多少，岭海首推岩石山。"早在汕头开埠时，岩石就因风景优美而吸引了英、美、德等八个国家纷纷将领事馆和洋行设在了岩石。这些建筑穿越一百多年历史保存至今，是汕头屈辱开埠史的见证，也为岩石染上了厚重的人文气息。

英国领事馆

19世纪,西方列强用坚船利炮打开了中国的大门,开始进入汕头进行商贸和传教活动,汕头港迅速发展起来,成为潮汕地区的中心港口。西方国家的轮船往来频繁,远洋航线四通八达,其经济腹地涵盖粤东、赣南及闽西南,形成"百载商埠,楼船万国"的盛况。

汕头开埠初期,英国首任领事乔治抵达汕头,看中了岩石得天独厚的地理位置,于是将设在妈屿岛的领事馆移至岩石。英国领事馆建于清咸丰十年(1860年),是汕头市设立最早的外国领事馆。英国领事馆占地面积4200平方米,建筑面积1010平方米,包

英国领事馆建于清咸丰十年(1860年),随后英国的商业模式逐步在汕头落地生根

青砖檐瓦的洋楼已历经百年

括主楼、附楼、工人楼和后花园,均为典型的欧式建筑,其建筑材料大部分从英国运来。随着英国领事馆的建立,英国德记洋行、怡和洋行陆续在汕头设立,英国的商业模式逐步在汕头落地生根。

中华人民共和国成立后,中国政府于1962年通过外交途径用1万元港币从英国人手中将领事馆建筑赎回,交由当时的岩石园林管理处用于办公;1973年又将其主楼调配给岩石区人民公社使用。英国领事馆建筑群是汕头开埠时代的重要遗存文物之一,由于年久失修,檐瓦已有部分脱落,内部破损较严重,墙面也剥落风化,但整体结构还算完整,外观仍然保持着初建时的模样。

英国领事馆建筑主楼、附楼、后花园等均为典型的欧式建筑,建筑材料大部分从英国运来

岩石教堂

清咸丰十年（1860年），美国传教士耶士摩来汕头妈屿岛设教堂传教，开启了基督教在汕头的传播之门。同治三年（1864年），耶士摩将教堂从妈屿迁至地理位置更好、西方人士来往频繁的岩石。这座教堂开始为一栋平房，在耶士摩和信众们的努力之下，基督教在汕头的影响越来越大，为了满足传教的需求，同治十一年（1872年），这座平房扩建成了教士楼。

同治十二年（1873年），受美国浸信会委派的年轻女教士菲德来到汕头，以岩石教堂为场地，开办了"女子圣经培训学校"，又称"明道妇女学院"，耶士摩任教务长。该学校为粤东女校之先例，也是世界上最早的妇女圣经学院，它开创了汕头女性接受文化教育的先河。从同治十二年（1873年）明道女学创办至光绪二十九年（1903年）的31年间，共有335名学员在此学习，平均年龄40岁；光绪二十九年（1903年）到民国九年（1920年）的18年间，有531名学员在该校学习，平均年龄为26.5岁。岩石的老一辈人还记得，当年有一些外国女传教士从国外带来抽纱图案和样品，交给当地女工用潮汕的刺绣工艺在潮汕出产的夏布上进行加工。此后抽纱工艺就在岩石乃至达濠传播，成为当地妇女一项重要的经济来源。

岩石教堂，清咸丰十年（1860年）始建，同治十一年（1872年）扩建，曾为"明道妇女学院"

岩石教堂起初只有教徒十几人,其后人数逐渐增加,旧礼拜堂不够容纳多人礼拜。民国十九年(1930年),在美国教会的帮助下,教堂进行了扩建。如今,这座教堂保存得非常完整,是潮汕地区现存的最好的中西合璧式教堂。教堂的门亭由六根花岗岩廊柱支撑,蕴含"六六大顺"之意,正门是三个纯西式落地式构造石框拱形门,代表了基督教信仰的"三位一体";各个门框上均饰以从美国运来的彩色玻璃;堂内木雕窗棂间也以彩色玻璃装饰;教堂四周基座及墙体以花岗岩石砌筑而成,上部则是中国传统的重檐歇山顶,配以斗拱飞檐,顶上铺设绿色琉璃瓦。颇具特色的中西融合的风格使它显得气势恢宏、古朴典雅。

岩石堂礼拜堂

"番仔坟"旧址在今汕头市第三人民医院附近,埋葬在此的有美、英、法、德、比、荷等国的传教士、商人、学者以及随军舰来汕的水兵。"文革"时尽数被毁,后人将收集到的传教士墓碑安放于岩石堂的先贤园里

发现城市之美·汕头

第四章 濠江

太古洋行

在岩石水警区招待所的大院里,有一栋造型别致的欧式洋楼,洋楼顶层还矗立着不少别具特色的烟囱——这是建于民国九年(1920年)的原英国太古洋行,至今已有近百年历史。

清朝时期,英国太古洋行亦称中国太古轮船公司,清光绪四年(1878年),该公司在汕头开办了轮船仓库、进出口贸易以及保险业务。民国九年(1920年),为了便于更进一步开展业务,太古洋行从德记洋行以及英国人李质逊手里购买了海旁路的一块土地,建了一栋英式洋楼,作为太古公司海员宿舍使用。

这是一栋外表美观、商住两用的英式洋楼,在设计上独具匠心。虽然只有两层高,但由于底层采用石板架空,加上每层楼的高度都在4米左右,整栋大楼高约10米。这个高度几乎等于普通商品房三四层楼的高度。因此,无论从哪个角度看,整

始建于民国九年(1920年)的太古轮船公司海员宿舍楼

太古洋行大楼具有防潮、透气、冬暖夏凉等优越的居住功能

栋楼都显得十分厚重、大气。

由于设计合理，太古洋行大楼具有防潮、透气、冬暖夏凉等诸多优越的居住功能。比如说，大楼底层采用石板架空，就是针对汕头地处亚热带、气候潮湿而建，它能更好地起到防潮、防湿、排水等作用，这在很多潮汕民居中都是少见的。而环绕在洋楼四周的走廊，以及室内的壁炉、落地式百叶窗、玻璃门等装饰的完美结合，使得大楼每一个房间既通风透气又保暖隐蔽。此外，洋楼里的每间套房里都配置有宽敞明亮的会客厅、卧室、洗手间等，可以说起居非常舒适。

建成之后，这栋洋楼成为太古洋行在汕头最重要的活动场所，它是汕头开埠时代的一个重要标志。中国人民共和国成立之后，该房产被我国政府接管，并于1970年交海军汕头水警区使用至今。

从外观来看，太古洋行是目前岩石洋楼群中保存最好的洋楼之一，直到今天，这座洋楼在古香古色的欧式装饰格调的映衬下，依旧风情万种，是岩石一道充满异国情调的风景。

大岩石是岩石商业、交通集中地，"医生顶"为大岩石其中一处街区

岩石潮海关副税务司公馆

清咸丰十年（1860年），潮海关开始设立，汕头就此开埠。作为近代中国继江海关、粤海关之后设立的第三个海关，潮海关的设立是潮汕发展的一座里程碑，开启了潮汕经济发展史的一个重要时代。

潮海关成立后，英国人华为士被总税务司李泰国任命为潮海关第一任税务司。清光绪十五年（1889年），英国人在岩石山上建立了潮海关副税务司公馆，该地因而被称为"海关顶"。

潮海关副税务司公馆由一栋两层英式混合结构红砖主楼以及观景平台等构成，因此也叫红砖楼。该楼外观规整，内涵深邃。外面是一条环内室走廊，既使办公场所内敛而产生神秘感，又适应汕头气候；半圆式拱券顶大窗，透光通风。红砖底色的外墙和拱顶排列整齐的走廊大窗尽显英式建筑的风韵。坐北向南的主楼依山而建，冬暖夏凉，从每个拱券顶大窗向南望去，目之所及都如一幅天然的图画。

光绪十五年（1889年），岩石山顶因建立了潮海关副税务司公馆而被称为"海关顶"

濠江观沧海

| 达濠古城 |

明清时期，达濠凭借优越的地理位置，成为汕头一处重要的物资集散地，一时商贾云集，财源滚滚而来。商贸的发达也吸引了海盗，他们侵入达濠，杀人越货，作恶多端，尽管官府多次修建海防设施，但是收效甚微。清康熙五十六年（1717年），朝廷在达濠南的缘濠江边建造了一座坚固的城池。该城池建成后，达濠的治安得到了有效改善。三个

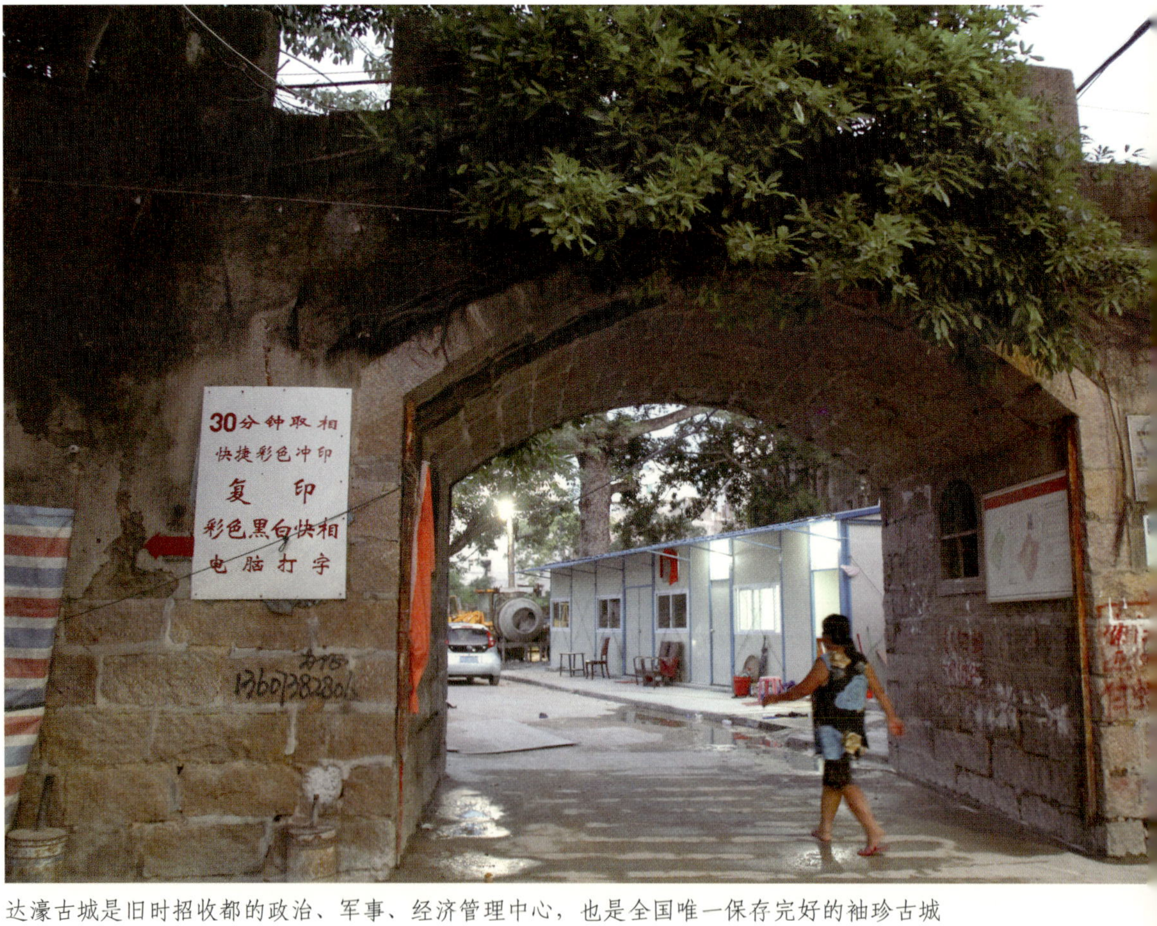

达濠古城是旧时招收都的政治、军事、经济管理中心，也是全国唯一保存完好的袖珍古城

达濠古城墙

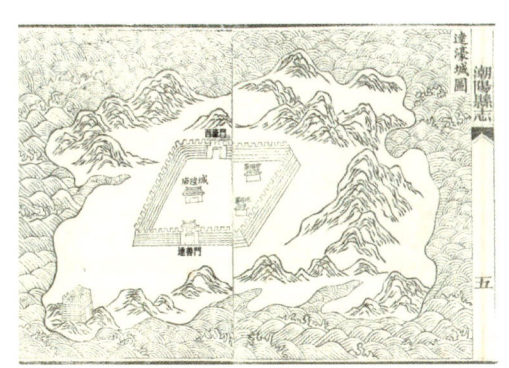
《潮阳县志》里的达濠城图

世纪过去，风云变幻，达濠的变化可谓翻天覆地，然而这座城池却完整保存下来，成为全国保存最为完好的袖珍古城。

达濠古城隐匿于闹市之中，循着熙攘的海旁四巷走到尽头，便可到达西濠门。古城建造之初，只设有东西两个城门，分别为西濠门和达善门，站在任意一个城门，都可以清楚地望见另一个。东门到西门之间有一条长约 100 米、宽 3 米的小路相通，这是小城唯一的街道，达濠古城的袖珍在此得到完全体现。这座古城呈方形，面积 0.014 平方公里，仅相当于两个标准足球场大小。"麻雀虽小，五脏俱全"，古时的达濠古城是达濠的政治、军事、经济管理中心，设有水师左营守备府、招宁司巡检署、招收盐场，东西北三个机构形成"品"字形布局。民国初期，又在城内修建了群英、盛德两所小学，并将招宁司巡检署改为达濠警察所。古城城墙高 5.3 米，厚 1.35 米，墙顶设有城堞。居住于古城旁边的老人说，两个城门上原本设有城楼、炮台和大量枪眼，可惜 1939 年日军侵占达濠，古城在炮火中变得面目全非，城楼和炮台毁于一旦。

潮剧《濠江风云》讲述了清康熙年间绿营都司许颖奉旨修建达濠古城，一心为民的感人故事。古城尽管面积不大，但对于劳动力短缺的达濠岛来说仍然是项巨大工程。当时许颖觉得海盗猖獗并非因城池不坚固，在此地大兴土木建造庞大城池没有对症下药，而且过于劳民伤财。于是他想了一个折中的办法，将城池面积大范围缩小，并根据岛上实际情况，修建了一条长 20 多里的大堤，使当地居民免除了潮水之灾。许颖的做法被当时的两广总督上报了朝廷，他自知罪责难逃，于是自缢身亡。许颖不惜牺牲性命，造福于民，受到达濠人赞扬，为纪念和祭拜他，人们捐款在古城附近修建了一座许公祠。

青篮村的珍珠娘娘庙内充满烟火气息的墙柱

青篮珍珠娘娘庙

青篮村位于达濠岛中南部,西接达濠古城,南临濠江海峡。宋元时期,先后有詹、何、纪等姓氏来此定居,并建立了村庄。建村之前,这里曾是片青葱茂密的树林,因此村民们将这个村子取名为青篮村。

青篮村不大,却有座远近闻名的庙宇叫珍珠娘娘庙。在当地传说中,珍珠娘娘本是玉皇大帝的次女。有一次,她偷偷下凡察看民情风俗,发现潮汕地区的天花、麻疹、痘疹之类的病情严重,常常危及少儿生命,于是化身为民间游医,专治小孩的麻疹、痘疹、天花。她精通医术,药到病除,民众欢声四起。她还向一些民间的智者传医术授方剂。民众不知她姓甚名谁,只知她有一颗比珍珠还可贵的心,就称她为"珍珠娘娘"。于是,珍珠娘娘就成了少儿的保护神,并形成信仰流传下来。

青篮村的珍珠娘娘庙建于清代乾隆年间,与潮汕地区其他规模宏大的庙宇比起来,这座珍珠娘娘庙显得玲珑而精致。在两百多年历史中,该庙先后毁于日军的炮火和"文化大革命"时的"破四旧"运动,近年来得到重修。每年农历三月二十日,青篮村人山人海,鼓乐喧天,彩旗蔽空,达濠盛大的珍珠娘娘庙会就在此庙举行。这一天,舞龙、舞狮、英歌舞、布马舞、潮州大锣鼓等潮汕地区绝大部分的民俗艺术都会在这里盛装表演游街,参与者遍及达濠古镇十多个社区。

青篮村的珍珠娘娘庙建于清乾隆年间,抗日战争时期和"文化大革命"期间曾两次损毁,近年重修

三山国王庙奉祀明山清化盛德报国王、巾山助政明肃宁国王、独山惠威宏应丰国王

青篮三山国王庙

隋朝时，潮汕大地上的明山、巾山、独山三座大山多次出现一些奇怪现象，当地百姓以为山上住着神仙，于是便开始修建庙宇，祭祀这三山之神。三百多年后，宋太宗"诏封明山为清化盛德报国王，巾山为助政明肃宁国王，独山为惠威宏应丰国王"，并御赐庙额。从此，在潮汕地区正式形成了一种当地特有的三山国王信俗。

凡是有潮汕人居住的地方就有三山国王庙，这话一点不假。据不完全统计，潮汕地区已知的三山国王庙超过了200座，其中濠江区就有十余座。青篮三山国王庙与珍珠娘娘庙毗邻而建，经历多次重修后，这座始建于明代的古庙已将它数百年的风雨沧桑融进了当地人的信俗当中。明代万历十四年（1586年），人们带着揭阳祖庙香火在台湾另建三山国王庙，将潮汕本地信俗传到宝岛，如今台湾三山国王信众超过了600万人，是仅次于妈祖祭拜的民间信仰。

每年正月，青篮人以及从台湾远道而来的信众都会集中在青篮三山国王庙举行祭拜三山国王的盛大活动：焚香点烛，鼓乐喧天，祈祷人丁兴旺、四季平安，将先人传承下来的信俗代代相传。

玉石玄帝古庙

濠江区玉新街道的玉石村是个半岛，其西北面的崎峰山上有两块巨石，其中一块像支巨笔，叫笔石；另一块形状如同砚台，叫砚石。一笔一砚两块巨石矗立于崎峰山上，仿佛是天合之作，成为当地的一大绝妙景观。俗话说"天下名山僧占多"，自古以来，奇山秀水总是与佛道两教相依相伴。在崎峰山下面，有座建于明代的古庙，叫玉石玄帝古庙，古庙位于两块巨石的中部偏南方向，从远处看，就像是崎峰山上那支巨笔在玉石村画下的点睛之笔。

玄武大帝原是道教中的神仙，传说他是"造福众生，操扶社稷"的神灵，民间崇拜极为普遍。明隆庆元年（1567年），玉石村的乡绅联合潮阳、海门等地的渔民共同出资，在崎峰山下合建了玄武庙，镌刻玄武大帝的金身供于庙内，并从碣石玄武山敬请香火前来供奉，成为玄武山分庙。每年正月初五，玉石村都会派人前往玄武山例行朝拜联谊活动。

四百多年来，玄帝古庙承担着道教在濠江传播的使命，历尽了风雨和兴衰。1966年，古庙屋顶被红卫兵拆除，所幸玄武大帝金身被村民保存了下来。2005年，为重塑玄武大帝的信俗，人们纷纷慷慨捐助，古庙得以重建。人们遵从古庙原貌修建，并吸收潮汕传统文化加以扩建，使古庙成为宗教、文物、艺术、文化与古建筑结合的重要文化遗产。

玄帝古庙于明隆庆元年（1567年）由乡民集资建造，"文化大革命"期间被拆除，2005年重建

达濠万人墓

1943年对于汕头人民来说，是一个梦魇般的灾难之年。1942年底的一场小雨过后，谁也没有想到雨水丰沛的潮汕大地从此开始了长达5个月的白日高悬、滴雨难求的干旱日子。当往昔田野里的蛙鸣销声匿迹，取而代之的是干裂土地上无数的死蛙残骸，人们已隐隐预感到一种不祥之兆。从3月份起百姓家里开始断粮，大家挖野菜、草根充饥，当野菜草根等一切可充饥的食物挖完后，人们感觉到死亡的恐惧，马粪中残留的谷粒都成为争抢的对象，甚至出现了历史上"易子相食"的人伦悲剧。曾经繁华的达濠埠十室九空，人

万人墓墓碑

口锐减，受灾尤为严重，到1943年年底时人口只剩下年初的三分之一。这段沉重的血泪史穿越半个多世纪的风云变幻后，最后凝结在达濠赤港山的万人墓上。

万人墓位于达濠赤港学校旁边，高大的纪念碑肃穆挺立，一排排的墓碑没有姓名，只刻有日期和一个数字。面对达濠岛上每日超过百具无法收埋的尸体，1943年，崇德善堂等民间慈善机构一方面发放赈灾粮食，一方面派出义工四处收集尸体集中掩埋。他们每天挖一个大坑，将尸体收埋进去，并立下瓦碑，写上日期和尸体数量。抗日战争胜利后的第三年，崇德善堂又募集资金重修墓园，正式立下万人墓的墓碑，并在碑刻中陈述了这段令人无比痛心的史实。

达濠万人墓自建成以来，成为潮汕人瞻仰凭吊、寄托哀思的纪念地。这个浓缩了历史血、民族泪的弹丸之地激励着潮汕儿女不忘历史、知耻而勇，为民族强盛而奋发图强。

万人墓纪念碑：纪念死于旱灾饥荒的难民

渡江亭

濠江区依山傍海,自然风光秀丽,历史悠久,境内名胜古迹不胜枚举,其中以"濠江十怪"最负盛名。在这"十怪"中,有一个地方因"亦亭亦寺同一宅"而独占鳌头,它便是位于马滘街道濠江海峡的渡江亭。

渡江亭之奇有五:其一是亭寺合一,既是过江候渡的亭子,又是人们祭祀礼佛的寺庙;其二是整座建筑没有窗户,却冬暖夏凉;其三是每遇风暴,周边内涝严重,而渡江亭却滴水不进;其四是全亭寺不用木料,而是以石作梁、以铁当角建成;其五是亭内刻有一副独脚联,几百年来无人能对出下联。

宋代时濠江海峡十分宽阔,由于长年累月的泥土淤积,海面上隆起多处沙堆,给往来船只带来了不小的麻烦,尤其遇到狂风暴雨时总是事故频发。传说当时海峡边住着以捕鱼为生的爷孙两个人,每次遇上风暴,孙子总是指着一处沙堆告诉爷爷,说那里有一个身穿白袍手托玉瓶的人。刚开始时爷爷并不相信,可是听到孙子无数次指认以后,他

通往渡口的路上新修起一座牌坊

"濠江十怪"中"亦亭亦寺"的渡江亭

渐渐相信了,并在那个沙堆上搭建了一个简单的竹寮,供奉观音菩萨,祈求水路平安。南宋末年,朝廷流亡南方,在达濠岛上休整。一次,正当宋幼帝赵昺的母亲皇太后过江时突起狂风暴雨,海浪滚滚,情急之下,皇太后躲进供奉观音菩萨的竹寮中,最后竟化险为夷。太后感激观音菩萨,于是便命人将竹寮改建成一座形似炉柜的寺庙,并命名为炉柜寺。几百年来,濠江海峡的岸线不断变化,最终,炉柜寺所在的小沙堆和大陆连成了一体,这座古寺也成了行人候渡的处所,一个新的名字"渡江亭"逐渐由人们口口相传。

在过去,渡江亭不仅是出海渔民祈求平安的圣地,也是无数红头船扬帆出海的必经之路。这里曾经千人争渡,热闹非凡。而如今,渡江亭所在之处已成郊野荒地。然而,虽然昔日的渡口一去不返,渡江亭却依然香客如云,这座古老建筑所承载的历史和故事,已成为濠江人代代相袭的信念。

凤岗古村

汕头第二大岛屿达濠岛长达 19 公里，与大陆以窄长的濠江海峡相隔。在海峡最宽处，有座小岛状如爬龟，往南千余米，又有一片形似蟒蛇蛇头的海滩，这一岛一滩构成"龟蛇守濠江"的景观。元延祐六年（1319 年），一个郑姓大家族看中了这座小岛，于是举家搬迁至此定居。郑氏人以捕捞、煮盐为业，经过几百年的繁衍生息，最后形成了一个远近闻名的大村。因地势起伏形似雄鸡，这里古称鸡岗。清康熙五十六年（1717 年），一名风水师游历至达濠，见此地风水奇佳，格局如同"双凤朝牡丹"，于是建议更改地名。郑氏听从了风水师的建议，将村子更名为凤岗村。

从达濠岛过濠江大桥后，往东沿着海岸路走约几公里，便会看到一片古色古香的村落，这就是凤岗古村。如今这片村落保留下来的房子大多建于晚清，因为村子面积狭小，它们傍山而建，错落有致，处处透露着古人因地制宜的智慧。挺

凤岗古村多奇石，它们被赋予美丽的传说，为古村染上厚重的人文气息

元代郑氏族人迁此定居，古称"鸡岗"，清代更名为"凤岗"

凤岗古村独特的"柴码"记数法

立的照壁、高耸的屋脊、古朴的窗棂，延续着郑氏家族对建筑文化的信仰。凤岗山石遍布，许多石头像"长"在家里一般，因此许多老宅被叫做"石头厝"。百年前，村民建造房屋时遵从自然、见缝插针，遇有天然巨石便会盖进院子。凤岗多奇石，这里的妈印石、龟蟹石、蛇头石、点炮石不仅形状奇特，还被赋予了许多美丽传说，它们为古村染上一层厚重的人文气息。

数百年的历史在古村积淀出灿烂的民俗活动，凤岗珍珠娘娘庙会就是汕头一项非物质文化遗产。凤岗珍珠娘娘信俗有着坚实的信众基础，每年正月十七，这里的庙会人山人海，极为壮观。

凤岗古村依山而建，错落有致，处处透露着古人因地制宜的智慧

那人那街那些事

丨邱辉与苏州街丨

邱辉，出生年不详，清代潮阳县招收都马滘（今濠江区）人，反清将领。清康熙初年起义反清，盘踞达濠等地十余年，后退往台湾，于康熙二十二年（1683年）清军大举进攻台湾时战败殉忠。

康熙元年（1662年），为隔绝台湾的郑成功与东南沿海在经济上的联系，清政府在广东福建沿海一线实行强制斥地迁界的政策，把沿海一线居民全部退迁入界内，这让以捕捞和晒盐为生的沿海渔盐民难以生存。当时只是濠江岛一介草民的邱辉目睹此现状，义愤填膺，聚众起义抵抗斥地。康熙九年（1670年），经江胜引荐，邱辉投入郑部，封"忠勇伯"。

康熙十九年（1680年），清廷平定"三藩"之后，大军驻铜山，邱辉率义军与清军鏖战于磊口、牛田洋一带，相持数月。后因兵力薄弱，且部分部将已降清，邱辉与江胜乘夜突围，撤至台湾与郑经会合。康熙二十二年（1683年），福建水师提督施琅由铜山出兵攻台，两军对战中，邱辉奋死相拼，但因其他将领的错误指挥和临阵投降，邱辉寡不敌众，抛火引爆炮药自杀。

邱辉虽出身草芥，然其忠勇侠义的品格为后人所称道。除了忠肝义胆的事迹，邱辉盘踞达濠的十余年里，为达濠埠成为海上丝绸之路的一个重要节点起了重要的作用。

踞濠期间，邱辉按照郑成功的战备部署，在达濠设置"大明潮州府"，又在达濠开设商埠，发展渔盐贸易，设市转运华南诸省物资，运济台湾。他在达濠中鞍头（今海旁路）设夜市，当时苏杭一带的商品由商船载入濠城，濠江上商船往来如织，络绎不绝。江浙商人纷沓而至，纷纷设立各种店铺，在中鞍头一带形成一个经营丝织品等日用百货的专业墟市，十里繁华，盛况空前，其中以"苏州街"最为集中，一个繁华的街区因此应运而生。至今民间仍有"四处去到全（到处走个遍），不如达濠中鞍头"的民谚。

吴越文化和潮汕文化在此相融，关于苏州街多出"雅姿娘"（美女）的传说，也给

苏州街别名"荣土安头",当年濠江边有一条叫永宁坑的河直通大海,苏州街就在永宁桥头上,1998年河已填埋成路,如今只能从"屏卫永宁"旧门额上追寻故迹

苏州街添加了一份浪漫唯美的色彩。

　　苏州街从清代至今保留尚好的格局构造,渗透着江浙商业文化气息,作为达濠商埠繁华的缩影,在达濠古城里依然延续着商业街的热闹,具有深厚文化和历史意义。

靠海吃海

| 达濠鱼丸 |

82平方公里的达濠岛丘陵广布，连绵起伏，将平原逼向滨海一带，最终促成了它"田三鱼盐七"的历史产业格局。自宋代开始，达濠岛就有渔民定居，形成了达濠、赤港、青篮等当地最早的村落。靠山吃山，靠海吃海，大海丰富的馈赠与渔民的习俗和智慧相互结合，最终形成了一道在潮汕地区名声赫赫的美食——达濠鱼丸。"古遗旧街宽丈余，每逢佳节拥满埠。携篮肩挑路路阻，桥石穿凹问鱼丸。"这首古诗描绘的是过去达濠古城里小贩售卖鱼丸的情景。

鱼丸在达濠历史非常悠久，相传它的发明与当地抗清将领邱辉有关。当时邱辉的母亲因双目失明，进食不便，可她偏偏又极爱吃鱼。素来孝敬母亲的邱辉便吩咐家厨将鱼肉刮离鱼骨，拍打成黏糊状，制成鱼丸给母亲食用。因味道鲜美，且极其爽口，邱辉还经常用鱼丸宴客酬宾，鱼丸的做法由此广为流传。据说郑成功长子郑经巡视达濠品尝鱼丸之后，称赞其为"天南奇珍"，并将制作方式带到了台湾，现在的台湾鱼丸便是由达濠鱼丸发展而来。

鱼丸在许多地方都有，然而达濠人对它的了解尤为透彻。达濠人知道什么种类、什么月份的鱼肉最适合制作鱼丸，而且还会根据不同鱼的肉质进行搭配，如海鳗肉质雪白鲜甜，马鲛鱼肉质黏性好，淡甲肉质凝固性强，三种鱼肉结合做出来的鱼丸味道鲜美有弹性，简直是绝配。一百多年前的达濠贸易繁华，鱼丸既是商贾的美食，又是迎神庙会不可或缺的祭品。经济发达刺激了鱼丸的发展，"达濠鱼丸"的金字招牌由此应运而生。当时，一个名叫梁晶合的达濠厨师经过不断的尝试和钻研，创制出一整套优质鱼丸的制作工艺，逐渐将"达濠鱼丸"塑造成品牌。晚清同治年间，他推出了一款前所未有的鱼丸新品种，该品种鱼丸不仅浑圆光洁，富有弹性，而且集嫩、香、鲜于一体，最大限度地保留了鱼鲜原味，口感极佳。当时，潮汕众多文人墨客纷纷结伴来梁晶合的店里品尝鱼丸，并写下了"得味一尝三拍掌，闻香十步九回头"的称颂诗句。"达濠鱼丸"的名气不胫而走，达濠这个名字也伴随一粒粒小巧玲珑的鱼丸被外界所认识。

被誉为"天南奇珍"的达濠鱼丸,因弹脆鲜香,早已成为达濠的名片

濠江民俗

拜月

拜月的习俗很早就在我国流行。但古人祭祀月亮的时间是在正月朔日，而并不是在中秋。汉代以后，拜月逐渐有了赏月的成分，这从"咏月"的文学作品中可以看到。到了唐代，赏月活动约定俗成在八月十五夜进行。北宋以后，八月十五正式定名为中秋节。

潮汕各地，中秋拜月主要由妇女和小孩进行，成年男子多不进行叩拜，故有"男不祭月，女不祭灶"的俗谚。潮人谓拜月为拜月娘。月属阴，叫太阴娘，民间叫月娘。拜月都在露天场所，城市居民在阳台、天台或自家庭院进行；乡村百姓拜月大都集中到村里的大埕祭拜。

晚饭过后，妇女们便换上新衣，带领孩子们安好香案，摆上供品，等候月亮升起。中秋时节，柚、柿、杨桃、石榴、油柑、菠萝、林檎、芋头等果蔬，一齐登场，人们就将这些当令物产和月饼等糕点奉献给月娘。在农村，妇女常常在这些祭品上施展些手工艺，如用剪纸贴柚，用带枝叶的油柑扎成孔雀等。今人拜月，市面上物品甚多，人们图方便直接购买，只是不若从前工巧。

拜月寄托了人们的美好愿望。待出嫁姑娘拜月的重要心愿是寻求一个好夫婿。潮汕有首歌谣唱道："中秋夜，月娘娘。深深拜，团团圆。好夫婿，结良缘。今年团圆，明年团圆，年年团圆。"潮汕是个侨乡，不少妇人的丈夫远隔重洋，于是妇人托月寄意，更为情切，有歌谣唱道："八月十五中秋夜，夜昏月朗天又晴。思君想君来看月，坐看明月到五更。听得寒蛩啼叫声，凄凄惨惨得人惊。不知我君在何处，欲托明月传心声。"孩子们在供桌上摆放新文具和新本子，祈盼月娘保佑其读书聪明、成绩优秀。

拜月后，家人闲笑庭前，吃糕饼，喝工夫茶，赏月谈天，心旷神怡。此时，大人们总喜欢给孩子们讲述许多有关月亮的神话传说：相传，月亮上隐隐约约的影子是位樵夫在砍一棵桂树。樵夫名叫吴刚，他醉心于仙道，却不肯专心学习，激怒了天帝，将其囚禁在月宫，命他每日砍伐桂树。世人谁能得到吴刚砍树掉下来的桂枝，谁就能长生不老。于是，常见有些天真的孩子中秋夜到处乱跑寻觅，希望能捡到从天上掉下来的桂枝。中秋之夜，年轻人更增游兴，月下泛舟，唱歌作乐，凉风拂面，飘飘欲仙。

每年中秋，潮汕人特有的"拜月"仪式

第五章
潮阳

行走的餐桌

地理风光

对话古建筑

遇见历史熟人

山南水北是潮阳

我国古代历来有"山南水北为阳"的说法,潮阳自古隶属潮州府,因地处山之南、海之北而得名"潮阳"。自东晋隆安元年(397年)置县,距今已经有一千多年的历史。古时的潮阳只是边远的名不见经传的小渔村,人们靠出海捕鱼为生,后来随着北方移民的南迁,才慢慢地繁华起来。

潮阳人非常尊重祖先的传统,固守祖先留下来的文化习俗,重视宗族文化传承,对宗族、佛教的信奉代代相传。因此在当地最常见的古建筑非宗祠和寺庙莫属,著名的灵山寺、大小北岩寺庙,还有全国十大居士林之一的厦霖居士林,都是当地崇信佛教盛行的体现。潮阳保存较完好的大宗祠有萧氏宗祠和姚氏大祠堂,造访这些祠堂,随处可见一门宗族对于文化的尊重、对宗族精神延续的重视。

极具海滨特色的潮阳风光秀丽,其中南海岸的莲花峰是潮汕久负盛名的胜迹,为潮汕八景之一。当年文天祥举兵勤王,登峰寻望帝舟,遂命名并刻石为"莲花峰"。自此,莲花峰便成为历代文人墨客凭吊前贤的胜地。位于莲花峰侧山坡的"万人冢"则是记载抗战时期日军残杀渔民等暴行的历史罪证。

走过了艰难岁月的潮阳人,凭借聪明的头脑和勤劳能干的双手过上美好的生活,也创造了丰富多彩的民间艺术并加以传承。其中以家喻户晓的潮阳"三瑰宝"——英歌舞、剪纸、笛套音乐最受欢迎,保存发展至今已有八百多年历史,享有"华夏正声""中原活化石"的美誉,是首批国家级非物质文化遗产。

发现城市之美·汕头　第五章 潮阳

山海酝正气

｜海门莲花峰｜

海门莲花峰三面环水，一面依山，集山川形胜、滨海之秀，有奇石峭拔于碧波沧浪之上，俨若莲花之状，所以称之为"莲花峰"。不过人们在讲到莲花峰的时候，通常是指莲花峰风景区，它由多个景点组成。

莲花峰最引人注目的是文天祥雕像，其身姿清癯，临海遥望。可能许多人会好奇，为什么在这里树立一尊文天祥雕像？这里面其实有一段典故，南宋德祐二年（1276年）正月十八日，伯颜率领的元军逼近临安，南宋朝廷求和不成，谢太皇太后抱着五岁的宋恭帝出城投降。在烽烟弥漫中，恭帝的两个异母兄弟赵昰、赵昺从都城出走，由陆秀夫、

海门莲花峰随处可见的石刻

奇石和石刻众多的莲花峰，被誉为"天南第一峰"

"登峰饮恨，啸海听涛"石刻

张世杰护驾从海路南逃。赣州知州文天祥早于德祐元年（1275年）在江西起兵勤王，怀着拯救宋室的心愿，他率军南来，几经转战到达潮阳，希望与帝昰之师会合。景炎三年（1278年）冬他来到海口村（今海门镇），登临莲花峰遥望帝舟不见，故命题"莲花峰"，剑刻"终南"。民间传说莲花峰是因为文天祥一跺脚才裂开的。

为纪念文天祥的爱国精神，1987年潮阳县政府请来著名雕塑家唐大禧，在莲花峰"宋庐陵文信国公望帝处"巨石旁建造了这尊高16米、由74块花岗岩石头精琢合成的雕像，奇怪的是原先同一颜色的花岗岩石头经雕琢后，有一块石头明显变黑，恰到好处成了文天祥战袍下的一块补丁，它将人们的思绪带回到七百多年前那段转战千里的艰辛岁月。

从观海长廊往西拾级而上，一座古炮台临海依山而立，这是明朝为抗倭于隆庆三年（1569年）建造的海门古炮台，至清康熙十三年（1674年）为抗击海盗再次改建，是我国东南沿海古代的重要军事设施之一，也是潮阳人民抗击外敌、保家卫国的历史见证。可惜原炮于1958年被人为破坏，1997年管理部门仿制了四门生铁大炮，再现历史，警示后人居安思危，对提高国防意识有着深远的意义。

海涛拍岸怒号不息，摩崖无语屹立南天。莲花峰北侧小山坡下，有一处"万人冢"

遗址，这里收埋了抗战时遇难的一万同胞的尸骨。1942年冬，日军在海门封船销港，实施海禁，其间大肆烧杀，民不聊生。1943年春夏之交，海门遭遇大旱，一时饿殍遍野，哀声冲天。初时善堂殓尸尚有薄棺收埋，继则连麻袋草席都用尽，最后一切可用来卷殓死尸的东西都用完，只好把尸体草草掩埋于红沙窟。开始还能略记姓名，随着死者激增，尸首难以辨认，姓名也无从登记，只能插签排号，记录死者人数。这就是海门历史上悲惨的"排号年"。日寇的血腥暴行使这个素有"耕三渔七"之称的富饶渔港变成了人间地狱。1945年抗战胜利，这个原有五万多人口的渔港只剩下不到两万人。人们在悲愤中把红沙窟死难同胞的尸骨集中收埋于莲花峰下，建成了"万人冢"公墓。目睹"万人冢"墓园那些再现日寇入侵历史的石雕画，往事并不如烟，国耻岂能忘记，保护好这类历史遗址，是我们义不容辞的责任。

临别之时，来到狮首山顶，海风吹拂，潆江如练，山顶上有一块巨石，为渔家女翘首长盼丈夫儿郎平安归航的望夫石。望着眼前那汹涌澎湃的大海，心绪难以平静，风声涛声声声入耳，仿佛在诉说昔日渔民辛酸的血泪史。与许多人工景点相比，海门莲花峰的最大特色就是其沉重的历史渊源，我们在游览景色的同时，感受先辈们的光辉事迹，欣赏艺术大师的旷世佳作，更能体会出其独特的人文特色。

海门莲花峰文天祥雕像

光绪十八年（1892年），刘永福从南澳到海门巡阅，乘兴挥毫，题刻"虎"字于石壁上

双髻山

双髻山又称曾山,是潮阳人心目中的圣山。古人给山取名的灵感往往来自观察山形,双髻山果然有两座山峰,而这双峰又像极了古人头上挽的发髻,所以便有了"双髻山"这个名字。

一千多年前,中原禅宗九祖大颠和尚就曾行脚于此,可见此地风光旖旎,是一个修行的好地方。双髻山中有摩崖石刻多处:"绍圣乙亥岁开""政和丙申岁重开头陀""至

曾山古寺创建于宋代,摩崖石刻是其重要的文化遗存

正丙午重兴住持元清记",以及明代成化辛丑、民国丁卯僧人镌石铭记五幅,记录了这里岩寺兴废的历史。

双髻峰下的"曾山古寺"创建于宋代,寺前尚存一记录当时善男信女舍田捐款建寺情况的石刻。明朝时僧人们不仅在岩洞中修禅,而且还扩建寺庙,久而久之,形成了如今的规模。从远处望去,今曾山古寺依山而建的寺庙建筑数座,雄伟壮观,建造之奇特

双髻山因环境清幽而深得读书人喜欢,双峰书院是其中最出名的一座书院,如今仅存废墟

让人咋舌。其门匾"曾山古寺"运笔雄浑有力，是金浦人郑之侨于清乾隆四十六年（1781年）题写的。郑之侨官至湖广安襄郧兵备道，是一位多获当时舆论称道的地方官。建于山峰下平坡处的曾山古寺，绿树成荫，曲径通幽，宁静非凡，禅音缭绕，风景如画。

寺后有一条荒草丛生的小径可通山顶，攀登约二三十分钟，便可爬上双髻峰的最高处。纵眼四顾，湖海山川，锦绣田园，尽收眼底。从这里北可望榕江帆影，南可观大海怒涛，东可瞰鲇岛楼宇、妈屿身姿，西可眺望祥符古塔、虹桥跨练……潮阳的山山水水，历历在目，甚是壮观。一座座林木苍郁的山峰簇拥在它脚下，双髻峰像两个翘起的龙角，故以"龙首环青"名之。近代爱国诗人丘逢甲在东山书院主讲时，曾登双髻峰，写下"双峰出霄汉，一室贮烟霞"的佳句。

作为潮阳古八景之一的"龙首环青"，因为环境幽静，过去读书人都喜欢来这里潜心攻读，久而久之，就有了书院学堂。双峰书院是其中最出名的一座，明朝才子周光镐曾就读于此。清光绪十七年（1891年），金浦梅花乡的郑佐卿捐资修葺书院，并聘请当时的棉城举人陈宗翼到此任教，在这里又培养出一大批人才。

如此高山好景，难怪文人高僧均聚集于此。

潮阳的文脉

潮阳双塔

文光塔

行走在棉城繁华的中华街上，远远就看到一座七层楼阁式宝塔，塔顶的红葫芦颜色艳丽，像一颗闪耀的宝石，传递着平安与吉祥。途经潮阳博物馆，走进文光公园，宝塔的全貌尽现眼前。这座古塔就是第七批全国重点文物保护单位之一的文光塔，它也是潮阳的标志性建筑。

文光塔曾名"千佛塔"，这座石斗拱楼阁式高塔直耸入云，塔身坐北朝南，有42.3米高。每层每面，都可看到石门砖窗，门匾上刻有"练江笔海""棉岭文峰"等字。大门两侧分别有一头石狮子坐镇，上端是清潮阳知县唐文藻题写的"文光塔"三字，两侧是他书写的一副对联："千秋文笔镇金石，百丈光芒贯斗牛。"拾级而上，塔内各层都供奉着佛祖、观音莲座，还有玄天大帝、文昌帝君等神位，龙头、狮头、花鸟等造型和八卦花纹、莲花蕾形等图案和雕刻栩栩如生，工艺精美，令人惊叹。

文光塔这个名字的由来，或许可以从清乾隆《潮州府志·古迹》中找到答案。

文光塔为七层楼阁式宝塔，是潮阳的标志性建筑

文光塔前栩栩如生的石狮

文光塔曾名"千佛塔",石斗拱楼阁式的文光塔高耸入云

"文运重开"石匾,寄托文风蔚然的愿望

书中有载:"明崇祯八年知县漆嘉祉重建……发其基,中有银版盈尺,刻绍兴元年辛亥三月朔十五日壬子众缘建造……藏邑人郡丞吴仕训家庙内,时发异光。"全家上下都认为这是人文昌盛之兆,吴仕训随即将塔更名为文光塔,并刻立精美石碑。

不过,民间却流传着另一种说法。据说,这塔在元朝时曾遭雷轰,明成祖时期修缮过后,众人认为宝塔如彩笔,碧空似锦笺,龟头海是砚,朝天写文章,代代人才出,光辉照潮阳,因而改名为"文光塔"。果然,明朝时潮阳出了不少翰林、进士、举人,世人都认为这是文光塔的功劳。

不同的故事,却寄托了潮阳人相同的期望。都说文光塔所处的棉城形状像一艘船,而文光塔就是船上的船桅。船有了桅,可乘风破浪,扬帆远航。文光塔作为潮阳的标志性建筑,长久以来被海内外潮人社团用于会徽和书刊封面素材,不仅将其当作帆船的桅杆、擎天的巨笔,更作为家乡的标志和名片,作为智慧和力量的象征。

潮陽邑侯漆公鼎建文光塔記

潮陽邑侯漆公鼎建文光塔記

天地定位山澤通氣人稟乎其中形家者言是有東旺補虛之說釋氏浮屠遂為中流文筆同大江南北兩在櫨樹不雪阿育王八萬四千皇交地魚龍擾盪百尺九級秀于雲間可以披雨閣之曜氣躍人物之巨霸雖默示之内多矣吉祥善事亦未必一一卷持也夫謂之耶以梗梓為之耶以金梁為之耶以其堅有地之主宰之耶大化山水乃其高明博厚悠久皆歸之陶埏材於山木課之精於鑄治於之内陰隲感通泰磅礴理氣日月於人從其地之主宰之則乃有見於強有力斯已鞏矣中庸撫言天地山水乃其髙悠久皆隆於侯之精誠抱笈江右将令侯每見西於潮乙巳孟夏奉檄攝治鳳潮之俯仰伸博夙粲驄羆於馬顋靑袍抱笈江南仍延至東清於潮兩屬政臭矣治潮凡其将興興治於其舊帥跡軫凜朝斯夕哉侯乃治臺於清潭侯令漆侯為文光塔也議者曰天地山水乃其髙明悠久之精誠也非如喬岳翠寒持也夫
...

皇明崇禎十年歲次丁丑孟秋中元日通邑紳衿仝立石
賜進士出身資政大夫正治上卿禮部尚書兼東閣大學士通家鄙生何吾騶頓首拜撰

涵元塔

在潮阳区灶浦镇西北，韩江与榕江交汇处有一座龟山，龟山之上的涵元塔是当地人心中的风水宝塔，认为其具有聚敛元气、镇压龟山之神的作用。

涵元塔与众多宝塔一样，为空心砖石结构，八面七层，高达四十多米，沿螺旋石阶攀登可达塔顶。塔基四周有古朴的动物浮雕，形象生动。塔门石匾上刻写着"涵元宝塔"，落款是"天启丁卯岁立"。塔门两侧刻有楹联，上联为"印光西度浴南离，瞻壁曜奎躔，瑞应当年舟楫"；下联为"魁垒东搴仪北斗，看烽销揿息，醇还满地桑麻"。门匾与楹联均没有署名，民间传言是时任揭阳县令、古塔倡建者冯元飚所留。

说到冯元飚，就不得不提建造涵元宝塔的故事。建造此塔，是源于风水先生的一句话。明代天启六年（1626年），浙江慈溪籍进士冯元飚任揭阳县令，看到揭阳县城西北方有高山作天然屏障，东南方为地势低洼的平原。有风水地理师建议：县城东南一带低洼，恐元气东逝，应在东南方建一座宝塔来增强文胜，日后揭阳必定人才辈出。冯元飚听后，"借地于潮阳"，在龟山上建造宝塔。宝塔于天启七年（1627年）开始建造，至崇祯十二年（1639年）才竣工。塔的基座落成次年，即崇祯元年（1628年），揭阳就有四位举人同科中了进士，地方志书称为"戊辰四

> 涵元塔建塔初衷是为了增强揭阳文胜，使之元气聚敛，故借地潮阳，建于龟山之上，因此又称"龟山塔"

塔内石刻

塔基精美的石雕

俊"。后人鉴于建塔的初衷是为了使揭阳元气聚敛，故名"涵元塔"。又因塔建造在龟山上，所以又称"龟山塔"。

涵元塔先后经历了四次五级以上大地震，及历代数十次大飓风，至今仍然完好屹立。即使塔身已破旧不堪，塔顶镇塔的铜葫芦也被雷电击去一半，塔旁石碑上的字依稀难辨，但它依然守护着这方水土，守护着山脚下的人们，就算它已被世人遗忘，但仍背负着建塔人的那个美好愿望。

自明崇祯十二年（1639年）建成至今，涵元塔历经地震台风，依然屹立不倒

| 潮阳古寺 |

唐朝初期，佛教已传入潮阳，给这片土地带来极其深刻的影响，以至潮阳民俗中佛教的痕迹相当明显，礼佛已成为潮阳文化不可剥离的重要部分。潮汕寺庙分布之密集不亚于江浙，而潮阳浓厚的崇佛氛围，是潮汕民俗文化的一个缩影，它有着深远的历史渊源。

灵山寺

潮阳西北铜盂镇小北山上，有一座古刹，这里背靠青山，面对明湖，绿荫环绕，环境清幽，有"九龙八首，狮象对峙"之誉。唐贞元五年（789年），大颠和尚游历到潮阳，在这里创建灵山寺，因为大颠将此寺比作西天的灵鹫岭，因此命名为"灵山"，取名"灵山禅院"。灵山寺一建成，来此烧香拜佛者络绎不绝，求法者更甚。大颠和尚的门徒便很快遍布闽粤各地。

唐贞元五年（789年），大颠和尚游历到潮阳，在此创建灵山寺，因将此寺比作西天的灵鹫岭，故名"灵山禅院"

灵山寺建成后，香火不断，信众如织。韩愈造访灵山寺之后，也与大颠和尚结下深厚友谊

　　唐元和十四年（819年），韩愈因上疏谏迎佛骨而触怒唐宪宗，被贬潮州。韩愈在潮州待了八个月，闲暇时曾两次造访灵山寺，与大颠和尚畅谈，两人结下深厚的友情；临别时大颠和尚送韩愈到寺外小桥边，韩愈深为感动，随手脱下官袍赠送给大颠和尚以作纪念。后来，人们为了纪念他们的友谊，在此修建了一个"留衣亭"。韩愈对佛教看法的变化，也成为后世的谈资。

　　唐长庆四年（824年），93岁的大颠祖师圆寂。门徒依谕在后院建了一座钟形石塔，将祖师肉身端藏塔内。三年后，门人遵先师遗嘱开启塔门，但见大颠端坐塔内，容颜如生，头发、指甲都增长了。大家很惊奇，又毕恭毕敬地封闭塔门。唐朝末年，门徒再度开视塔门，又见祖师肉身已化，塔内仅存一金盆，盆内清水中有一个鲜活的舌头，门徒又封上塔门，称此塔为"瘗舌塔"。相传北宋至道年间，距祖师圆寂170年时，门徒第三度开塔，只见塔内有古镜一面，大颠影像现于镜中，众人更加惊奇，虔诚地将塔门封妥，从此古塔被称为"舌镜塔"。历经千年风雨的大颠祖师塔，基座为八角束腰形，有飞龙走兽及花卉浮雕图案，石雕莲花瓣承托石塔，塔身呈圆柱状覆钵形，正面有莲花承托的方形神龛，龛内刻有"唐大颠祖师塔"六字，"颠"字刻成"真真"，显示祖师大

大颠（731—824），俗名陈宝通，潮阳人。中唐禅宗曹溪教派高僧，潮阳灵山寺开创者、陆丰清峰寺开山祖师

智若愚，似颠实不颠。大颠的传说，让这座塔笼罩上一层神奇的色彩。

　　唐宋以来，灵山寺历经多次修整、扩建，尤其在佛教鼎盛的唐朝，寺庙曾经被多次封赐、扩建。如今大体上保留了当时的建造格局。抗战时期，寺庙在战火中荒废。1952年，宽鉴法师和又宗法师不辞艰辛，筹集资金在山上创办农场，边修寺庙边务农。逐渐修复的灵山寺在"文化大革命"中遭遇浩劫，古寺里的书画经卷全被焚毁，古寺被彻底改建成农场。1981年起，灵山寺的四任方丈相继重建寺庙，灵山寺以焕然一新的面貌呈现在世人眼前。

唐大颠祖师塔，大颠祖师圆寂后，门徒将其肉身端藏塔内

大北岩寺

东山是粤东著名的风景区,因百余处古建筑和摩崖石刻而闻名遐迩。东山北段的大北岩寺是明隆庆四年(1570年)举人、台州府同知周笃棐挂冠返乡后创建,清代曾进行过大规模重修,中华人民共和国成立后又进行过一次修整,保存至今。

沿曲径拾级而上,不大一会儿就可以看到以天然岩石为主体的大北岩寺。"屋顶"是一块平坦巨石,观音阁正厅侧有依石凿成的阶梯通向石台。通道右门有天然石室、石洞多个,大小各异。其中石云洞最为奇特,洞外空阔,洞内有洞。这里上仰星空,下临清泉,鸟声啾啾,泉声叮咚,分外悦耳。明代诗人邹鎏曾写下"天随鸟飞下,钟出暮云归"的名句。松石径在石云洞侧,大自然的鬼斧神工使松石径更显奇特:三面天然石壁耸立,中间自成露天一室,四周古柏森森,松涛阵阵。石壁刻有书法家赵珍壁的题咏:"松涛响听风三面,石壁围看月一窝。"联中嵌入"松石"二字,对仗工整,书法隽秀。

寺里弥勒殿、地藏阁、祖师堂、观音阁、藏经楼、千佛阁等一应俱全,虽然求佛的香客络绎不绝,但寺院依然清幽。游历大北岩寺,一定会被历代文人学者留下来的风格各异、令人称奇的摩崖石刻所吸引。

大北岩寺始建于明隆庆四年(1570年),清代重修,中华人民共和国成立后修整保存至今

小北岩寺

小北岩与大北岩毗邻，也创建于明朝，它以石刻繁多、山石嶙峋、古树繁盛、泉水甘甜等特色而成为礼佛、游览胜地，素有"小蓬莱"之称。

小北岩曾是道家之地，山上修有玄帝古庙，大雄宝殿的门匾上刻有"真堂"等字样。而今里面供奉三如来。三如来是指中央释迦牟尼佛、东方药师佛、西方阿弥陀佛，代表着过去、现在、未来。还新修了地藏阁楼、放生池等。在大雄宝殿东侧有一处石壁，壁上浮雕两个龙头，这里常年有清泉涌出，十分有趣，凡来寺庙的人，或是出于好奇，或是因为口渴，都会来这里看一下，喝上一口甘甜的泉水。

玄帝庙的后面有放生池塘，乌龟、鱼虾与树木、怪石、清流相映成趣，构成一幅和谐灵动的生态图，正如一旁应景的石刻"小蓬莱"。放生池东侧有一处狭窄深邃的石洞，时常吸引好奇的游客观望和驻足，洞口刻有"九曲洞"，洞里九曲十八弯，别有一番景象。

素有"小蓬莱"之称的小北岩寺，石刻繁多，环境清幽

海棠古观

在河溪镇桑田乡马鞍山南麓，有一座依山就势建造的道教古观，名海棠古观。古观三面环山，隐居在翠竹青松之间，两侧山泉相伴，山腰怪石嶙峋，风景独特，与山势浑然为一体。

古观前门放置着万年宝鼎，鼎身刻写着"海棠古观"四个字。前座供奉着王灵官，中座供奉玉皇天尊，后座分三层供奉着三清祖师、八仙祖师、瑶池金母等神明，东南角的斗姥阁供奉着斗姥元君和六十太岁，西南角菩提洞中供奉着菩提祖师。

如今香火旺盛的海棠古观曾经历多次毁坏。明天启五年（1625年），桑田乡人林朝傅倡建，在清初被草寇烧毁；清嘉庆十二年（1807年）重修，抗日战争时乡村被毁，古观仅存旧址，后来揭阳黄宗惜道长重修道观。"文化大革命"中神像被毁，古碑文失散，整个古观破落不堪。1984年，黄宗惜之徒林诚慧用平日积蓄重建道观。1994年5月，海棠古观获得宗教活动场所许可证，成为潮汕地区第一个道教开放点。

依山而建的海棠古观，是潮阳最早的全真派道教点

历经多次兴毁的海棠古观,在 1994 年获得宗教活动场所许可证,成为潮汕地区第一个道教开放点

潮阳三园

南海边陲的潮阳是不乏美丽风景的地方,同时也是中西文化交融的宝地。潮阳三园作为同时承载美丽风景与文化积淀的古园林建筑,是潮阳专属的城市名片。

潮阳棉城是一个具有一千六百多年悠久历史之地,拥有着三座建于清末的古园林建筑,分别是西环路东侧的西园、亭脚路的耐轩园、现平和东学校内的林园。三座园林或奇趣精巧,或古香幽静,或小巧别致,各具特色,享誉潮汕。

西园:高墙内的奇趣艺术

清光绪二十四年(1898年),正值西方建筑文化大量传入广东潮汕地区,深受影响的潮阳首富萧钦决心要在家乡建造一座既有岭南特色又具西洋建筑风格的私家园林。他请来擅长园艺、雕刻的艺匠萧眉仙,两人历经十余年设计建造,于宣统元年(1909年)

中西合璧的西园,以其匠心独运、新奇趣巧的造园技艺,跻身广东十大园林建筑之列

西园建成建于宣统元年（1909年），曾被慈禧太后誉为"岭南园林一绝"

西园房山山房

建造完成。这座园林，就是现坐落在棉城西环路东侧的西园。

西园于1993年10月被列为潮阳市文物保护单位，它占地1330平方米，建筑面积900平方米，整座园区从高处看去，恰好是个不太规则的梯形。

园林西侧临街，外墙经雨水冲刷，尽显沧桑。但门匾上"西园"二字，笔法苍劲有力，犹如神来之笔。这是光绪二十四年（1898年）状元夏同龢所题。这两个字遒劲有力，成为西园最吸引眼球的风景。

其实早在光绪二十五年（1899年），西园还未建造完成时，夏同龢已与爱国诗人丘逢甲、维新派康有为及林伯虔、林佐熙等名士"先睹为快"了。文人们在赏园之余，纷纷挥毫泼墨，作诗题字。如今西园里的题字大部分是当年夏状元留下的，还有小部分是康有为等人所题。书法与园林美景融为一体、浑然天成，让西园显得更雅致，这吸引了更多文人墨客慕名前来。

光绪三十四年（1908年）西园即将竣工，其模型在北京全国博览会展出，荣获金奖。慈禧太后曾亲临观看，称"西园乃岭南园林一绝"。从此，西园名声享誉全国，跻身广东十大园林建筑之列。

园主萧钦，是个建筑工程承包商，参与过多项洋楼工程的承建，对西洋建筑技术有独到见解。同时，他也是个地地道道的潮汕人，不光了解中国传统建筑文化，还从小深受潮汕地区生活习惯和地方风俗熏陶。在建造过程中，他用心诠释了潮汕传统庭院的精髓，又引入西方园林建筑的美学，设计匠心独运、中西合璧，创造了新的造园技艺。

中庭左侧的住宅建筑，基本上结合了潮汕民居五间加边房的格局和西式建筑特点，边梯极具西洋风格。中廊入口的地方采用西洋式别墅最常见的布局，建造有三开间开敞式柱范外廊。四坡洋式屋顶的处理方法，更利于岭南多雨季节集中排水。

主园中的书斋，采用潮汕传统园林的厅堂外廊式，屋顶由垂柱支撑，屋檐上装饰着琉璃瓦，窗户为有色玻璃扇窗。书斋设计与装饰中西结合，别有风味。

不光是建筑，园区的景观也极具中西特色。在当地名人林伯虔题名的石峰"耸翠"旁，有一个亭顶呈圆弧形的玻璃光亭，外壁为木格玻璃窗户。在亭内小憩，仰可观行云蓝天，俯可赏园林景色，赏心悦目。

更令人惊奇的是西园在建造中还有多项创新之举。中庭石桥采用折形平面，石板厚15厘米却无柱支撑，构造大胆；主园内螺径不设梯梁，轻盈奇特，尽显悬挑之美；此外，还运用当时罕见的平板玻璃、铁支柱等新材料，营造了玻璃光亭、假山等多个园林艺术景观。西园经历过一百多年间的台风、地震，以及人为的破坏和自然的侵蚀，已残破不堪，风光不再，但其中西合璧的造园风格、新颖科学的建造工艺，无疑成为中国近代建筑发展的一个缩影。西园奇、巧、趣、新的园林艺术，奠定了它在岭南近代园林发展史中不可撼动的重要地位。

西园的每一处建筑细节都融入了精心的设计

耐轩园：精巧风景成追忆

寻找耐轩园，着实颇费周折。这座名声在外的园林，在潮阳本地却少有人知道它的具体位置。辗转中，终于在棉城亭脚路一处破旧的铁皮墙中，看到杂草丛生、荒芜不堪的耐轩园。但从现存的景致中，仍能想象到当年园林的朱梁翠斛，体会到当时的书香古调。

耐轩园，又叫磊园。园林的主人萧凤翥，自幼聪慧好学，虽出身举人，但热衷教育，兴办学堂，是当地著名的教育家。他于宣统元年（1909年）建造园林，虽仅有六百多平方米，却是别墅式府第与园林相融合的精巧之地。园内古香幽静，亭台楼阁耸立，假山遍布，古榕成荫，更有题刻数十处。

清光绪二十五年（1899年）夏，被光绪帝亲笔御点为戊戌科（恩科）状元的夏同龢受邀来到棉城，与众友同游潮阳山水。适值萧凤翥兴建宅院，萧氏便请夏状元题写"耐轩"二字。兴致盎然的夏状元写下五句格言相赠："处境宜耐艰苦，应事宜耐繁剧，圣贤平易宜耐看，义礼渊邃宜耐思，忠厚药石宜耐听。斯言也，可作为座右铭。""耐轩"二字，正源于此。如今那遒劲挺秀、笔调风韵的"耐轩"二字，已不知所踪，无缘

耐轩园中的古榕

欣赏，令人惋惜。

据说，夏状元亲笔题写的"耐轩"二字及"五耐"座右铭，被主人悉心装贴在正堂木框大玻璃镜中。当年园内收藏的名人字画远不止于此，外书房前厅主人肖像的两侧，曾挂着明代书法家董其昌亲笔书写的对联："鸟向枝头催笔韵，梅从香里度书声"；主人读书的磊园楼则悬挂着唐伯虎的《仙翁鹤鹿图》；更有唐鉈、王文治等多位名人的墨宝遍布园内多处景观。

耐轩有一古榕，树根悬空分为两枝，形成一个两米多高的天然门洞，可供二人并肩进出，其根从树枝垂下扎入土壤，形成绿墙，可谓奇景。在树叶婆娑之间，依稀可见几块山石。中间一块碑石刻有"抱朴"两字，字大如斗。这两个大字源于道家的术语，阐述了"保守本真、怀抱纯朴、不萦于物欲"的道家无欲思想。想必，这也是主人萧凤翥一直深信的哲理。

耐轩原应有楼座、书房、假山庭院，如今只剩一两座破损的石碑、凉亭与一座后来建造的三层钢筋混凝土楼房，此楼在二十世纪六七十年代曾是老干部活动场所，如今已人去楼空。1997年4月9日耐轩被公布为潮阳市第四批文物保护单位。

耐轩风光不再，我们只能在文献资料中探知一二，在脑海中复原这座优雅的园林。期望潮阳的城市化运动，能保留这些宝贵的文化遗存，让后人不再有遗憾。

耐轩园中假山上的石刻。园中有多位名人的墨宝遍布多处景观

耐轩园中怪石嶙峋的假山

林园："小姐楼"里的百年风景

汕头市潮阳区平和东学校内，有一座精致的宅院，这是清光绪年间林邦杰建造的私家园林——林园。中华人民共和国成立初期，林园曾作为潮阳妇产院、武装部驻地，1997年4月9日被列为潮阳市第四批文物保护单位。如今，仅有五百平方米的林园，被誉为除"耐轩"之外，潮阳建筑中西合璧的又一代表。

林园，潮阳人又称之为"小姐楼"。据说清光绪元年（1875年），汕头太古洋行买办林邦杰返乡造宅，有神明托梦让其另觅他处，承诺降生一对儿子给他。林邦杰对此梦不以为意，坚持在潮阳棉城建造私家园林。结果，林邦杰终其一生膝下仅有一女，他视这唯一的女儿为掌上明珠，为了迎合女儿的喜好，在洋楼旁建造圆亭、假山、板桥等景观，与白色西式别墅相依相伴。

林园与其他建造于光绪年间的岭南园林建筑一样，深受当时西方文化影响，园林沿

寄托父亲对女儿之爱的"林园"，当地人称之为"小姐楼"

林园内中西合璧的扇门，工艺精美

用传统的岭南造园手法，建筑则是西式风格。凹肚门是林园原有的入口，石门上镌刻着金色的"林园"二字，苍劲的笔法，为林园增添了几分文化气息。墙上镶嵌彩色瓷砖，在阳光的照射下炫彩夺目。

　　林园中的外廊式别墅，是整个园区极为显眼的主体建筑。全楼分两层，一层为大厅与厢房，西侧有门与假山群相通，东侧有楼梯可至二楼。走廊设计在楼房外侧，有石栏杆围护，极具质朴浓郁的传统建筑风味。大厅内门框和窗棂上，红、蓝相间的玻璃装饰图案呈现西方的高贵典雅格调。假山奇趣，绿树成荫，花香浓郁，池水清幽，无论春夏秋冬入园游玩，都有别致风景。

　　历经百年，经过多次修葺的林园很好地保留下原貌。林园精致小巧的格局像是一册线装绣像小说，在棉城的楼群中，讲述着一段父亲对女儿的宠爱与柔情。

厦霖居士林

关埠镇下底乡有一处独特的佛事活动场所——厦霖居士林,这是全国十大居士林之一。居士林是在家修行却未出家的居士定期举办佛事和偶尔修行居住的场所。厦霖居士林其地原是厦霖同安善堂奉佛社故址,后同安善堂奉佛社发展成潮普揭澄惠十八分社,并于灶浦扩建总堂念佛社。1927年,厦霖奉佛社故址经修建,成居士林,1978年重修。

厦霖居士林隐藏在一片小街巷中,环境清幽,入门可见一棵巨大古榕,枝叶蔓蔓,根须倒挂,树旁有多块题刻了文字的石碑。据说这棵树的种子来自一百多年前在此栖息的一只小鸟,因鸟屎中有"鸟榕"的种子,经过天地的孕育,便在此生根发芽。

厦霖居士林香火旺盛,设有厢房、讲经堂、大礼堂、客堂、地藏阁、卧佛楼、藏经楼、弘法堂、经书流通处、潮普揭同安善堂、奉佛社纪念堂、林务办公厅、佛教文物展览厅等。院子正中是宛似天坛的寿光宝殿。除了保证正常的佛事活动,还接待来往的香客。居士

厦霖居士林既有佛门的清幽,又不乏烟火气息

厦霖居士林里的卧佛殿

林里环境清幽，亭台楼阁一应俱全，在后院的中央，修建了一座石拱桥，桥下流水潺潺，经常有信众在此放生，天气好点的时候，会有三两只放生的乌龟爬到溪中的石头上晒太阳。

在居士林里静坐半天，发现来往的不论是游客还是修行者，都神态安然，也许是这里宁静的禅意感染了他们。"万般皆自在"，这句话是禅宗思想中最为普遍而又最为深刻的精粹，却时时刻刻体现在我们的生活中。

潮普揭同安善堂奉佛社纪念堂

寿光宝殿

风雨梅康里

早就听闻"梅康里",在有限的资料上看到的是一张门口有湖、宁静美好的照片。正如它的另外一个名字"花篮祠",颇有几分诗情画意。

据史料记载,"梅康里"由民国年间广东都督、粤军总司令陈炯明的结义兄弟陈梅生所建,取其名中"梅"字命名。陈家在晚清是汕头赫赫有名的名门望族。陈梅生早年在汕头卖柿饼起家,后来创办"柿饼行",做成了一个知名品牌,在业内颇有一些名头。他走南闯北,随着生意越做越大,发了大财,结交了不少社会名流,与政界也有了一些瓜葛。辛亥革命前夕,陈梅生追随孙中山先生加入"同盟会",并与陈炯明、马育航义结金兰。后来,陈炯明与孙中山政见不合,马育航又在上海遭到暗杀,三人军事集团分崩瓦解。1921年,陈梅生回谷饶镇深洋村购地筹建"梅康里",准备退出政坛颐养天年。1924年,梅康里正式动工。梅康里占地约5000平方米,为"前埕后厝"式的五壁联大厝,前面为大灰埕、照壁、花园,后面为"梅祖家祠",左右共有四座"四点金"、

陈梅生故居"梅康里",当地人又称"花篮祠"

梅康里的石雕、砖雕
工艺非常精湛讲究

莲花底加瑞兽石刻构成的石柱,足见建造者的气派

四座"下山虎"以及其他配套设施。

"梅康里"之所以叫"花篮祠",与它的建筑特色有一定关系。梅康里所用材料上好,雕花精细,当年在建造梅康里时,专门聘请能工巧匠用镂空技法雕了很多只石雕花篮和木雕花篮,这些花篮工艺之精湛、造型之精美,令人叹为观止。

梅康里亦是梅家祖祠

梅康里是一座集石雕、木雕、嵌瓷、泥塑等潮汕传统建筑艺术于一体的祠堂宅院,已被列为文物保护单位。它不仅历史价值和艺术价值不可估量,也是一所饱含家族情感的老宅,它背后的故事让人唏嘘,流转的时光让它变得更具韵味,深深吸引着我们前去探索、研究和挖掘。

因屋墙装饰有精美绝伦的石雕及木雕花篮,梅康里也被称为"花篮祠"

梅康里的儒林第

莲峰书院

来到莲花峰上的莲峰书院时,细雨淅淅沥沥地落着。雨水洗落了瓦当上的灰尘,也涤尽岁月的云烟,将这处文化古迹毫无保留地展现出来。

莲峰书院旧称忠贤祠,坐落在美丽的海门镇莲花峰公园西北侧钟南山麓,偎依在莲花峰里,背靠名刹莲峰古寺。书院里有二厅二天井,纵约30米、横约13米。门联为参与拓建的海门参将何岳钟题写的"座拥莲峰五岭风云横笔阵,门迎练海千层波浪涌词源"。

站在莲峰书院前,遥望着雨中的大海,七百多年前,文天祥也是站在这个位置,焦急地眺望远处的海面。南宋末年,元军大举南侵,文天祥从江西举兵匡宋抗元,为了与南下的幼帝会合,来到潮阳海门。他登临莲花峰遥望帝舟,留下了忠臣寻主的故迹。后来,南宋遗民张鲁庵慕名前来,效法"首阳高风",并在此隐居读书。莲花峰因此成了后人瞻仰忠烈的胜地,也成为儒、道、释高士隐栖"尘外""梅隐"之所。为纪念文天

莲峰书院旧称忠贤祠,每年会举办祭祀活动,纪念文天祥、张鲁庵、江应龙、吴从周、陈名魁和李象斌这六位忠臣贤士

屋顶、墙壁和悬鱼处精美的嵌瓷和灰塑工艺，
处处展示匠人们高超的技艺

祥及张鲁庵"一忠一贤",明万历二十二年(1594年),驻海门金吾将军江应龙和隐士吴从周倡建祠堂,取名"忠贤祠"。随着莲花峰声誉日盛,至清道光四年(1824年)由南澳总兵蒲立勋、潮阳县令王履祥、海门参将何岳钟拓建成"莲峰书院"。

每年农历五月初二文天祥生日,以及农历十二月初九文天祥殉国日,这里的人们都会举办祭祀活动,隆重纪念文天祥丞相、张鲁庵隐士、江应龙将军、吴从周先生及清代因抗击海盗阵亡的参将陈名魁、守备李象斌这六位忠臣贤士。官府亦在忠贤祠中设立莲峰书院兴学育才,为地方培育人才。莲峰书院曾为清代潮阳县四大书院之一,"书院春雨"为莲峰八景之一。

人们出于对文天祥的敬仰和怀念,多次对莲峰书院进行修缮,前人的悉心维护,让后人得以亲眼见证明清建筑的格局,欣赏潮汕传统建筑装饰中的精工细作。

莲峰书院历经四百多年,风采依然。白驹过隙,如今的莲峰书院不再有学子琅琅的读书声,唯有千古不变的海浪声,与它一起背负着弘扬民族正气的使命,向后来人讲述一段忠贤的往事。

莲峰书院气派的院门,石匾上分别刻着"有声""云蒸霞蔚""无逸"

"望帝"石刻

萧氏始祖祠是一座生祠,别具一股典雅与书香气息,被誉为"潮汕第一祠"

四序堂

潮汕人以感恩祖先、敬畏天地为信仰,这种文化造就了潮汕族群强大的凝聚力。祠堂在潮汕城乡无处不在,这既是施行宗规的法地,又是祭祀祖先、商议宗族大事的场所。它"光前裕后"的作用,则通过办学育人体现出来。坐落于潮阳区文光街道南中路的八百年萧氏祖祠"四序堂",便是其中的典范。

萧姓最早可追溯于夏朝,西晋"永嘉之乱"后,北方士族大举南渡,兰陵成为萧氏重要郡望,南北朝时萧姓更一度成为国姓,唐初又随征闽军迁入福建。南宋庆元元年(1195年),漳州人萧洵出任潮

南宋庆元元年(1195年),萧洵出任潮阳县令,因清廉勤政,民众自发为其建造生祠

阳县令，连四任历十二年。萧洵以清廉勤政、体恤民情深得民心，潮阳百姓感念其恩德，自发集资为他兴建生祠，于宋嘉泰四年（1204年）建成"四序堂"，取"与天地同德，与日月同光，与君子同人，与四时同序"之意。萧洵深受感动，落籍潮阳，并亲自在"四序堂"开办学堂，不分姓氏兴学育才，授学子以"诗、书、礼、乐"，四序堂成为粤东历史上最早的乡校。宋嘉定十四年（1221年），萧洵公逝世，乡众改祠名为"萧氏四序堂"，祠堂除了祭奠供奉萧公灵位，依然作为私塾学堂。

中华人民共和国成立后，"四序堂"改名为棉城镇第五小学。两侧的厢房被作为学生宿舍以及教师办公室。2001年，在

四序堂里精美绝伦的壁画和木雕

四序堂，取"与天地同德，与日月同光，与君子同人，与四时同序"之意

萧氏后人萧辉文等人的倡导下，捐资修复"四序堂"。祠堂里的镂空木雕都以最传统的方式制作，经过四年多的纯手工雕制，高度还原了"四序堂"的原貌，保存了独特的宋代建筑布局和明清艺术风格。

"四序堂"既保持古风，又充满生命力。因为是一座生祠，因此与一般祠堂有所区别。进入大门，迎面而来的不只有古朴典雅的气息，还有浓厚的学风。"四序堂"的墙上挂满了各地宗亲相聚的照片，还有萧洵公留下的祖训。祠堂内有两口水井，供日常饮用。堂前建有"开化池"，因乡民纪念萧洵办学传授文化、开化民众而得名。此外，当地还移奉了孔夫子的神位

清嘉庆年间的石刻"崇让"

始立于清光绪十五年（1889年）的"祥开文运"石匾

萧氏祖祠前，纪念四序堂学子中举的旗杆石

于上堂厅内，表示对儒教文化的重视，这在潮汕祠堂是极其少有的。

"四序堂"有潮汕第一祠的美誉，这不仅仅得益于它的历史价值，也和它多年来一直办学堂有很大关系。南宋以来，萧洵的子孙在粤东开枝散叶，其后裔遍布潮汕，及至海陆丰、惠东、深圳、梅州、雷州以及广西等地。放眼古今，萧氏后人在各个领域都不乏精英之士。如今，萧氏一族还以"四序堂"为背景自发建立了民间助学和励学基金会，凡是当地的优秀学子在学业上取得成绩的，会得到基金会的适当奖励，每年还会扶助一部分贫寒学子读书。四序堂"教育树人"的理念，是惠及子孙的远见和卓识，也使这个家族挺立起一棵棵参天大树。

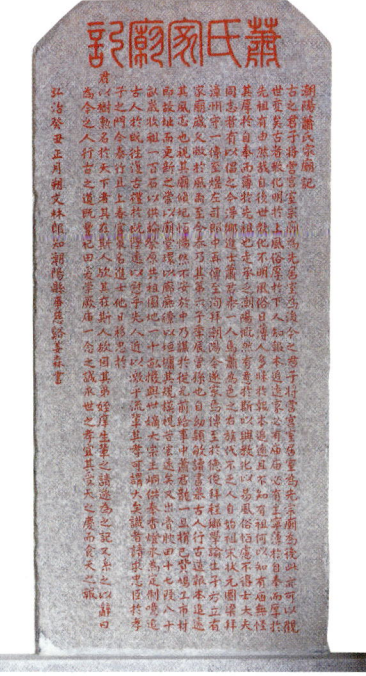

萧氏家庙碑记，明弘治六年（1493年）立

宋大元帅墓

潮汕各地拜祭的神明多为异乡客,如山西关羽、河南韩愈、河南岳飞、福建宋大峰和妈祖等等,独特的"双忠圣王"张巡、许远也分别是运城人和杭州人。这些外地神明中,最深入民心的就是"宋大元帅"——江西文天祥。

潮阳谷饶小北山有一处墓园,掩映在成荫的绿树中,环境清幽,亭榭别致。墓前四角亭里有一副对联:"宋元帅潮阳捐躯殉社稷,文天祥燕市就义振国魂",这便是宋大元帅墓。

南宋景炎二年(1277年),元军入侵潮阳,都统陈懿投降。次年农历九月,文天祥命谢翱、陈龙进军潮阳后溪,组建行府分司,准备讨伐陈懿。十月,文天祥亲率大军进入潮州,陈懿闻风而逃。文天祥转攻蚝坪乡(今和平镇),斩杀降元知府,与兵部侍郎

宋大元帅文天祥陵墓

文天祥画像

歌颂文天祥的"忠烈千秋"牌匾

邹沨、宣教郎刘子俊所部会师，合力围剿陈懿余党。不想陈懿狗急跳墙，以麾下百艘战船引元军入潮，双方在潮阳小北山展开激战，尽管宋军英勇抵抗，终不敌元军的强大攻势，战事逐渐呈胶着状态，最后宋兵伤亡惨重，小北山上血流成河，尸横遍野。文天祥被迫转战海丰，不久便在五坡岭被俘。南宋祥兴二年（1279年），文天祥被元军押至船上，面对浩瀚大海，他感慨万千，写下千古名作《过零丁洋》。

英雄悲壮的遭遇和高洁的忠义激励着后人，明洪武二年（1369年），明太祖追封宋末抗元的文天祥为元帅，下旨祭祀，称"社祭"。谷饶镇当年曾是文天祥抗击元军的古战场，潮阳百姓形成了年年举办社祭习俗。直到20世纪80年代，潮汕海内外乡众集资筹建了"宋大元帅墓"。宋大元帅墓实际只是一座宋军将士的衣冠墓，当年战死沙场的忠骨早已无存，但忠魂犹在。

下底提督府

关埠下底村是潮阳一个有历史底蕴的古村落。和其他潮汕古村一样,一排排错落有致的"下山虎""四点金"民居布满村子,其中有一座规模宏大的"驷马拖车"大院气势非凡,这就是泰崇公祠,本地人称之为"厦林老府",是清代云南提督黄武贤的府第。

在平定太平天国中异军突起的湘军里,有一位来自潮阳的名将黄武贤,他跟随曾国藩南征北战,在收复武汉时立下战功,受到曾国藩的赏识并报朝廷嘉奖。清同治三年(1864年),太平天国被扑灭,黄武贤奉召晋京,入宫觐见慈禧太后和同治皇帝。慈禧赏赐他金锁一把、黄袍马甲一副,擢升云南提督。黄武贤后来在左宗棠部将刘锦常带领下击退英、俄入侵者,收复乌鲁木齐、玛纳斯、吐鲁番及南疆等地。黄武贤在任职云南提督期间,清正廉明,深得百姓爱戴。光绪七年(1881年),黄武贤告老还乡,回到了老家潮阳关埠下底村。

因为一生清廉,积蓄不多,回乡后黄武贤一直居住在皇帝钦赐的"官厅"之中,这官厅一座三厅,共十二间房。一日,同在朝中为官的丁日昌和方耀前来拜访,觉得黄武贤居住的"官厅"确实略微狭小,格局不够,便向朝廷提议,请求把"官厅"扩建成

泰崇公祠,当地人称"提督府",是清代云南提督黄武贤的府第

"将军府",他们二人还各自出了一部分资金资助。经过几年的改建,"将军府"落成,又名"建威第"。因黄武贤在世时官居云南提督,所以当地人又称其为"提督府"。

提督府保留了潮汕建筑"驷马拖车"的形式,总面积八千余平方米,坐北向南,通透性非常好。因为是"将军府",自然与文人的府邸有些差别,除了府前有开阔的阳埕,还在附近修建了马房,供主人家平时操练家兵所用。提督府整体构造寓意深刻:整座府邸是"车",而左右两边的厢房象征着"马",马拖车一路轰轰烈烈前行,象征黄家世代兴旺昌盛。

提督府从建成至今已经历一百多年的风雨,其间经历多次劫难和重修。据说"文化大革命"时,府内有三块牌匾因被一村民藏匿于草木堆里才得以幸存。后来,这个村民要娶媳妇,准备将这三块牌匾用来做一个衣柜,木工师傅收到牌匾之后,夜里做了个梦,梦见一

提督府保留了潮汕建筑"驷马拖车"的形式,象征黄家世代兴旺昌盛

位老人跟他说，这牌匾是皇上钦赐的，不能动用，于是便将其保留下来。后来黄武贤的后人得知这三块牌匾的下落，便将它们收回保存。

1997年，提督府被列为潮阳市第四批文物保护单位。在宁静的下底村，洗尽铅华的提督府静静矗立，门前的半月池依然有村民在浣洗衣物，成群的鸭子依然在悠然游荡，青草依然在马头墙上静静生长，诉说着这里曾经的繁华。

提督府门外的半月池，依然有村民在浣洗衣物

宋代古宅赵氏始祖祠，也称"双忠祠"，至今已有七百多年

赵厝巷铜门闾

棉城文光街道赵厝直巷21号，一座有七百多年历史的古宅隐藏在旧街区里，这就是赵厝祠堂，里面供奉着唐安史之乱殉国的忠臣张巡和许远，是潮汕双忠崇拜的发端。

宋熙宁十年（1077年），赵束斋建成这座占地近千平方米的古宅，赵氏后人于南宋咸淳年间建成铜门闾，将张、许二公灵牌迁入供奉，取意和谐吉庆，题匾"和庆堂"，寄寓了家庭和睦的美好愿望。铜门闾保存至今七百余年，是广东现存为数不多的宋代文化遗存。赵氏一族受"双忠文化"影响，崇人重学，尤以宋时"一门三代五进士"、元时"一门两代五荐举"引人瞩目，一时传为佳话。

清顺治十一年（1654年），睢阳人唐征麟到潮阳任知县，造访赵氏祖祠，写下《赵氏祖祠世祀双忠序》，序文据赵氏族人口述，记录了元代潮阳县令崔思诚与赵嗣助合祭张、许二位忠臣，以及把自己从睢阳带来的神物铜辊，让赵氏子孙世代守护的事迹。古人认为拥有铜辊者具有神力，并且可以预知吉凶福祸。这个序文后来被载入《潮阳县志》，成为赵氏宗族与"双忠文化"特殊关系的历史依据之一。

赵厝巷铜门闾即赵氏始祖祠，也是赵嗣助故居，历代均有重修，至今仍保留明清时期的建筑风格。宗祠由三厅两天井加一外阳埕组成，1974年改建时，麒麟照壁遭到破坏，如今仅能见到花岗岩墙基和贝灰墙体，麒麟造型隐约可见。各厅以石柱为主支撑、全部屋架由杉木构筑，大厅及天井大抵由整块的花岗岩石板铺贴而成，是潮州地区为数不多的同类型古民居，历经七百余年完好无损。该建筑群防震抗震能力强，空气净化功能及冬暖夏凉的特点尤为明显，整个建筑排水系统也非常先进，历经几百年仍畅通无阻。

2013年，潮阳城区扩张，赵嗣助故居及其周边旧民居被列为拆迁对象，尽管赵氏家族竭力维护，但赵嗣助故居还是没有幸免，一角屋檐被强拆。因其历史意义重大，最后通过多方努力，在2014年经政府认定为文物才得以保留。赵嗣助故居不仅对一个家族意义重大，也是中国文化"仁、义、礼、智、信"的见证者。

"皇恩赐赏""太仆第"等牌匾都说明了赵氏一族在当地的显赫

以贝灰砌成的墙体上，麒麟造型仍隐约可见

贞姑坊

潮阳区西胪镇海田村路口，有一座贞姑坊，这是为纪念本村一位姓蔡的贞姑而建的。贞姑坊坐北朝南，由花岗岩构建而成。顶层有"恩荣"坊额，中层镌有"贞姑亭"三个大字，背面为摘自清嘉庆唐文藻《潮阳县志》的《贞姑传略》，正面书"抚孤有成"。牌坊旁有两亭，分别为恩德亭与有成亭。在贞姑坊恩德亭旁的石碑背面，刻有贞姑割发代嫁养遗孤的故事。

蔡贞姑，世称祖姑，明末竹山都龙仔（今西胪海田乡）人，父母双亡，十六岁时兄嫂相继离世，留下一个六岁男孩，她便悉心照顾侄儿。直到嫁娶之日，邻村叶姓男子迎亲的喜轿已停在门外，但小侄儿却扯着贞姑的衣摆痛哭不已，他是为自己无人抚养而忧愁。贞姑想到侄儿是蔡氏唯一的血脉，于心不忍，遂割掉一缕秀发寄给叶郎，作为结发夫妻的见证。自此，她独自照顾侄儿，直到侄儿成家立业繁衍宗支，成全了蔡姓的繁衍壮大。清宣统三年（1911年），知县王登琦听闻此事，申报朝廷颁旨赐建牌坊，以励孝悌。

贞姑坊，也称贞姑亭，为纪念蔡贞姑，清代朝廷赐建牌坊，以励孝悌

民间有一种说法，贞姑用自己一生的幸福换来了蔡姓的繁华。在海田村，除贞姑坊，还保存着祖姑亭、祖姑坟，又重修祖姑厅。每隔四年，海田村就会举行大型祭祀活动——主祭祖姑，这时会有七天七夜的大戏。而村里的姑娘们也趁机大展身手，或刺绣或折纸，准备精美的祭品，其中优秀的作品则会被摆放在祖姑厅里作为典范。

贞姑坊原坊已毁，现坊是村民于1996年集资在原址复建的。1999年3月，贞姑坊被潮阳市人民政府公布为文物保护单位。

贞姑坊原坊已毁，现坊为1996年在原址重建

郑氏孔安堂

潮阳区文光街道亭脚路西门头,有一座占地两千平方米的古祠。这座构筑别致、古朴典雅、充满书香气息的祠堂,是潮阳仅存的宋代理学讲堂故址,它的建造与一位理学大师密不可分。

南宋时期,朱熹成为继孔子之后又一位伟大的思想家,他的理学思想影响了几代人。南宋绍兴二十六年(1156年)七月,朱熹曾至潮州,邑士郑南升与揭阳人郭叔云相携前往师之。郑南升潜心修学,他将朱子理学进行创新和发扬,深得朱熹喜爱。郑南升学成后回到潮阳故里,乡人郑开先为他建了一座名为"孔安堂"的馆舍作为授徒讲学之用。

孔安堂,原为郑南升讲学之地,后成为郑氏祖祠

清康熙八年(1669年),原郑氏祖祠被毁,族人将历代牌位迁至孔安堂,孔安堂成为郑氏祖祠

郑氏先人的功名牌挂满孔安堂正厅

郑南升一生淡泊名利,全部精力都用来著书立说和传授理学,成为当地理学宗儒。他根据多年的学研经验,确立了"循序渐进"的学习方法和"熟读精思"的学习原则。这是一套以程朱理学为指导思想的教育纲领,对潮阳文化影响深远。南宋理宗宝祐年间,郑开先的儿子、知夔州正堂兼军州事的郑慈珍扩建"孔安堂",称"郑氏礼房祠",更突出"理学"这一理念,并继续将此地作为理学讲堂使用,一直沿用了几百年。

清康熙八年(1669年),原郑氏祖祠被清兵焚毁,祖宗牌位无处安放,族人只好将历代牌位及公禄表迁至孔安堂内供奉,并将孔安堂改名为"孔安堂青龙门郑氏祖祠"。至此,"孔安堂"便顺理成章成了郑氏祖祠。

郑氏祖祠经历抗日战争以及内战的烽火幸存下来。中华人民共和国成立后,郑氏祖祠曾先后被用作学校、仓库、住宅等。因年代久远,已显得破落不堪。1994年,旅泰侨领郑午楼博士希望政府将孔安堂归还郑氏家族,并筹款重新修缮,恢复往日容貌。重修后的孔安堂保留了宋代建筑风格,大门开面为五间亭坊式,门匾上"郑氏宗祠"四个苍劲有力的大字,出自郑午楼博士手笔。祠堂造型古朴,处处可见潮州工匠精湛的木雕和石雕技艺。

如今孔安堂里虽然再也听不到琅琅读书声,但古祠里的摆设和故迹,让人感受到浓浓的儒雅风,它仍在向后人传递着仁义礼智信的传统思想。

古城过客

一代名儒林大春

古时的潮州有七贤，被誉为"一代名儒"的林大春便是其中之一。他有多部著作流传于世，较为出名的有《瑶草篇》《井丹集》等。

林大春，字井丹、邦阳，号石洲，明嘉靖二年（1523年）生于潮州府潮阳县县廓都。林大春在当地算是一个传奇人物，关于他的逸事民间流传很多。他从小体弱，三四岁了还不会讲话，但是相当聪慧，再长大一点，就可以过目不忘而且语出惊人。他虽然有过人的才智，但由于性格耿直，又有些傲骨，因此仕途并非一帆风顺。

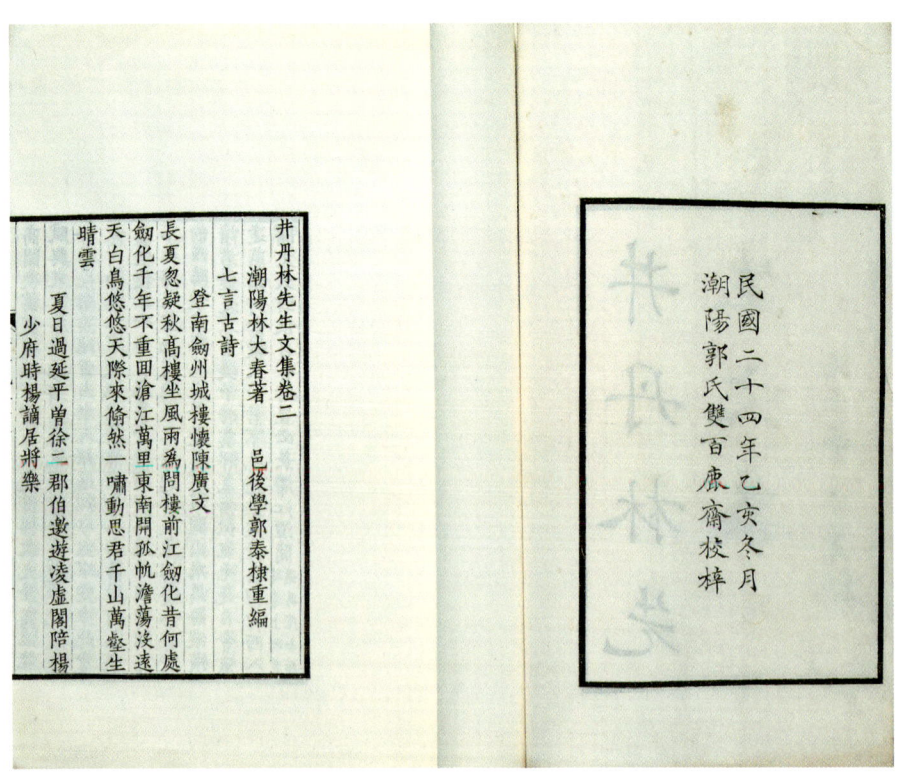

林大春诗集

潮州牌坊街上太山北斗坊坊额题字"太山北斗"为林大春手迹

明嘉靖二十九年（1550年），林大春第三次北上赴京赶考。其文文采卓著，却被主考官认为颇似汉体而不敢荐于皇上，最后仅获一个三甲进士。又因为自恃清高，别人多次荐官他都拒绝，只做了一个行人司行人的九品小官。至明嘉靖三十五年（1556年），按例得选充台谏，可任御史或给事中、谏议大大等职，却又刚好遇"大计"之年，被谗言所累，虽最后罪名被洗清，但已错过时机，只得户部主事一职。即便职位不高，林大春也不负所望，一到"即陈所见以复，无一不当上旨者"，赢得别人的敬重。

林大春一生较为波折，再加上自小聪慧，为人也十分坦诚，因此有很多关于他的奇闻逸事流传于民间。

林大春为人操守高洁，为官廉洁刚正，在乡时一直关注并介入地方和乡族事务，曾亲自组织乡民和官兵抵御抗击倭寇的袭击，也曾多次参与和干涉官府招安海盗的举措，还与当地地方官员一起合计并参与当地的民间建设等事务，又组织编修《潮阳县志》等，为当地社会建设做出了巨大的贡献。

劝课农桑郑之侨

郑之侨（1707—1784），字茂云，号东里，清代潮阳举练都金浦乡人，当地人称其为"道爷"，为雍正十三年（1735年）举人、乾隆二年（1737年）进士。曾任江西铅山县令，擢升饶州府同知、广西柳州府知府，后调任湖南宝庆府（今邵阳市）知府，又晋升为山东济东泰武道的道台、湖广安襄郧兵备道，是被誉为"治行第一"的一代名吏。

被誉为"治行第一"的名吏郑之侨（1707—1784）

郑之侨为官政绩显著，每到地方任职，勤政爱民，造福一方。任铅山县令时，修桥筑坝；任饶州府同知、柳州府知府时，惩恶除奸，为民称道；他振兴文教，尚贤育才，在铅山建鹅湖书院，任宝庆知府时又建濂溪书院，培育大批士子。其教化乡民之举和为官处世之道，为后世所称颂。

他把一生从学、从农、从官的心得，总结成书，为后世留下了宝贵的文化遗产，其代表著作有《六经图》《鹅湖讲学汇编》《濂溪书院劝学篇》《农桑易知录》等。其中《农桑易知录》劝课农桑，教授农民深耕细作，掌握不同农作物的耕作技术，具有浓厚的农本思想。该书成书于乾隆二十五年（1760年），是清朝前期一部稀见的综合性古农书，也是广东当前发现较为系统的农业书籍之一。《农桑易知录》本着"重农"和"人本"的思想，致力于传播农业生产技术和经验，"欲使民易知，则易行，足衣食，而兴礼义，庶可上慰圣天

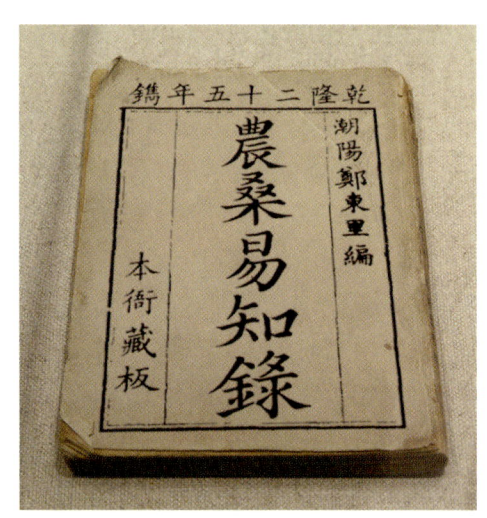

郑之侨的著作《农桑易知录》，是清朝前期的一本稀见综合性古农书

子教养元黎之至意也"。这也正是郑之侨人生理想的体现。

后人将郑之侨与春秋政治家郑子产、北宋著名理学家程颢和南宋著名理学家朱熹并列，在金浦建"四道堂"纪念奉祀此四位名贤。

中国电影之父郑正秋（1888—1935）

中国电影之父郑正秋

郑正秋，原名芳泽，号伯常，别署药风，1888年出生于上海，祖籍潮阳区成田镇上盐汀村。他是中国电影事业的开拓者，从剧评人到编剧、导演，为电影事业奉献了毕生精力，被誉为"中国电影之父"。

出生在富裕的官商家庭的郑正秋，从小接受了良好的教育，但因体弱多病，肄业后父亲希望他继承家业从商，然而他对经商毫无兴趣，反而迷上了京剧，并与当时的一些京剧名角成为好友，从此与戏剧艺术和后来电影创作结下不解之缘。

受新思潮的影响，又目睹政治腐败、民生凋敝，郑正秋开始投入到新剧运动中，以求唤醒民生。1910年，他在《民立报》上发表《丽丽所戏言》，表达了自己对当时一些剧目以及演员表演的独到看法，引起戏曲界很大反响，这也让他逐渐成为上海著名的剧评家。

1913年，郑正秋开始涉足影坛，编剧并参与导演了中国第一部故事影片《难夫难妻》。这部以嘲讽的笔触抨击封建婚姻制度对人摧残的电影将民主思想搬上银幕，为中国电影的发展拉开了序幕。1922年，郑正秋与张石川等创建明星影片公司，他除任编剧、导演外，还兼任明星影戏学校校长。明星影戏学校培养了一批具有专业素养的演艺人员，其中包括后来家喻户晓的"电影皇后"胡蝶、阮玲玉等著名电影明星，为中国电影事业的发展奠定了基础。

　　1923年底，由郑正秋编剧、张石川导演的《孤儿救祖记》上映，获得巨大成功。1934年，郑正秋编导的《姊妹花》备受赞誉，上映后万人空巷，甚至轰动国际影坛。

　　郑正秋在电影方面展露了卓越才华，一生共编导影片40余部，他始终坚持"教化大众"的编剧理念，以平易通俗、故事性强、情节曲折、引人入胜见长，具有鲜明的民族风格。

　　1935年，郑正秋因病离世，年仅48岁。在短暂的生命历程中，他为中国电影作出了巨大贡献，是当之无愧的"中国电影第一人"。

电影巨匠蔡楚生

　　文光塔是潮阳的文化标志，这座古塔位于潮阳区中华路东侧，其所在地是个广场，由一圈栅栏围着。在文光塔后面，是潮阳区博物馆，这座精致的现代建筑衬托着沧桑的古塔，让这块地方充满浓浓的文化味。文光塔前面有尊由花岗岩底座托着的半身雕像，雕像的着装和那张戴着圆眼镜的脸，散发着民国时期的儒雅气息，这便是一代电影巨匠蔡楚生的雕像。

　　蔡楚生祖籍潮阳，出生于1906年，为家中次子。他6岁时随父母从上海回到家乡，在潮阳县神仙里新厝定居；7岁进入私塾学习，接受启蒙教育。蔡楚生自幼喜爱绘画，为他以后从事电影导演工作打下了美术基础。1918年，蔡楚生到汕头当学徒，积累了生活阅历。1925年，他参加了汕头市店员工会的活动，因为喜爱戏剧，还与人组织"进业白话剧社"，从事业余演剧活动。1926年，上海华剧影片公司一剧组到汕头拍外景，蔡楚生和剧社同仁协助剧组工作,自此萌生了对电影的兴趣。

1927年大革命失败后,蔡楚生离开汕头到上海,并认识了著名电影导演郑正秋。在郑正秋的介绍下,蔡楚生进入明星影片公司。工作的同时,他从郑正秋那里学到了电影导演的技巧,为他以后的电影生涯打下了良好基础。

1931年底,经著名电影导演史东山推荐,蔡楚生加入联华影业公司二厂,担任电影编导。次年,他完成了自编自导的第一部影片《南国之春》。1933年2月,蔡楚生参加中国电影文化协会,当选为执行委员。从此,蔡楚生拍片的目光转向社会现实和贫苦人民,并拍下了《都会的早晨》《渔光曲》《新女性》《迷途的羔羊》等作品。

1937年,蔡楚生积极投身抗日活动,并赴香港工作。在港期间,他完成了《孤岛天堂》与《前程万里》两部描写上海和香港的抗日活动的影片。1941年12月,太平洋战争爆发,香港沦陷,因为蔡楚生的抗日声名,日军到处追寻他的踪迹。蔡楚生在中共领导的东江纵队掩护下潜至桂林。其后他辗转于桂林、柳州、重庆等地,边养病边参加抗日宣传活动,编写话剧剧本。1945年,他被聘为中央电影摄影厂编导委员。抗战胜利后,蔡楚生回到上海,建立联华影艺社,联华影艺社后与昆仑影业公司合并,成为左翼进步电影的制作基地。1947年,蔡楚生与郑

电影巨匠蔡楚生(1906—1968)

君里合作完成影片《一江春水向东流》,该片被誉为"插在战后中国电影发展途程上的一支指路标"。

中华人民共和国成立后,蔡楚生先后担任中央电影局艺术委员会主任,中央电影局副局长,中国文联副主席,中国影协主席,第一、二、三届全国人大代表,并于1956年加入中国共产党。在担任中国影协主席期间,他积极提倡制作现实主义的优秀影片,重视电影理论研究,并积极参加国际电影交流。1963年,他完成了自己导演的最后一部影片《南海潮》。1968年7月15日,蔡楚生逝世,终年63岁。

棉城绝味

| 鲎粿 |

源于潮阳的鲎粿是汕头的著名美食。鲎粿历史悠久，始于何时已无从考证，但很早就存在于潮阳人的记忆中，老一辈的潮阳人不但吃过，而且亲手制作过。翻阅《潮阳县志》，里面有关于鲎粿的记载："潮邑鲎粿乃粉粿中之精品，清康熙年间也以奉客。而粉粿则唐乃有之。"

关于鲎粿的来历，有一个流传很广的传说。说是潮阳一户人家的婆婆年迈无牙，无法咀嚼食物，而且肠胃消化不良，肚子经常胀气。这家人的媳妇对婆婆尽心照顾，专制鲎酱供婆婆佐餐，可是因婆婆无法咀嚼粥饭，无法进餐，体质日见瘦弱。媳妇心里又疼又急，便想出办法，将冷米粥磨成粥浆，加入番薯粉和鲎酱制成鲎粿，以这种软柔细滑的粿品供给老人食用。婆婆可以进食后身体很快康复。有一天，婆婆问媳妇："你做的是什么粿？"媳妇叫不出名字，但想到粥里掺

鲎粿，用米磨成浆，加入番薯粉、鲎酱、虾等配料制作而成

鲎酱中的鲎籽。鲎籽如绿豆般大小，呈黄色

了鲎酱，急中生智答道，这叫"鲎粿"。

鲎粿的制作经过改良，加入海鲜、素菜或肉类，注入桃形模，蒸熟后脱模即成。再以文火烧热的热油炸酥，淋上特制的酱料，外酥内嫩，咬一口，米和薯的香味四散开来，里面包裹的馅料混着酱料，散发出诱人的香味，让人回味无穷。

鲎粿代表了潮阳味道，离家多年的游子，只要吃一口鲎粿，便会想起家乡的味道，心也便跟着回到了故土。

鲎（hòu），节肢动物，甲壳类，生活在海中，尾坚硬，肉可食

发现城市之美·汕头

第五章 潮阳

潮阳民俗

潮阳英歌舞

如果见到一支由"梁山好汉"组成的表演队伍，舞者从脸谱到服装配饰都按照戏曲中的形象装扮，舞蹈的内容不是攻打大名府，就是梁山英雄劫法场，你会不会认为这个地方就是水泊梁山所在地山东？

其实，这种古老的民间舞蹈是盛行于广东潮阳的"英歌舞"，至今已有四百多年的历史。在潮阳，逢年过节或者重要民俗活动，免不了有英歌舞表演。

根据民间艺人的口口相传和一些佐证资料，英歌舞源于傩文化，至明代，综合了北方大鼓及秧歌演化而成，现主要流行于粤东的潮汕地区和福建等地。

在四百多年的流传发展中，英歌舞形成了多种流派和风格。根据舞蹈节奏，大致分为慢板英歌、中板英歌和快板英歌。三种舞蹈各具特色：慢板英歌舞棒较长，慢中见势，势中显气，凝重古朴而又舒展优美；中板英歌舞法多样，稳健中见潇洒，古朴中现

英歌舞源于傩文化，至明代，综合了北方大鼓及秧歌演化而成，现主要流行于粤东的潮汕地区和福建等地

英歌舞者的装扮是按照梁山好汉的形象设计的

圆活；快板英歌阵势多变，勇猛威风。

英歌舞分工明确，有前后棚之分。前棚 36 人，每人双手持半米多长、直径 4 厘米的彩色木棒，配合着锣、鼓、号角伴奏相互击打，边走边舞；后棚 72 人，纷纷扮成各类杂耍艺人，敲锣打鼓伴唱，有时还会加上扮涂戏和武术表演。整个表演刚劲、奔放、粗犷、雄浑，极具阳刚之气，108 位舞者更是带来了豪迈、威武的力与美的视觉震撼。不过，近几年潮阳大多数英歌队不再带后棚，所以前棚的英歌队员名额也没有了硬性规定。

英歌舞者的装扮，通常是按梁山好汉的形象来打扮。司大鼓的有打扮作宋江或其他梁山好汉；领头的舞槌人左队头槌是秦明或者是挂黑须的李逵，右队是杨志或者是挂红须的关胜，二槌是林冲，三槌是鲁智深、武松。

在农村，英歌往往被看做是英雄的化身、吉祥的象征。谁能进英歌队，就意味着入选者整年都会事事顺利、如意。英歌队的舞者往往都是年轻力壮、英俊潇洒的小伙子，因此，未婚的姑娘们常常从英歌队的舞者中挑选自己的意中人，尤其是头槌和二槌，很容易中"好彩头"。

每逢举办类似的地方民俗文化活动，英歌舞姿雄健，潮州鼓乐悠扬，全城民众沉浸于热闹和喜悦的气氛中。潮阳的民俗文化也在一次次的活动中融入民众们的生活，影响到方圆百里，流传给世世代代。

潮阳剪纸

剪纸是我国一项古老的民间艺术，其历史可以追溯到遥远的西汉时期。由于工具简单，只需一张红宣纸加一把剪刀，即可变幻出精彩纷呈的作品，因此这项艺术代代相传，长盛不衰。我国各地都有剪纸艺术流传，由于剪纸的题材直接或间接来源于生活，因此各地剪纸的风格也各不相同。

潮汕人精诚团结，固守传统，有着强烈的宗族意识。他们对传统节日与宗族活动的重视，使潮汕平原成为一块滋养民间艺术的沃土。嵌瓷、木雕、泥塑、抽纱、潮绣、麦秆画等优秀的民间艺术，犹如一朵朵亮丽的奇葩，在潮汕大地上争奇斗艳。潮阳剪纸便是这些奇葩中的一朵，它带着浓郁的生活气息，成为与潮阳英歌舞、笛套音乐并列的"潮阳民间艺术三瑰宝"之一。

潮阳剪纸精巧秀丽，具有拙朴憨厚、以线见长、力度浑然的艺术特点，是潮阳女子

潮阳剪纸精巧秀丽，具有拙朴憨厚、力度浑然的艺术特点，是潮阳女子千百年来劳动和智慧的结晶

千百年来劳动和智慧的结晶。艺术的发展离不开生活,潮阳女子有勤俭持家的美德,在物资匮乏的年代,心灵手巧的潮阳女人在操持家务之余,会通过刺绣、抽纱、剪纸一类的手工劳动来补贴家用。剪纸易学,材料和工具也简单,因此在潮阳民间颇受欢迎。过去潮阳有"赛桌"的习俗,在各家庭院、天井、祠堂、广场等处摆放十几桌甚至几十桌,桌上摆满供品,供品上面叠着各式各样的剪纸工艺品。村里人或外村游人过来观赏,总要看看谁家的剪纸精巧秀丽。而谁家供品上贴的剪纸最出彩,那家的女人便是最心灵手巧、最贤惠。由此可见,剪纸曾经是潮阳女子必须具备的生活技能之一。

潮阳剪纸传承人陈小燕

改革开放之后,物质生活突飞猛进,传统的手工艺因失去经济上的意义而逐渐远离了人们的生活,潮阳剪纸也日渐式微。值得庆幸的是,总有些民间艺人为了使祖先用智慧创造出来的传统文化不至于失传,始终在坚持传承着这些古老的民间艺术。陈小燕就是其中的代表之一,她不但一直在传承着潮阳剪纸这门传统的艺术,而且这些年来在题材上不断探索、不断推陈出新,最终形成了独一无二的"陈小燕"风格。

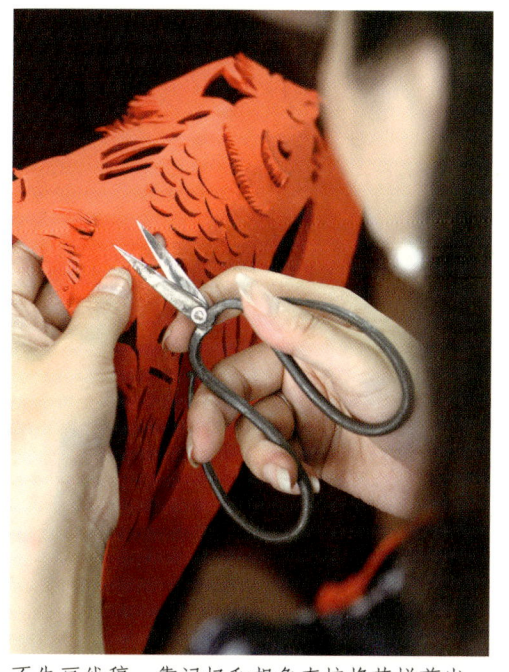

不先画线稿,靠记忆和想象直接将花样剪出

潮阳笛套音乐

与英歌舞、剪纸并称为潮阳民间艺术三瑰宝的潮阳笛套音乐，是潮州音乐的组成部分。潮阳笛套音乐源远流长，属于套曲式音乐形式，以笛、管、笙、箫为主奏乐器，配以三弦、琵琶、古筝等，运用宫、商、角、徵、羽的民族调式进行演奏，具有古朴、典雅、悠扬等特色。潮阳笛套音乐从表现形式上大体分为笛套音乐和笛套锣鼓。而音乐分类上主要有笛套古乐、笛套大锣鼓、笛套苏锣鼓（也称花灯锣鼓）、梵调（庙堂音乐）。

相传潮阳笛套音乐源于南宋的宫廷音乐。时宋室垂危，臣僚吴丙等人奉旨先行

笛套音乐传承基地耀明书院内部

笛套音乐传承地耀明书院

东信文艺协会演奏笛套古乐

南下置建临时帝阁,皇室的礼乐仪制随之传入潮阳,祭祀仪典等仪式上所演奏的宫廷硬软套和笛套音乐也因此在潮阳传播。后世历代经由潮阳籍官员的推广及潮乐艺人的不断改进,使潮阳笛套音乐更为广泛流传,成为游神赛会、节日喜庆必不可少的组成部分。

笛套音乐的传承和发扬需要一代代人的不断努力,陈桂洲先生就是其中的一位传承艺人。他历时十余年致力于笛套音乐的传播与发展,创立东信文艺协会,"聘名流,研乐论,育新秀,启后昆",让笛套音乐薪火相传。除了在他创建的耀明书院演奏,还将潮阳笛套音乐推向了海外华人聚集地,使其享誉中外。

作为笛套音乐传承基地的耀明书院,融潮汕古建筑、北京四合院、苏州园林、岭南园林之神韵,集传统木雕、石刻、嵌瓷、漆饰之精髓,风光独揽,胜景一方。在美轮美奂的书院里,古乐阵阵,余韵悠悠,经典之作,延绵流芳。

集中华民族多种文化精髓于一身的耀明书院,吸引了各界文化爱好者聚集交流。书院还通过举办活动,让各种民间民俗技艺得以弘扬。

纪念张巡、许远的双忠祠

潮阳双忠文化

双忠文化是潮阳地区具有鲜明地方特色的民间文化。自双忠信仰传入潮阳以来,当地对双忠公的崇祀不断强化,定期举行以弘扬双忠精神为主的祭祀双忠公活动,并逐渐发展成如今的大型巡游祭祀活动——双忠文化节。

双忠文化弘扬的是张巡、许远二人忠义报国的精神。据史料记载,唐至德二年(757年),安庆绪派部将率兵围攻睢阳城,时河南副节度使张巡与睢阳太守许远率领军民死守睢阳,遮蔽江淮地区,有效阻遏了叛军南犯之势。后因外无援兵,内缺粮草,兵力悬殊,睢阳最终失守,张、许二人殉难。唐肃宗下诏在睢阳立庙祭祀张、许二人,历朝不断地册封、加封,二人成为"忠义报国"的楷模,奉祀"双忠"的香火日益旺盛。

北宋熙宁年间,潮阳人钟英受潮州府遣派,携贡品入京,途经河南睢阳,拜谒双忠庙,遂将双忠香火请至潮阳,建"灵威庙"奉祀,这是潮汕第一个双忠庙。潮阳地处海滨,自古深受山贼、海盗、倭寇的侵扰,民众苦不堪言。张、许二公生前保国卫民,忠勇善战,正合民心所盼。此外,韩愈曾作《张中丞后传》,表彰"双忠"精神。由于潮

潮阳地处南海边陲,深受盗寇侵扰,张、许二公生前保国卫民,正好符合潮阳民众对忠义的期盼,因此备受推崇

安史之乱中，张巡、许远殊死抗敌殉难，被赐名"双忠公"，从此奉祀"双忠"的香火日益旺盛

阳民众特别敬仰韩愈，故在崇祀韩公时并祀"双忠"。因此"双忠"信仰为潮阳官方和民众所接受，进而发展成"香火遍潮阳，穷乡僻壤皆有庙"。

随着"双忠"庙宇的修建与扩张，"双忠"崇拜成为一种民俗信仰，并衍生出多种活动，形成了潮阳地区具有地方特色的文化现象。2008年，在当地乡耆的倡导下，十多年举行一次的潮阳双忠圣王出巡活动改为一年一届，并于2011年确定为"双忠文化节"。

双忠圣王出巡活动期间，男女老少盛装参与，场面壮观，声势浩大。游行队伍所到之处，均有善男信女摆着供品香烛恭

许远画像

迎圣王到来，祈求福运平安。除游行队伍，还有猜灯谜活动和潮剧、英歌舞等民俗表演。双忠文化还渗透到诗词、楹联、剪纸等艺术中，明代学者林大春、潮州知府郭子章、清末诗人丘逢甲均有关于双忠文化的诗作。

潮阳人对忠义的崇拜，使得双忠文化在潮汕地区扎根、传承、发展。这种积极正义的信仰，是潮阳的文化瑰宝，它融入潮阳人的生活和血液中，成为潮阳人的地域印记，对潮阳的社会产生着积极的影响和作用。

张巡画像

双忠文化已经融入潮汕人的日常生活中，连戏楼也冠以"双忠"之名

第六章 潮南

行走的餐桌

地理风光

遇见历史熟人

对话古建筑

发现城市之美·汕头

第六章 潮南

山水平原哺潮南

潮南，古代隶属潮州府。2003年，潮阳县级市撤销，一分为二，分立汕头市潮阳区、潮南区，自此，潮南区与潮阳区一南一北隔练江相望。

练江横亘潮南全境，潮南人称之为"母亲河"，与其冲积形成的练江平原孕育了一代又一代的潮南人。在潮南当地，人们总是喜欢用"一山一江一平原"来概括潮南的地理风貌。如果说练江是潮南的"母亲河"，大南山则可以称为潮南的"父亲山"。位于区境南部的大南山绵延起伏，物产丰饶，风景隽秀，气候宜人，是潮南重要的生态屏障，也是潮南的"绿肺"和"后花园"。山上树木林立，极其适合隐蔽，进可攻、退可守，曾经是土地革命时期东江革命根据地的重要组成部分，是中国共产党早期著名农民运动领袖彭湃创建的革命根据地，现仍保留下大量的革命历史遗迹。

这山水平原滋养了淳朴的潮南人，历来重视教育的潮南文风斐然、人才辈出，从这里走出去的名人有周光镐、马光利等潮汕先贤，有郑儒永、周国治等学术名流，也有陈经纬、马化腾等当代商业巨子。

中国传统文化在潮南扎下深根，深入人们的生活，逢年过节除了祭拜和缅怀，还会举办中秋节"烧塔"以及元宵节"抢鸡头"等祭祀活动。由此也形成了丰富多彩的民间艺术，成田大寮嵌瓷、西岐英歌舞等都是具有特色的文化遗产。年节时，更是少不了各式各样的美食：豆酱沙尖、井都菜脯、峡山鸭脯、仙城束砂、陇田鱼丸、胪岗脐橙等都深受潮南人喜爱。

山水里的风物

仙湖风景区

大南山横卧潮南,山峦起伏绵延几十公里。在大南山的北麓中段,有座主峰叫大粮山,该山轮廓奇特,从远处仰望,就如同一尊悠然自得的卧佛,因此该峰也被称为"半天佛"。在"半天佛"和众多的小山峰之间,有个大湖,由上下金溪水库构成,从高处俯瞰,该湖就如同从天上遗落在大南山的一面镜子,周边景色宛若仙境。在当地人眼里,这是一个天赐之湖,他们怀着对上天的感恩,把这个湖叫做"仙湖"。湖光山色展现出无限风光,仙湖也不例外。山中有湖、湖边有山的天然条件,使仙湖成为潮汕大地上不可多得的一处风景名胜。1984年,这里被建为仙湖风景区,经过几十年的发展,该景区逐渐成为一处集风光、人文、寺庙、古建筑于一体的综合型旅游景点。

按照东、西、南、北方位划分,仙湖风景区分为四个分区,每个分区各有特色。东区有天山龙泉、蓬莱仙苑、财星拱照、天云楼阁、洞天福地等自然景观,南区有南辰宫、文物展厅、郑成功纪念碑、花卉基地、放生池等展示景点;西区有紫竹林苑、八卦亭楼、

仙湖处于大南山主峰与众多小山峰之间,当地人认为它是天赐之湖,因此称作"仙湖"

吾佛慈悲、民俗庙道、瑶池道坛、南海慈航、福海桥亭、皈依大厅等儒释道三教景观，北区有龙虎门湖光、林默圣庙、北斗宫、福利院、古人陵园等人文景观。综合起来，这四个分区可谓包罗世间万象、揽尽人间风光。

在仙湖风景区内，有一尊两米多高的郑成功雕像十分引人注目，郑成功全副武装，手扶宝剑，威风凛凛，刚毅的面容体现着这位民族英雄的气节。雕像后面是郑成功纪念馆和新石器时代文物馆，这是景区内的"一像两馆"景点。相传，清顺治年间，郑成功在潮汕抗击清军，曾在此驻军，因占据半天佛峰的有利位置，多次击败清军。然而，有一天晚上，因为"鼠断鼓索"，郑军误认为清军来犯，仓促迎敌，又因为天黑看不清楚，导致内部自相残杀，非常惨烈。如今依然可见当年留下来的瞭望石、军灶、古井和教练场遗迹。

离"一像两馆"不远，有一组壮观的群亭建筑，这是仙湖风景区的中心景观，由观雨亭、云霞亭、会仙亭等二十多座大小亭台组成。各亭之间有桥相通，称"八仙连环桥"，亭亭相叠，色彩光艳，金碧辉煌，堪称景区一绝。此外，1955年至1956年这两年间，考古学家在这里发现了多处新石器时代晚期生活遗址。葫芦山遗址、月地山遗址、走水岭遗址、畚箕坑山遗址、九斗尾山遗址、左宣恭山遗址均在景区内。这些遗址的发现和大量文物的出土，对于研究潮南先祖文化具有重要的史料价值。

仙湖风景区内独特的群亭建筑，各亭之间有桥相通，称"八仙连环桥"，为景区一绝

红色潮南

| 大南山革命遗址 |

红场镇原名石船，后更名为红场。这座地处粤东的小镇位于大南山腹地，四周以群山为屏，具有进可攻退可守的地理条件，同时又便于隐蔽和转移。土地革命战争时期，这里理所当然成为潮汕地区的一块革命热土。民国十七年（1928年），东征军在这里建立东江革命根据地，革命的烽火开始蔓延。在那段动荡不安的岁月中，彭湃、徐向前、李富春、古大存、方方、邓发等革命家先后在这里建立根据地，从事革命工作。通过艰苦卓绝的斗争，革命者们沉重地打击了当地的地方反动势力，牵制了国民党一部分正规军，配合了其他革命根据地的斗争，其历史功绩永远不可磨灭。革命先辈们的努力最终改变了中国的命运。因为这场伟大的革命，大南山和这座小镇被世人所记住。1961年，为纪念革命先辈的事迹，石船镇更名为红场镇，那些遗留下的旧址，成为革命的见证。

如今，分布在大南山和红场镇的革命文物十分丰富，每一处革命旧址都有一个动人的革命斗争故事，而每一个革命斗争故事都是一份极其宝贵的革命历史遗产和精神财富。这些革命旧址近年大都经过修葺，成为人们缅怀先烈、接受革命传统教育的好去处。

红场革命旧址

在红场镇大陂村，有一宽阔的广场，广场上有阅兵台、四角亭、戏台等历尽沧桑的建筑。戏台坐西南向东北，墙体由石块垒砌而成，较为坚固。阅兵台上有座四角亭，坐西南向东北偏北，顶部已有些残破，主体保存完好。这就是红场革命旧址。

土地革命时期，中共东江特委在大陂村设立了司令部，从那一刻开始，这个小村成为中国历史上一个重要的地方。1931年，因革命需要，东江特委和潮、普、惠苏维埃政府的领导人带领人民群众在大陂村开辟了一块场地，用于进一步开展革命工作。这块场地面积14000平方米，边上有一块巨石，可用于阅兵，是个天然的阅兵台。建成之后，这块场地成为革命工作的重要场所，1931年5月17日至23日，东江工农兵第二次代表大会在此召开，东江特委书记徐国声给该场命名为"红场"。

红场革命旧址

红场是东江特委和潮、普、惠三县军事、政治、文化活动中心，因为有了这块场地，大南山一带的革命工作得以迅速展开。随着革命的发展，组织上先后在红场建设了戏台等文体设施，这些设施既丰富了革命者的精神生活，又提高了革命热情和战斗力。后来，这些设施被国民党军拆毁。1962年，潮阳县人民委员会在阅兵台上修建四角亭；1963年，复建了戏台。1979年12月，红场革命旧址被批准为广东省文物保护单位。

红宫旧址

在大南山的腹地，距离红场镇政府约8公里的地方有一座宗祠，为当地李姓人所建。这座宗祠整体结构保存完整，外墙为红色，祠内一厅一天井一拜亭，建筑完好，门口有一处水泥埕，两边建有厝包，大门上方有"李氏祖祠"石匾，拜亭屋顶有彩瓷塑像。

从外表看，李氏宗祠和潮汕地区的大多数宗祠一样，没有什么独特之处。然而事实上，这座宗祠存在的意义已经远远超出了它所代表的宗族精神，因为它还有着另外一个响亮的名字——红宫。

据资料记载，1929年7月，潮阳、普宁、惠来三县的工农革命军和部分红军赤卫队在李氏宗祠集会，宣布成立红军47团，任命何石为团长、陈开芹为政委。同年冬季，又在这里成立了潮阳县革命军事委员会。从此以后，李氏宗祠身负着重要使命，走进了那段红色的历史，因宗祠外

飞鹅山下的红场镇大陂村，保存了较为完整的红色革命史迹

大南山上的石刻标语

墙被漆成红色,因此又得名为"红宫"。正因如此,中华人民共和国成立后,政府把红宫和红场一起列为省级文物保护单位。

石刻标语

土地革命时期,东江特委和潮、普、惠县委组织翁千等人,在大南山交通要道和革命场所的大石上,冒着生命危险,呕心沥血,镌刻革命标语。这些标语成为激发群众革命热情最好的工具。现在,潮阳博物馆尚珍藏着当时翁千烈士刻石工具铁锤、铁钎各1件。如今,这些石刻革命标语完整保存下来,成为当年革命的见证与爱国主义的象征。

大南山石刻革命标语至今尚存35石、57幅、461个字。其中"巩固苏维埃政权"位于红场镇大陂村红场革命旧址阅兵台正面,除"巩固苏维埃政权"外,还有分布在大南山各处的"潮普惠工农兵第一次代表大会万岁""反对第二次世界大战""拥护中国共产党""红军苏维埃""男女平等、婚姻自由"等。这些标语对于研究大南山土地革命历史具有重要价值,1979年12月,大南山石刻革命标语群被批准为广东省文物保护单位。

港头农民协会旧址

地处胪岗镇港头乡的新中村是个古村，走入村中，可以看到一口大池塘，一些潮汕传统风格的古建筑围着池塘分布。在这些古建筑中，有一座古香古色的宗祠，该宗祠始建于南宋，是港头乡张氏一族的祖祠，清代时，由当地的著名风水先生刘文平主庚，称张氏祖祠为"虎地祠"。

从外观上看，张氏祖祠与大多数潮汕传统的宗祠建筑一样，飞檐翘角，屋顶的嵌瓷以及祠中木雕与石雕显示着精湛的潮汕传统建筑工艺；所不同的是，在该宗祠前埕的旗桩旁边竖着一块花岗岩刻成的石碑。石碑分为两部分，上部分刻着"港头农民协会旧址"，下部分刻着关于港头大战的简介。正是这块代表着红色文化的石碑，使张氏祖祠脱颖而出，成为汕头市的文物保护单位。

据考证，在第二次国内革命战争时期，当地人民以张氏祖祠为址，成立"港头农民协会"，组织赤卫队开展革命武装斗争。1928年的"港头之战"，张氏祖祠被作为临时指挥所。抗日战争时期，张氏祖祠被征用为学校，在这里任教的教师中有二十多位优秀地下党员，他们一边教书，一边为取得抗日战争的胜利而努力。解放战争时期，中国共产党在此建立党组织和四七情报站，由张衡任党支部书记，带领教师参加推翻国民党统治、解放全中国的行动。教师们的事迹感染了学生和当地人民，很多港头的农民子弟由此走上了革命道路。

张氏祖祠又称"虎地祠"，第二次国内革命战争时期，以张氏祖祠为址，成立港头农民协会

宫庙访古

|胪山古庙，儒释合一|

　　胪山古庙位于潮南区胪岗镇，距今已有五百多年的历史，该庙的前身曾经是座私人书斋。明万历年间，任河南道台的吕义峰辞官归乡，在胪山上建了一座书斋。吕义峰信奉妈祖，书斋建成之后，他在里面供奉了妈祖的神位。万历三十二年（1604年），胪岗遭遇罕见大旱，乡民便来书斋求雨。吕义峰亲撰祭文，与乡民同祭妈祖。不久之后，妈祖果然显灵，降雨解决了旱灾。为感激妈祖，吕义峰将书斋改成了妈祖庙，也称天后庙，这便是今天的胪山古庙。

　　胪山古庙承载着胪岗人对妈祖的信仰，历经五百余年的时光洗礼之后，大体保留着原样。古庙正门顶端挂着"护国庇民"的牌匾，因年代久远，这块牌匾已被熏得发黑。

胪岗妈宫是汕头海上丝绸之路申遗项目的历史遗迹之一

牌匾上的"护国庇民"四字，与古庙旁边的"打锣石"和"旗台亭"两处古迹息息相关。

据传，明崇祯十六年（1643年），清军犯境围剿胪岗乡，乡民准备自卫还击，就在这里的旗台巨石上敲锣召集乡民。击退敌军之后，乡民们集资修建了旗台亭。此后，每逢村里的大事件，都会在这里敲锣集合。抗日战争时期，村里民众就曾多次在此集合，商议抗日方案。如今"打锣石"和"旗台亭"成了当地的名胜古迹，并与胪山古庙一起，成为爱国爱乡的教育基地。

打锣石，因明末乡民敲锣抗击清军而得名

胪山古庙供奉的道教神祇

乡众集资修复的胪山古苑

五皈寺，南宋末年由志定和尚筹资所建，取佛教中"三皈五戒"之意，清代咸丰七年（1857年）重修

五皈寺，五戒三皈成正果

潮南区沙陇镇溪西乡，有一座历史悠久的古寺。该寺坐北向南，总建筑面积五百多平方米；主体建筑分二进，前座是准提菩萨殿，后座是大雄宝殿；殿前有座拜亭；殿旁边有排两厢房，东厢为客堂、僧舍，西厢为祖师堂、僧舍。寺庙虽然不大，但古香古色，神圣庄严。在古寺前面，还有一座玄天上帝庙，释道两教在此相伴。这就是著名的五皈寺。南宋末年，潮阳西岩的志定和尚出游，来到沙陇镇溪西乡，看中了这块风水宝地，于是在这里开荒种地，并且筹集资金，在西山修建了一座寺庙，命名为五皈寺，取佛教中"三皈五戒"之意。

五皈寺又有个别名叫七星寺。据说在明洪武元年（1368年），陈友谅的军师何野云流落到潮阳，为当地人看风水、治病，成为潮阳当时名噪一时的风水大师，人称"虱母仙"。有一天，他为高姓修建祠堂，听说宋末时文天祥曾途经此地登山怀念宋少帝，便有效仿之意，他登山望海，看到五皈寺处于七座土丘环绕之中，如七星捧月，于是将寺庙更名为"七星寺"，把最大的那座土丘取名为"七头铺"。直至清咸丰七年（1857年），古寺倒塌重修，才又将寺名改回为五皈寺。

根据乡民回忆，寺前原有一座八柱巨亭接连寺门，面前大埕可聚众数千。土地革命时期，彭湃率农军从海陆丰抵大南山，曾抵达沙陇，于五皈古寺前大埕召开群众大会，号召民众坚持革命到底。庵寺成为当年沙陇农民协会会址，时农会会员几百人，均发犁头镰刀会章。现寺内珍藏有书写于淡红纸上的"高明禅院"四个遒劲大字，据寺僧释惟振所称，该字系大革命时期周恩来率国民革命军东征抵达此地时，受当时寺住持释宏深师父接待而题赠。

1928年，五畂寺曾遭受伪保安团烧毁，部分房舍被占为伪区署驻地；1934年，"厝包"被日寇拆毁；"文化大革命"期间再度遭难，碑记毁除，僧人离寺，此后该寺作为公社食堂使用。直至1984年，寺庙才重归僧尼管用，释惟振法师进寺成为住持，使古寺得到了振兴，成为享誉潮南的宗教之所和旅游胜地。

近代的五畂寺屡遭劫难，直至1984年古寺才得以重兴

五畂寺在土地革命时期曾是农民协会会址

五畂寺碑，清咸丰十年（1860年）立

始建于北宋宣和二年（1120年）的祥符塔，明代重修，塔名由当时大理寺卿周光镐题写

祥符塔，峡山的标志

峡山位于潮南，因其境内的龟山和蛇山形成对峙之势将小镇夹在中间而得名。在百里练江平原上，这样的地理条件实属罕见。自古以来，峡山人才辈出，明代学者大理寺卿周光镐、北伐名将胡万洲、银行家陈弼臣等潮汕名贤，都是土生土长的峡山人。当地人认为峡山之所以出人才，是"风水好"的缘故，而屹立于龟山之巅的祥符塔，则是该镇风水的象征。

祥符塔为砖石结构，塔基用石条平铺，塔身牢固，塔座八面均有花岗岩石刻图案。塔第二层东面塔门上石匾有周光镐题写的"祥符塔"三字。塔高21.06米，犹如一支巨笔直指苍穹，方圆几十里内犹可见。

古塔始建于北宋宣和二年（1120年）。明隆庆三年（1569年），武缘县令柯良缙将该塔修复。万历二十五年（1597年），大理寺卿周光镐告老还乡，回到潮阳峡山隐居，见龟山上昔日坚固的高塔已摇摇欲坠，于是申明官府重新建塔。官府安排灵山寺僧人释道宏和东岩道士吴道恩负责募捐建塔款项，周光镐先带头认捐一千两银，随后知县吴万全亦认捐四百两银。

款项集齐之后，由柯汉的孙子柯慎恭和周光镐的族弟周光升管理工程与账务，祥符塔的重建工程正式开始。新塔设计为平面八角形，高十二丈，宽九丈，仿楼阁式实心砖石结构，九层，第一层不设门洞，第二层到第七层塔身每面各开一圭角形门洞，成为壁龛。至万历二十七年（1599年）八月此塔顺利完工。

祥符塔建成之后，周光镐特地撰写了《峡山鼎建祥符塔记》以记述建塔史实。该文记载了塔名的由来：古塔重建时，在清理旧塔基时，挖掘出了铜钵和瓷瓶，瓷瓶里面卡有一枚铜钱，倾倒不出，借着日光隐约可以看到"祥符"两个字，遂用来命新塔的名字。该记是后人研究祥符塔的珍贵文献，收录在周光镐的《明农山堂集》里。

祥符塔因"祥符钱"而得名

祥符塔下的"饮凤泉"，是潮汕名泉之一，历来为讲究饮工夫茶者所嗜爱

姚氏正贤堂

明朝时，潮阳出了一位名人，他与明顺天府治中姚琛、明南京兵部郎中姚瑗并称"姚氏三君子"，这个人就是姚绍。姚绍自幼聪明好学，为人谦和有礼，深得家人和邻里的喜爱。明天顺六年（1462年），姚绍考中举人，在明成化十四年（1478年）又考中二甲进士的第七名，史称"甲第元魁"。朝廷对其委以重任，从南京户部主事最后任为郎中，钦差监督江西等地的粮储徵征，并任广西布政司参议。在广西期间，姚绍多次到病疫频发、内乱严重的山区走访，慰问和救济百姓，多方调剂，最终平定了内乱，抑制了疫情，也获得了百姓的一致拥戴。姚绍一生清廉为政，堪称同朝官员之表率。

正贤堂门神

正贤堂里精美绝伦的木雕和版画，祠堂仍保留着明代建筑风格

姚绍为官一世清廉，勤政爱民，逝世后，被并入乡贤祠和忠义孝悌祠敬祀

姚绍逝世后，仅一间书屋留存于世。"正贤堂"为姚氏裔孙在书屋旧址上重建，2012年落成

据《潮阳县志》等记载，姚绍于明弘治十六年（1503年）逝世，明大学士梁储表其墓，并入祀邑乡贤祠和忠义孝悌祠。时隔多年，姚氏一脉在古埕愈发壮大，姚绍故居旧址却只剩一个残旧的书屋留存于世。书屋倒塌后，姚氏裔孙姚达瑞倡导在姚绍书屋的旧址上修建"正贤堂"，以纪念先人厚德。正贤堂于2008年动工，四年后落成。

修缮后的正贤堂仍保留着明代的建筑风格，屋顶装饰着潮汕嵌瓷，人物花卉形象逼真、栩栩如生；堂内雕梁画栋，金漆木雕、泥塑、青石浮雕等工艺精细，美轮美奂。其蕴含着丰富的文化内涵和精湛的建筑艺术技巧，令人叹为观止。

郑氏绥福堂

在潮南区陇田镇，有一座远近闻名的清代建筑，叫绥福堂。绥福堂是郑氏家族的祖祠，跟郑氏家族中一位叫郑之材的武将有密切的关系。

郑之材，字仲樵，东波人，自幼喜欢练武。清同治六年（1867年），参与武试，中举人；翌年中武进士，成为满清王朝中少见穿汉服的武官之一。郑之材为官多年，两袖清风，刚正不阿。晚年归乡，常资助贫困百姓，获得了良好的口碑。虽是武进士出身，但郑之材并非一介武夫，绥福堂里有一幅描绘郑之材七十多岁生活场景的《踏雪寻梅图》，画上题有四句诗："雪里寻芳喜晓晴，狐裘护我骑驴轻。梅花折得春先到，忽听天空鹤一声。"这四句诗便是郑之材所写，足见他是个文武全才。

考中武进士后，郑之材与兄弟郑汝材合力重建郑氏祠堂，并命名为"绥福堂"。绥福堂以砖、石、木为主要材料，是典型的潮汕清代建筑，巧夺天工的木雕、石雕、嵌瓷，处处散发着潮汕民间工艺的魅力。祠堂内至今保留有五块郑之材当年所用的练武石和他当年喂马所用的饮马槽。祠堂门口的旗桩上，记载着他中举和考中进士的日期。

中华人民共和国成立后，绥福堂曾被征用为供销社和肥料仓库，祠堂部分遭到毁损。直至近年，由海外郑氏侨胞出资将绥福堂大规模修缮，这座宗祠终于恢复了当年的面貌。

清同治七年（1868年），武进士郑之材与兄弟合力重建祠堂"郑之材绥福堂"，祠堂内至今仍保留有郑之材当年练武所用的百斤大石数块

遇见历史熟人

| 周光镐 |

周光镐出生于潮南一个官宦之家，父亲是当地举人，深明理学。周光镐自小受到父亲的熏陶，勤学苦读。明嘉靖四十三年（1564年），周光镐时年28岁，参加乡试中举，接着又在隆庆五年（1571年）的会试中考中进士，从此走入仕途。他先是被授予浙江宁波府推官，万历三年（1575年）又升迁南京户部主事、吏部主事，后又升验封司郎中。

周光镐虽然是个文官，却满腹韬略，兼具武将统军之才。万历十四年（1586年），四川省建昌越嶲地区（约今川南夷族自治州）出现叛乱，其时周光镐在四川顺庆（今南充地区）任知府。四川巡抚徐元泰知道他的才能，临危任命他为平乱军监军、晋按察使，实授建昌行都司兵备道。周光镐不负所望，亲自率军上战场，历经大小战事三十余次，最终成功平定了叛乱。朝廷因此对他实施了嘉奖，提拔他为右参政。万历二十年（1592年），他又率军平定了宁夏卫原副总兵哱拜父子反叛，由此升迁宁夏巡抚并且佐理军务。因其卓越的功绩，周光镐最终官拜大理寺卿，在仕途上达到巅峰。

明代大理寺卿周光镐（1536—1616）

万历二十四年（1596年），周光镐告别朝堂，辞官归乡。归乡后，他参与了当地祥符塔的建设，还在峡山建了明农草堂，晚年在这里著书立说，给当地的晚辈讲学。周光镐谙熟经史诸子以及历代诗文，一生坚持著书，曾编有《左传节文注略》《韩子选抄》《武经考注》《兵政集训》等著作。万历四十四年（1616年），周光镐与世长辞，享年80岁，留下了《明农山堂集》四十九卷及《周氏宗乘》等著作。

周光镐纪念馆

周光镐纪念馆位于峡山居委恩波路，当地人又称"都爷祠"，该建筑始建于明代。万历二十四年（1596年），周光镐辞官归乡。万历三十六年（1608年），当朝皇帝钦赐金币，为周光镐在家乡建造了住所，名为缵绪堂。晚年时，周光镐在缵绪堂著书立说，度过了他人生中最后的时光。

周光镐逝世以后，缵绪堂被立为家祠，成为周氏一族的家庙，是周氏族人祭拜这位先贤的地方。清光绪年间，周光镐的裔孙对其重修过一次，但整体不变，仍沿袭了明代的建筑风格。

缵绪堂坐西向东，门前两侧有石狮一对，两旁立旗杆，阳埕前石照壁雕刻麒麟及八宝。正门上方高悬"周氏家庙""节钺重臣"门匾。门内为三厅二天井二拜亭，建筑面积600多平方米。梁柱、屋脊及祠内木石栋梁均有精巧的龙头雕刻。正

周氏家庙，现为周光镐纪念馆，当地人称"都爷祠"，始建于明代，门前的石狮至今保存完好

厅置周光镐塑像，中厅悬挂圣旨牌和熹宗皇帝于天启六年（1626年）吊祭周光镐的《御赋祭葬耿西公敕文》木匾。

1992年，当地政府把缵绪堂列为汕头市文物保护单位，民间将其列为"周光镐纪念馆"，馆内陈列有关周光镐事迹的史料；馆藏文物有周光镐朝笏一支，为镇馆之宝。

"缵绪堂"为周光镐生前的住所,在其逝世后成为周氏一族的家庙

寻常方是家味道

豆酱沙尖

肉质鲜美的沙尖鱼，配上酱香浓郁的普宁豆酱，令人回味无穷

沙尖鱼是一种海鱼，主要分布于印度洋－西太平洋的热带海域，南非奈斯纳至日本，澳大利亚、加勒多尼亚、土耳其及我国沿海均产沙尖鱼，以粤西地区产量最高。这种鱼体型娇小，但肉质异常鲜美，无论香煎还是蒸煮，都是食客桌上一道不可多得的美味。小鱼也有大美味，说的就是沙尖鱼。

潮南紧临南海，是盛产沙尖鱼的地方，也盛产以沙尖鱼为食材的美食，深受潮汕人喜爱的豆酱沙尖便是其中之一。

豆酱沙尖的制作关键在于豆酱。20世纪70年代以前，潮汕农村每家每户都会做豆酱。农历六月大热天，水稻收割完了，就开始将黄豆浸泡、煮烂，然后用炒熟的麦粉拌均匀，用稻草和棉布捂上三天，等到豆子充分发酵，再装进陶瓮并添加盐水密封，置于太阳下曝晒一个月，便可闻到那独特的酱香味了。潮汕各地制作的豆酱，味道和酱色略有不同，被大家普遍认可的是普宁豆酱，现已成为潮汕豆酱的代表。普宁豆酱黏稠，酱香味浓且微甜，陈年普宁豆酱的颜色呈浅褐色，是制作豆酱沙尖的最好材料。有了上好的普宁豆酱之后，豆酱沙尖的制作就变得简单了。将洗净的沙尖鱼加入豆酱以及各类作料，放入锅中一起煮熟，几分钟之后揭开锅盖，美食的诱惑扑面而来，酱香与海鲜的清香相辅相成，令人回味无穷。

豆酱沙尖鱼不仅味道鲜美，而且具有丰富的营养价值，据有关资料介绍，沙尖鱼中含有一种具有5个双键的长链脂肪酸，可防止血栓形成，对治疗心脏病有特效。

"反沙"是潮菜烹饪手法之一,将油炸过的食材裹上白糖融成的糖浆,凝固后形成一层白沙,称为"反沙"

| 反沙芋头 |

潮汕人爱吃甜品,甜品的制作也是花样百出,反沙芋头就是其中之一。"反沙"是潮州菜的烹饪手法之一,是将白糖融成糖浆后滚在炒熟的食材上,凝固后形成一层白沙,因此得名。反沙芋头的做法简单,将新鲜的芋头去皮洗净切成条状,用少许盐腌制一刻钟,放入油锅中炸熟捞出,再进行反沙制作,一道外脆内软、甜而不腻的反沙芋头就做成了。

反沙芋头的来历可以追溯到元代。元朝末年,各地农民起义反元,潮南的百姓也揭竿而起,农历八月十五这天,百姓杀光了元军。元军虽被杀尽,百姓的怨恨却未散尽,于是人们将芋头当做元兵的头颅,切成条状放入油锅煎炸,捞上来之后蘸上糖,拜完月娘之后吃掉,以解心头之恨。

后来,反沙芋头逐渐变成潮汕地区的传统小吃,中秋吃反沙芋头也成为潮汕传统民俗中一项必不可少的活动。

潮汕传统小吃反沙芋头

潮南民俗

抢鸡头

每年农历的正月,是潮汕地区的盛会期,很多地方会在这段时间里组织游神,俗称"营老爷"。潮汕的营老爷看似一样,在各乡却又有五花八门的演绎,比如赛大猪、上刀山、跳火墩等等,可谓是无奇不有。潮南沙陇镇的仙家村营老爷时,会在正月十六这一天举办"抢鸡头"活动。

"抢鸡头"一般在下午举行,由村里德高望重的长者主持。先用篮子装着一只熟鸡,长者随手从鸡身上撕下一部分抛出去,村里的青年便围上去争抢,一旦长者抛出的是"鸡头"

沙陇镇仙家村每年正月十六举办"抢鸡头"活动

且被人抢到，"抢鸡头"的活动就算结束，长者便提着篮子离去。而抢到"鸡头"的，便成为这一年的幸运儿。

据当地村民口述，"鸡头"关系到传宗接代的大事，凡是有幸在活动中抢到"鸡头"的人，当年准能如愿生下一个男儿，非常灵验。因此，能够抢到"鸡头"是一件非常幸运的事情。

"抢鸡头"活动因带有迷信色彩，在中华人民共和国成立后一度被禁，直到近些年来才又开始兴起。随着社会的发展、百姓思想的进步，这项活动已经脱离了当初的迷信色彩，演变成一项纯粹的民间习俗，向外地人展示潮汕民间文化的魅力。

"抢鸡头"活动的热闹场面，人们把能抢到"鸡头"当成非常幸运的事

中秋烧塔

在潮汕地区，中秋烧塔的习俗由来已久。据《潮州府志》载："中秋玩月，剥芋食，谓之'剥鬼皮'。儿童烧塔为乐。"清光绪年间的《潮阳县志》也有记载："中秋煨芋，制团圆饼，号月饼，晚间玩月以为乐。儿童则聚瓦片结小塔燃之。"

元朝时，在元贵族的欺压下，百姓积怨颇深，汉元之间的矛盾日积月累，最终一触即发。元末时期，刘福通领导红巾军在皖北起义，立即得到了全国各地民众的响应。潮汕人民也加入了这场推翻元朝统治的战斗中，按事前密约，于八月十五这一天，在空旷的地方用瓦片砌塔，燃烧猛火作为行动信号。众人见到信号一齐动手，将蒙古族贵族一网打尽。后来，元朝被推翻，烧塔便成为中秋习俗相沿下来。

潮汕烧塔参与者多为青少年，中秋前几天，青少年就忙碌起来，四处捡拾残破瓦片，积聚枯树枝、废木片木块，于中秋下午开始砌瓦塔。塔的大小高低，依参与者的年龄而定，小孩子砌的是小瓦塔，一般只有两三尺高。青年砌的瓦塔规模较大，往往有五六尺到一丈多高。瓦塔的形状有圆有方，也有六角或八角形。圆形塔寓意中秋月圆人也圆，一般有亲人旅外的人家多砌设圆形塔；方形塔状似田丘，呈四方形，寓意四通八达；多角形塔则寓意生财多道，生意兴隆。到了中秋之夜，瓦

每年中秋烧塔活动热闹非凡，近些年来，有些地方的烧塔活动甚至还吸引了海内外游客前来观赏

烧塔时，往火里撒粗盐，熊熊火光会燃烧得更旺

塔开始燃烧起来，天上星月灿烂，地上火光熊熊，呈现出一派天地争辉的景象。至燃烧猛烈时，瓦片被烧得通红，塔口火焰直冲云天，就在这个时候，人们把粗粒的海盐，一大把一大把地撒向塔里，瓦塔发出像鞭炮一样的噼啪响声，围观者或为塔添薪，或随塔之焰光欢歌起舞，使得中秋之夜沸腾起来，变成一片欢乐的海洋。

烧塔原为元末红巾军起义时行动的信号,后成为中秋习俗流传至今

第七章 南澳

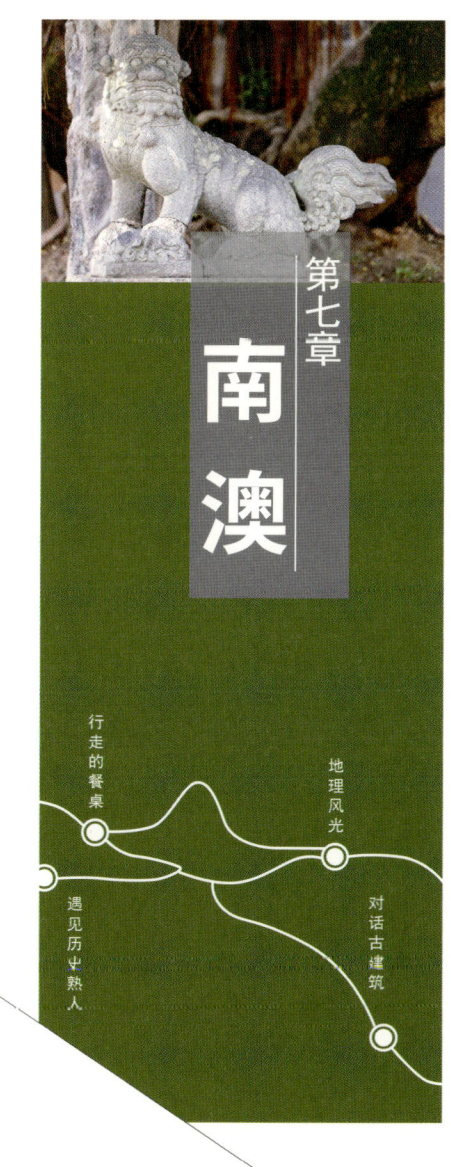

- 行走的餐桌
- 地理风光
- 遇见历史熟人
- 对话古建筑

南澳：海上丝路的重要节点

　　南澳，古称"井澳""瀛南"，是广东省最大的海岛，也是唯一的海岛县。南澳岛形似葫芦，坐落于闽、粤、台三省交界的海面上，素有"闽粤咽喉、漳潮锁钥"的称誉。八千年前，南澳就留下人类文明的足迹，象山文化是研究南方史前文明的重要遗迹。作为粤东门户，南澳历来是兵家必争之地。

　　西汉元鼎六年（前111年），南澳始入版图，隶属南海郡揭阳县。但"南澳"一名至明朝方见书史。地理上的枢纽位置，使得它在中外海上交通史、中国海外移民史、中国海防史、闽粤台交流史上都扮演着重要角色，明朝时有"海上互市之地"之美誉，史

载"郑和七下西洋,五经南澳"。南宋皇帝、南明鲁王,以及民族英雄戚继光、郑成功、刘永福都曾征战于南澳。明、清两代三百年间,这处海防重镇曾驻守过158任总兵和副总兵,从总兵府故址可见当年雄风。民国元年(1912年)废道府,南澳始设县。民国三年(1914年),云澳、青澳从福建划归广东,结束闽粤共管的历史。

南澳县城后宅镇,古称隆澳,与深澳、云澳互为犄角。清《南澳志》载:"隆澳南北皆面海,南为大海,北为内海,南称前江,北称后汐,南澳人读汐若宅,故亦作后宅。"1927年县城从深澳迁于此。当夜幕低垂、华灯初上时,登高环顾前江湾,别有一番景致。远处渔火点点,近处竹排穿梭,岸上万家灯火,构成一座妍丽神奇的海上不夜城。

云澳是南澳第二大镇,因地势自北向南倾斜,形成天然海港,南澳最出名的海上餐厅就在这里。宋井、"南澳Ⅰ号"古沉船、官屿垂钓区及"鸟类天堂"都在云澳,在这里不但可以品尝到各式美味海鲜,还可以一览壮丽的海岛美景。

青澳湾堪称中国最美海岸线,湾口朝东南,湾弧深达2.9公里,就像一弯新月,岭头凉亭因此得名"览月亭"。登高俯视,一湾湛蓝海水拥吻着洁净的沙滩,成片树荫循着弧形沙滩蔓延开去。海浪、白沙、林带及亭台楼阁,构成了"泳者天池"。

深澳是南澳的旧县城,也是岛上唯一的山区农业镇。1908年南澳大地震,深澳受灾严重,房舍尽毁,由于运输不便,重建困难,县城西迁至后宅。一百年来,深澳依然沿用过去的旧街名,潮汕地区最早的妈祖宫、闽粤共管的贵丁街、见证南澳历史的总兵府都在深澳。

南澳的森林覆盖率独占全国海岛县鳌头,是北回归线上的一片绿洲。登高远望长山尾海面,渔舟穿梭,波影流彩,一条连接海岛与大陆的虹桥从这里凌空穿越。2015年元旦,南澳大桥通车,标志着这颗南海明珠将跨入新时代。

汕头屋脊

| 南澳的海湾 |

　　覆盖地球表面百分之六十面积的海洋，因众多因素影响，呈现着各异的风情。而南澳四面环海，拥有大小海湾六十多处，这里每一片海都有惊艳的风情，每一处海湾都能撩动游者最敏感的心弦。

日落·前江湾

　　后宅镇是大多数游客来南澳的第一站，到了后宅镇，不能不去前江湾。前江湾呈半月形，湾口朝南，口宽8公里，海岸线长达12公里。若天气晴朗，在海边向南远眺，十几海里外的莱芜码头清晰可见。沙滩松软湿润，沙细如粉，颜色均匀。海浪永不停歇地涌来，白色潮头如一条银项链，悄悄退去，将半月形海湾勾勒得真真切切。

　　前江湾是一个优良港湾。清晨渔船结伴出海，海面上只剩下低飞的海鸥和海水碰撞的白色浪花。平日沙滩上人影稀少，蓝天白云下的前江湾更像一块无瑕的碧玉静静地躺在天地之间。

　　看惯了浩瀚多变的蓝色大海，踩着洁净细腻的金色沙滩，前江湾如梦似幻的夕阳和暮色中踏浪而归的渔船，一定能让你流连忘返。

　　傍晚静坐海边，等待夕阳拉下白天的帷幕。夕阳每进出一次云层，就如同妙龄少女更换一次衣裳，增添几分柔媚。倘若钻进云朵，无数光芒从云缝里射出，所有云朵都绚丽多彩。光线投射到墨色的海面，微波荡漾的海水立刻变得浮光跃金，如同一颗颗神奇的星星在海面上闪闪发光。当一半太阳沉入墨色的海平面，云彩镶上金边，天边红彤彤的，大海也染成了血红色。

　　暮色渐浓，一艘艘归航的渔船出现在天际，渔火闪闪由远至近，在起伏荡漾的海面上，宛如舞动的萤火虫，隆隆的马达声由小到大，响彻整个海湾。简易筏子在渔船之间穿梭，将一箱箱海鲜运送到岸边，前江湾又迎来了一个热闹的夜市。

夜幕下的前江湾，悠然闲适，是钓鱼爱好者垂钓的天堂

采螺·赤石湾

从后宅出发，沿环岛公路东行十分钟，爬上第一个高坡，一座两层高的亭子便出现在眼前。因地势较高，周围也没有什么遮拦，这里自古以来就是一个观景纳凉的好地方。

亭子所在的位置刚好位于云澳和后宅之间，过去因交通不便，两地百姓跋涉一段崎岖山路后，习惯在这里稍作歇息。为方便百姓，有乡贤在这里盖了一个简陋的避雨亭，对于上了年纪的南澳人来说，这是一个值得回忆的地方。

2005年，政府出资在这个海岛犄角建了一座亭子，因面向一望无际的南海，所以取名"展南亭"。登上亭子最高处，极目向东，十多公里外的云澳湾渔港、果老山上高矗的风车阵尽收眼底。展南亭下就是赤石湾，水平如镜，海天一色，蔚为壮观。整个海湾布满了形状各异、高低起伏的乱石。每次海浪击拍乱石，溅起高高的浪花，有一种桀骜不驯的狂野。

赤石湾每天都要经历一次涨潮与落潮。涨潮时，一些海洋生物会被汹涌的海浪裹着卷到岸边的乱石阵中；退潮时，运气好的能重新回到大海，运气不好的只能留在石头缝隙里成为海鸟或人类的美食。所以，每次潮退时，人们就会提着袋子，在石头间寻找，一会儿工夫，海螺、鱼虾、贝类就成了囊中之物。如果正好赶上退潮时来赤石湾，还能在这石阵中收获一顿饕餮美食。

展南亭上远眺赤石湾，整个海湾布满了形状各异、高低起伏的石头，退潮后部分海鲜贝类留在石阵中，成为人类或海鸟的美食

美食·云澳湾

在南澳的众多海湾中，云澳湾既没有如血的晚霞，也没有金光万道的朝阳，更没有细沙如粉的修长海岸线，但它的名气一点也不逊色。

白天，云澳的海面停泊着大大小小的渔船，泡沫板做成的简易筏子在渔船之间自由穿

云澳湾，美食的天堂。利用渔船改造成的渔船大排档，成为当地别具特色的水上餐馆

梭，这些当地人称为"渔排"的海上大排档，由渔船改造而成，因体型庞大，格外引人注目。这些改造过的渔船形成一个大的水上平台，再用竹子或木头搭建成一座座浮动的房子，经过简单装修，在门口挂上大灯笼，再竖起红漆招牌，整齐地挨靠在一起，便形成了南澳最有名的海鲜世界。

夕阳刚下山，渔排的灯光次第亮起，云澳顿时变得灯火通明，灯光投射在荡漾的海面上，远远望去，像一座繁华的海上都市。有人说，南澳岛的夜，主场不在后宅，而在云澳。

每天晚上六七点，旅游大巴、小车、摩托便涌向这里，偌大的停车场一下就挤得水泄不通。每个渔排门口，都有一条数十米长的木质浮桥一直延伸到岸边，走在上面，摇摇晃晃。随便一家渔排，都可以容纳几十上百人同时就餐。各式各样的应季海鲜，可满足不同食客的口味。

渔排上的厨师大多是本地渔民，他们谙熟各种海鲜的烹饪，遵循即捞即煮、从简从快的原则，要的就是一个"鲜"字。用最传统的方法、纯天然的食材，确保最地道的美味。爆炒肥蚝，滋味十足；清蒸大虾，肉质鲜美；清炖海螺，清脆爽口；大海鱼，水煮清蒸，一鱼两吃……渔排里不时传出推杯换盏的欢笑声，一拨拨回头客是对他们厨艺的最好褒奖。

南澳的商业不发达，没有知名的步行街，没有大型购物、娱乐场所，而云澳的海上美食城正好增添了独特的亮点。等位的游客坐在渔排边，看着渔火点点的海面，海风袭来，伴着浓浓的海腥味，即使不是为了美食，也有不虚此行的感动。

日出·青澳湾

在南澳，青澳湾所获赞誉最多。这里三面环山一面临海，两公里长的海湾，形似一弯新月。沙质洁白柔和，海水清洁无污染，视野开阔，被外界认为是"中国最美海岸线"，有"东方夏威夷"之称。因沙滩平宽，水清无泥，无惊涛骇浪，又被众多游客誉为"泳者天池"。青澳湾，集众多赞誉于一身，身临其境，觉得再多赞誉也在情理之中。

在南澳观日出，青澳是首选，因位处广东最东边，有"近水楼台先得月"的天然优势。天天有日出，每日都不同。从后宅到青澳大约需要半小时车程，东边的鱼肚白和明亮的启明星，总是让人心潮澎湃。每次到青澳等日出，总能见到很多摄影爱好者早早架好了相机，而驴友们则端坐海边，目不转睛地紧盯微白的东方，仿佛在等待一场精彩演出的揭幕。

现场没有人说话，只有涛声像大海在呼吸。看日出，一定要集中精力，否则精彩之处转瞬即逝。东边的鱼肚白是太阳即将升起的前奏，此时，白色慢慢扩散，像黑暗中一盏由远而近的灯。天际出现一抹浅红色，慢慢地，浅红变成粉红，粉红变成桃红，天空

在南澳看日出，首选之地是青澳湾。因沙质洁净，海水澄澈，视野开阔，青澳湾被誉为"中国最美海岸线"，有"东方夏威夷"之称

像魔术师手中的绸缎,快速地变换着缤纷的色彩。东边那颗明亮的启明星不知道什么时候淹没在曙光中,一瞬间已是朝霞满天,这是日出前的序幕。在海天交汇的地方,有一个时隐时现的金色小弧,像一枚露了一点点的戒指,随着时间推移,金色的弧越来越清晰,周围也越来越灿烂,慢慢地,一枚红彤彤的太阳浮出海面,海边不再安静,"咔咔"的快门声响成一片,惊叹声不绝于耳,一张张笑脸被染得通红。太阳终于挣脱了青色云层的束缚,完全跳了出来,像一个巨大火球,崭新得像被大海洗过一样挂在天际。此刻,它已经有了耀眼的光芒,眼睛已不能直视,天空所有的云朵,仿佛被点着,在熊熊燃烧,映得大海一片火红。海天相连处,点点红鳞,随波跳动。

海之美,在于它的宽阔和伟岸;日出之美,在于它给人带来希冀和光明。城市的日出被水泥丛林和雾霾所遮掩,青澳的日出不仅给心灵带来一次洗礼,也会让心情享受一次惊艳的日光浴。

晒盐·深澳湾

位处南澳岛东北部的深澳湾，距县城十四公里。满满一格子的蓝色海水，在上天和晒盐人的配合下，变成一堆堆白花花的海盐。这是大自然馈赠的宝贵财富，阳光与海风将蓝色的海水变成白色的盐，就像一场精彩的魔术，让人着迷。

深澳的盐田是干净的黑色水泥地板，窄窄的田埂用大小不一的麻石砖头砌成。机器将干净的海水引进盐田，一路漫开，直到所有方格里水平如镜，就基本完成了"播种"。骄阳似火的夏天对晒盐人来说却是个黄金季节。盐民们顶着三十多摄氏度的高温出门，头戴草帽，用毛巾裹紧脸部，身着长袖长裤，脚穿塑胶雨鞋，这是盐民劳作时的标准行头。因黑色的盐田有吸光的作用，海水蒸发得很快，盐度迅速增加，他们叫"落盐"。为了不让盐的结晶颗粒太大，晒盐人就拉着一根绳子围着盐田中心朝一个方向转圈，这叫"旋盐"。旋完一块盐田要半个小时左右，这是个超负荷的体力活。完成这个工作后，就可以看到白色的盐花了。接着，晒盐人用盐耙或扫帚将盐花聚在一起，这叫"扫盐"。最后，妇女们用盐铲将聚拢的盐装入箩筐，这叫"收盐"。男人们挑着一担担的盐穿梭在盐格子之间，将盐堆积到银色的盐堆上。

对于晒盐人来说，白花花的盐田是他们赖以生存的资本，而对于我们，盐只是最普通的调料。正因为有晒盐人的辛苦劳作，我们的生活才有更多滋味。

深澳湾当地居民以制盐为主业，白茫茫的盐田是上天独特的馈赠

遗迹·烟墩湾

烟墩湾,长久以来甚至连本地人都不太熟悉,因为一次重大发现,它才走进很多人的视野。也因为这次发现,它或许将成为一个旅游热点地区。

烟墩湾是南澳岛东南部一个海湾,口朝南,岸线长3.7公里,水域面积达1.3平方公里,是一个风景秀丽的弧形港湾。它与震惊中外的"南澳Ⅰ号"沉船海域相隔仅二三海里,是南澳岛陆上离沉船海域较近的地方。"南澳Ⅰ号"是目前国内已发现的唯一的明代晚期的商贸沉船。在考古专家眼里,这个"唯一性"决定了"南澳Ⅰ号"的巨大历史价值。

正因为烟墩湾占据着得天独厚的位置,自然条件好,所以被初步选定为汕头"南澳Ⅰ号"古沉船博物馆馆址。

烟墩湾因在其附近海域发现"南澳Ⅰ号"古沉船而出名,被选定为"南澳Ⅰ号"古沉船博物馆馆址

繁星·白沙湾

如果在环岛公路上行驶，白沙湾是最不容易被错过的，因为南澳最大的太平洋牡蛎养殖基地就在这里。当靠近养殖区时，会见到海面上有数不尽的白色浮标漂浮在蔚蓝色的海面上，绵延数千米，与蓝天白云相互映衬，又似夜空中的繁星点点，美不胜收。

从后宅镇去白沙湾，沿环岛公路往东或往西的距离都差不多。白沙湾刚好位于东面的北角山和西面的白牛大尖山之间，形成一个巨大的"V"字形海湾。这里海域宽广，水温盐度适宜，潮流畅通，水质干净，非常适合海上养殖，南澳大部分海产养殖场都集中在这里。虾、扇贝、蛤蜊、鲍鱼、龙须菜、紫菜……众多养殖专业户都有固定的地盘和养殖项目。牡蛎是这里的主力军，养殖规模庞大，白色浮标所及之处，都是牡蛎的"势力"范围。牡蛎又称"蚝"，这种有"海底牛奶"之称的海产，因营养丰富、味道鲜美，一直为食客青睐。

白沙湾海面上密密麻麻的白色浮标，源于一种特殊的养蚝方式，这种养殖方式叫"吊蚝"：先在蚝苗壳上钻一个洞，再用胶绳将它们一个个连在一起，最后将一串串蚝苗固定在海中林立的竹排上，海中纵横交错的竹排就成了生蚝赖以生存的栖息地，它们吸收海水中营养丰富的微生物，从蚝苗长到肥大鲜美，大约需要三年时间。为了准确地找到没入海水中的竹排，养殖户们习惯在竹排上绑上一个个白色浮标。白沙湾海面上一望无际的白

蔚蓝的海面上，绵延数千米的白色浮标，是南澳牡蛎的养殖基地

色浮球就是生蚝养殖场最明显的记号。

从每年11月到来年5月，是收获蚝的季节，这个季节的蚝最肥美，当地就有"冬至到清明，蚝肉肥晶晶"之说。每年这个时节，白沙湾海面上一片热闹景象，海边到处是堆积如山的蚝。来自各地的蚝贩子分为海、陆两路开进白沙湾，海边的公路上停满大卡车，海面上泊满了大型船只，白沙湾的男男女女忙着采收、分拣、过秤，再往车上、船上搬运。2011年12月，"南澳牡蛎"正式成为国家地理标志保护产品。一时间，"南澳牡蛎"声名远播，价格也水涨船高，成为"蚝"中佼佼者。

产蚝季节的南澳街头，到处都有场面热闹的"蚝宴"。不管是本地人还是游客，吃蚝几乎是人们的共识。为了满足各地食客的不同口味，蚝的吃法五花八门，生吃、炭烧、火锅、姜葱、白灼、铁板、油泡、鲜焗等花样百出，每一种吃法都让你齿颊留香。

都说旅游是从自己腻味的城市到别人腻味的城市行走的过程。越来越多的人希望摆脱报团出行的束缚，邀三五好友到一些未曾开发甚至人迹罕至的地方去享受旅途乐趣。南澳岛是个好地方，它静静地待在那里，不怒不喜，不娇不嗔。沿岛的每一个海湾都有自己独特的个性，每一个喜欢看海的人都用自己的心境给它上色，使每一片海水色彩斑斓、风情万种。南澳的海，等你来琢磨，着墨！南澳的海湾，等你来逐一感受，享受！

南澳养蚝场也优美如画

黄花山国家森林公园

南澳岛西部重峦叠嶂、林茂石奇的群山中，有"汕头第一峰"之称的大尖山。大尖山海拔587.5米，与龙颈山、马岭等群山总称黄花山。20世纪60年代，黄花山被纳入规范管理，2万多亩的地域，森林覆盖面达到90%以上。1000余种热带、亚热带林木和植物在这里蓬勃生长。1992年国家林业局批准了原黄花山林场为"海岛国家森林公园"，南澳成为全国唯一拥有国家森林公园的海岛县。

1938年，日军计划占领南澳作为进攻华南的跳板，从6月下旬至8月底，南澳军民与日军展开了一场殊死战斗，毙伤日军超过500人，其中击毙日军联队长2名，并击沉炮艇1只、击落飞机1架，义勇军壮烈殉国者达260多人。这场保土卫疆的正义之战震惊中外，被称为"南澳血战"，当地军民英勇抗敌的事迹也被当时的媒体誉为"南澳抗战精神"。当年抗战的主战场就在黄花山，后建有南澳抗日殉难者纪念碑。

黄花山上遍布姿态各异的崖岩，这里的石头资源相当丰富，这些形成于数万年前的奇石是大自然的恩赐。在位于西山近海的摩崖上，有一块离地1米，高、宽各2米的石刻，这便是著名的大潭石刻。石刻记载了两段为人称颂的善行义举。北宋政和年间，瓷器生产在潮州蔚然成风，从事瓷器贸易的商船往来不断。当时，一位出海商人航经南澳，靠泊后曾向当地捐资舍银，以挖井取水。航海人深知淡水对生命不可或缺的重要性，遂刻石记载了这一无私善举。时隔两年，这位商人出海归来再次行经南澳，因感怀航行的平安无虞，故进行了第二次捐资掘井的善举。大潭石刻截取当时海上贸易中的生动图景，将其铭刻成了一段鲜明的人文缩影。

1993年，有一位擅用"铁笔写文章"的年轻人，看中了黄花山千姿百态的岩石，决

素有"汕头第一峰"之称的黄花山国家森林公园，遍布姿态各异的崖岩，这些形成于数万年前的奇石，是黄花山独特又宝贵的自然资源

心在这里施展一下他蕴积已久的抱负。他找到南澳县有关领导，表示要在龟埕山的岩石上镌刻1300件当代中国书法家的书法作品，使之成为风格独特的石刻公园。这个传奇人物就是澄海市凤岭古港青年篆刻家蔡学仕。蔡学仕只招了几个有经验的刻石工人，带着从全国各地征集的墨稿，背着工具箱，便到黄花山安营扎寨，开始绘制他梦寐以求的石刻公园的蓝图。

数易寒暑，几度春秋。数以千计的摩崖石刻，在龟埕山一带绵延铺展。其中有沈鹏、胡少昂、陈大羽、朝磊等名家书法，内容有警句、联语、格言和诗章，字体兼及行、草、隶、篆，或龙飞凤舞，或流水行云，风格迥异，各展风雅。攀行之间，有一凉亭矗立于通道一侧，亭额上书"从贤亭"三字。此亭既可歇脚纳凉，又可观赏景色。此外，还有大观亭、清风亭，都建于山中与山顶的适当位置。这个集当代书法家之大成的摩崖群，已成为

摩崖石刻群是黄花山国家森林公园风景一绝

有一定文化品位的旅游场所。包括石刻公园、抗日纪念馆在内的黄花山森林公园，已成为现代都市人对优良生态环境心向往之的理想选择。

南澳大桥

汕头南澳大桥是广东省第一座跨海大桥,是继汕头海湾大桥之后的又一座汕头标志性桥梁,历时五年多建成,于 2015 年元旦正式通车运营。大桥西起澄海区莱芜围,东至南澳县长山尾苦路坪,连接南澳县环岛公路,全长约 11 公里,桥宽 11 米,为双车道路桥。

南澳县是广东唯一的海岛县,俗称南澳岛。南澳大桥未开通之前,南澳岛上居民与市区的往来只能通过渡轮。坐渡轮往来南澳岛,一趟需要 40 分钟。渡轮的班次有限且容易受天气影响,对人们出入海岛造成了一定程度的限制,交通的不便使南澳岛众多优质的旅游资源未能得到开发。南澳大桥的开通,一桥飞跨东西两岸,使得汕头市区与南澳岛之间的天堑变为通途,更让素有"东方威尼斯"美誉的南澳岛游人倍增。南澳大桥开通伊始,许多市民甚至会专程开车或搭乘专线巴士,去一睹南澳大桥的风采。

在天气晴朗的日子里,碧波万顷的海面上,蜿蜒近十公里的桥面,犹如一条逶迤的白玉带镶嵌在蓝色的缎面之上。白色桥墩与粼粼波光的海域互相映衬,整齐划一的墩柱又仿若竖琴的琴弦,在海风的吹拂下,层层波浪翻涌着,像被具象化的阵阵悠扬琴音。

南澳跨海大桥,让南澳岛与汕头市区之间"天堑变通途"

南澳跨海大桥的开通，为南澳的经济发展翻开了新的篇章

每当夜幕降临，桥上灯火通明，车水马龙，这时的南澳大桥像一条横卧海面的巨型火龙，在黑夜里成为一道夜光航线，与两岸璀璨的灯火相映成辉。雾气浓重的时节，南澳大桥若隐若现，似穿梭在云雾里的游龙。雨中的南澳大桥，桥身被雨水冲刷一新，朦胧中散发着一股飘逸的仙气，透着喧嚣洗净之后的安然。

于不同的季节和时间看南澳大桥，每次都能感受不同的美。一桥千姿百态，两岸风生水起。南澳大桥的建成开通，不仅促进了南澳岛经济的提升，更成了汕头市区和岛区的文化和资源共享的纽带，让南澳岛这颗"粤东明珠"更加光彩熠熠。

木石砖瓦里的南澳史

｜闽粤南澳总镇府｜

在南澳旧县城深澳镇，保留着中国唯一的海岛总兵府，它始建于明朝万历四年（1576年），后因大地震破坏，原貌大部分消失。1983年，古建筑专家按明清风格在原址上进行重修。府内保存了大量珍贵文物，成为南澳岛一处著名的历史文化遗址。

南澳因地处闽粤海上要冲，军事地位极其重要，在设镇辖治之前，一直是盗寇活动的频发之地。明万历三年（1575年），南澳海外荒服、盗匪猖獗的无政府状态终于惊动了明廷满朝文武。福建巡抚和两广总督联奏朝廷，建议在南澳设立副总兵，辖督闽粤两地海防，驱寇靖边，同时也可防止当地官员拥兵自重、造反作乱。

位于深澳镇的闽粤南澳总镇府是中国唯一的海岛总兵府，由闽粤两省共管

南澳第一任副总兵是白翰纪，他率兵在岛上巡视，选址深澳镇背倚金山的一块风水宝地准备筑城。然而，就在他劳师兴众筑土建城之际，数月来的劳累使他终于积劳成疾，竟然撒手尘寰。于是朝廷又急忙选了晏继芳来重担建城的重任。

数月之后，一座坐南朝北的围城建起来了，围城有东南西北四座城门，分别是"朝旭""扬威""金城""候潮"，字词铿锵，皆有坚城靖边之意。北门外，还修了一条深约三米的护城河，南澳城便成了一座易守难攻的城池。

总兵府所处的位置，是当时粤闽两省分界处。它不仅是总兵处理军务的执政场所，更是威望和权力的象征。从此南澳开始了"两省管，管两省"的有趣局面，由左营和右营共管南澳。左营属广东土地，由福建派兵安营管辖；右营属福建土地，由广东派兵安营管辖。左营称福营，驻总兵府西侧至西门；右营称广营，驻总兵府东侧至东门。存留至今的贵丁街，位于总兵府正前方，当年也是地处闽粤分界线，两营驻地以此街为界。然而，南澳总兵却不必听两省总兵节制，而制两省之兵，军饷由两省分摊。

清康熙二十四年（1685年），副总兵府升设总兵，继之扩大辖治区域，并派兵轮守台澎一带，形成一府管三省的浩大局面。此时的南澳城，风雨剥蚀，战争侵扰，已是满目疮痍。杨嘉瑞是清朝任命登岛的第一任总兵，他来到南澳后，于康熙

康熙年间总兵杨嘉瑞重建城池，北门"观澜"和西门"望霞"两块碑匾保留至今

清代南澳军民府的米斗

总兵府内威武的郑成功雕像

三十四年（1695年）重建城池。重建后城池东、西、北三门改名为"迎紫""望霞""观澜"，南面不设门。现存留下来的两块碑匾，正是当年北门的"观澜"和西门的"望霞"。

岁月流逝，历尽沧桑，饱尝连绵的天灾和炮火纷扰，今天的总兵府仍高高悬挂着一面帅旗，院落里有两棵古榕，左边一棵为"郑成功招兵树"。康熙三年（1664年），郑成功在树下张榜招兵收复台湾，时至今日，古榕仍枝繁叶茂。衙前两尊清道光二十年（1840年）铸造的铁炮昂首向北，分别重八千斤和六千斤，两炮原分别架设于深澳草寮尾和深澳东门外，1984年移放于此。

面对威武的郑成功塑像，旌旗猎猎、迎风飘展，兵戎相见、狼烟四起的场面复又浮现脑海。往前望去，便是东墙的碑廊，明清两代南澳的碑记被搜集砌嵌于此，其中一块是中国最早的港务约法，一块税务碑，具有重要的历史文物价值。阅览这翰墨腾芳的碑廊，可见南澳虽弹丸一岛，却是漳潮锁钥、东南门户，确系兵家必争之地。戚继光剿匪、澳镇靖海爱民、官府制止港口乱收费与禁止办案索财的碑刻，一一展示在眼前。

东墙的碑廊里，明清两代南澳的碑记被搜集砌嵌于此，阳刻"将军第"石匾字迹犹清晰可见

宋井怀古

南澳岛澳前村海滩有古井，相传建于南宋，后人称"宋井"。宋井临大海，四周黄沙环绕。风沙来袭，掩于沙土之下；潮涨浪涌，融于南海之中。但沙去潮退，井水仍清澈见底、清醇甘甜，实为奇妙！

科学考察表明，宋井正好凿于山岩泉眼上，泉水源源不断将海水冲淡。而井底有两重石岩，泉眼在上，底层石岩挡住海水的渗透，所以水质甘甜。当潮水涌入井里时，由于海水比重大，下沉后从岩层渗出，上面的泉水依然清淡。

南宋景炎元年（1276年），蒙古铁骑滚滚南下，南宋都城临安沦陷后，南宋皇室仓皇南逃，在福州拥立益王赵昰为帝。随后来到南澳，驻扎于现在的澳前村，在临海处挖出了三口淡水井："龙井"为皇室专供，"虎井"供大臣饮用，"马井"给随员军士饮用。南澳海域地震频繁，震后地面下降，三口宋井随之沉陷于海中。如今仅"马井"保留下来。

如今古井遗址辟为"宋井"风景区。景区大门是三间四柱的牌坊，将"宋井"二字巧妙融入坊中。景区有池塘，据说少帝与卫王一路奔波，夜来欲睡，忽闻太子楼蛙声大作，惊扰了小皇帝的好梦。陆秀夫捉来蛙王，在其脖子缠了一圈白纸喝令"不得再叫"。第二天，蛙王脖子上都出现一个白圈，只能发出低微的"嚯"声。太子楼蛙王会"嚯"不会"哇"在南澳及潮汕沿海一带流传开来，于是这特有的蛙种被称为"南澳哑蛙"。景区中还建有南宋帝室雕像，记录了南宋王朝的悲凉。1992年，泰国大慈善家谢慧如捐资，在宋井边上建了两座重檐式亭榭，配以九曲桥及观井平台，方便游人观井观石。

位于澳前村海滩上的古井，相传始凿于南宋，后人称"宋井"。宋井虽临海挖掘，但由于构造独特，水质清淡甘甜

发现城市之美·汕头　第七章　南澳

陆秀夫墓

南澳岛东面的青澳山下，有一个破旧的养鸡场，穿过一片杂草丛生的树林，便可见到一座苔迹斑斑的墓园。这是一座气贯山河的英雄茔，它的主人就是"崖山一跃，名垂青史"的陆秀夫。

南澳陆秀夫墓很有些年代了，它始建于元至元十七年（1280年），曾于明万历十二年（1584年）重建，清乾隆十六年（1751年）又进行过一次大修，而后又经多次重修。古墓总占地约150平方米，今存有墓首、墓手、墓埕。墓后右侧10余米高的山腰上有一块高5米的巨石，上刻大字"丞相石"，每字1米见方，下刻"印光任题"。印光任是乾隆初年的南澳同知，这是个文官。"丞相石"下有诗文，因年代久远，字迹已模糊。其诗云：

丞相从龙遁海边，满腔热血黄回天。
仓皇尚正孤臣笏，转徙犹陈大举篇。
……

墓旁有两方碑碣，右书"有宋丞相君实陆公之墓"，立于明万历十二年（1584年），左书"重修宋陆丞相墓碑志"，是1995年陆氏后人所立。

陆秀夫是唐宋莅潮十相之一，二十岁时与文天祥同时考中进士，官至礼部侍郎。后来因与丞相陈宜中政见不合，被贬潮州。陆秀夫四十岁时，元军攻陷临安，宋恭宗赵㬎被俘，南宋王朝危在旦夕。陆秀夫奉旨回朝任枢密院事，成为南宋最后一任宰相。行至温州遇上了南逃的宋室，他与陈宜中、张世杰在福州拥立恭宗的庶长兄、年仅七岁的赵昰即皇帝位，是为宋端宗。他们从南澳沿海路一直逃到琼州海峡，左丞相陈宜中对大局绝望，潜走占城（今越南）；陆秀夫、张世杰负起了保宋的重任。

景炎三年（1278年）三月，端宗为躲避元军追逐，匆匆上船避入广州外围的珠江口海面，不想遇上风浪，"龙舟"倾覆，端宗遇溺，虽被救起却从此染病。不到十岁的幼帝屡受颠簸，又惊病交加，几

陆秀夫墓后的"丞相石"石刻，为乾隆初年南澳同知印光任题写

陆秀夫墓始建于元至元十七年（1280年），明清两代多有重修，"重修宋丞相墓碑志"碑为1995年陆氏后人所立

个月后就驾崩于逃亡路上。陆秀夫只好拥立端宗异母弟、年仅六岁的赵昺为帝，逃往新会崖山避难。

一心想斩草除根的元军统帅伯颜，对南宋流亡小朝廷穷追不舍。至元十六年（1279年）二月初六，宋元两军大战于崖山，陆秀夫始终守护在少帝身边。因元军势盛，张世杰战至日暮，见大势已去，欲携幼帝一起逃亡。陆秀夫担心被俘，决意不上船。这时宋军兵败如山倒，陆秀夫知道已经无法逃离，于是挥剑跪在帝昺跟前哭诉："国事至此，陛下当为国死。德祐皇帝（即恭宗赵㬎）受辱已甚，陛下不可再辱。"遂背负年仅八岁的幼帝，腰系玉玺，投海赴难。

陆秀夫殉国四年后，元朝枢密院副使兼潮州路总管丁聚，仰慕陆秀夫高风亮节，为了让忠魂有所依，遂在南澳青径口为其建墓，并题碑"宋忠臣左丞相陆公墓"。因陆秀夫的遗骨并不在此，故此墓也称"魂依墓"。

陆秀夫后人在潮州繁衍已逾七百年，现已传至二十五至三十世，分布在潮州各市县二十多个村落，约有三万人口。1995年潮汕陆氏后裔将南澳墓地扩建为陵园。陆秀夫忠贞不屈的气节，将千古流芳，永被铭记。

长山尾炮台

从澄海到南澳，通过十多公里的跨海大桥，即将抵达长山尾码头时，抬眼便能看见高高的山头上有一段绵延的古城墙格外显眼，这就是南澳岛上著名的长山尾炮台。几百年来，它就这样岿然不动地注视着辽阔的海面，注视着码头上来往的访客。

长山尾炮台始建于清康熙五十六年（1717 年），三百年的时光在它身上悄然滑过，却似乎没有留下半点迟暮的痕迹。炮台山下守着两位古稀老人，看到游客来访，便点头示意，随手一扬，仿佛是荏苒岁月对来客的欢迎仪式。

沿着幽长台阶拾级而上，迎面就是突兀错叠的巨石，其中一石状若大冬瓜，南澳人叫它"冬瓜石"。扶着旋梯登上岩顶，只觉脚下凉风习习，跨海大桥如一条接天连海的银练，强烈地冲击着视觉神经，海风呼啸而来，飒飒作响。庆幸有半人高的铁栏杆，否则这般险峻，估计没几个人敢临崖远眺。

从岩顶下来，往南再拾石阶登高，一堵凋敝的城墙便呈现眼前。一株古榕矗立在城堡门口，虬根山石，绿叶成荫，不得不令人佩服生命的顽强。站在古城墙下，总会有一些错觉，仿佛时空倒错，历史流转。

登上城台，环顾四周，禁不住惊叹，这基本还是一座台垣完整的军事设施。居高临

长山尾炮台始建于清康熙五十六年（1717 年），这里曾是海上丝绸之路的"驿站"，是明清之际海上互市之地

长山尾炮台与莱芜炮台遥相呼应,炮台包括上炮台、下炮台和烟墩各一座,现只存留上炮台

下，广阔的海面尽收眼底，一派坚锐凛冽的气势，即便在今天仍不失为用武之地。

长山尾炮台与隔海相望的莱芜炮台遥相呼应，控扼莱长海域，堪称"姐妹炮台"。莱芜与长山尾海域自古为商船出入之地，这里曾是海上丝绸之路的"驿站"，明清之际也是海上互市之地，长山尾更是互市的集散点。这一带商业非常繁荣，所以常有海盗劫财越货，也有倭寇侵扰渔民。在莱芜及长山尾建置炮台，实为控扼敌匪、镇守疆土之用。据清《南澳志》记载，长山尾炮台涵括上炮台、下炮台和烟墩各一座，上炮台可置大炮八门，营房二十六间；下炮台可置大炮六门，营房八间。上下炮台相辅相助，以足够的兵力对抗敌匪。如今，幸存下来的只是上炮台，下炮台及烟墩早已失迹。而上炮台的营房也已塌圮经年，断壁残垣间长满了荆棘和灌木。

长山尾炮台自修筑完成后，并未发生过大型战事，这或许只是一座预备性工事，尽管没有发挥实际作用，但自从修建了炮台，这片海域的盗匪也销声匿迹了。没有经历战事的炮台，自然少了彪炳史册的功绩，却为后人留下一块怀古的净土，这或许是古人没有想到的。

伸手抚过一个个城垛，三百年的历史风云在心间起伏。林木覆盖了青山，青山遮住了视线，却掩不住无名英雄们驻守海疆的豪情，他们似乎已化为这炮台上的每一块城垣，在诉说着那些峥嵘岁月与流逝的时光。

盘虬卧龙的古榕与古城墙融为一体，见证数百年的历史沧桑

雄镇关

深澳与云澳交界处，有一道险峻的隘口，名曰"雄镇关"。明清时期，它是南澳由南通北的唯一关口，素有"中国海防第一关"的美称。

明嘉靖四十四年（1565年），盘踞南澳的海盗吴平遭广东总兵俞大猷围剿，逃至深澳负隅顽抗。俞大猷久攻不下，浙江总兵戚继光奉旨提兵五千，从浙江起兵，前来援助。援军正是由此隘口潜入深澳，突袭贼巢之背，最终大获全胜。明万历十三年（1585年），南澳副总兵刘大勋在此建造了关口，并驻重兵常年把守。

"雄镇关"名字的由来，始于明万历四十八年（1620年）。当时的南澳副总兵何斌臣为使关口有名可称，使命人凿刻"雄镇关"三个大字，嵌于关楼门口。于是，一个原本毫不起眼、掩蔽于深山密林中的隘口，自此披上浓浓的传奇色彩，并为南澳历史写下了厚重的一页。

走近关口，抬眼就能看到城墙上方的"云深处"三个大字。一株古榕紧挨城墙耸立，虬枝越过低矮的墙垛，撑起一片宽大的阴凉。古榕古城墙，相依相伴，数百年来，如同一对密不可分的老友。

关楼西侧，有一座"云深古寺"，倚关而建。虽是座新寺庙，却透着几分古朴。据说，这里最初是座"真武庙"，但早被毁坏，而一块"威镇南天"的石匾被后人保存下来，如今就嵌在寺门上。站在寺内，往雄镇关方向看去，但见日影西沉，这道古老的关隘更显沧桑。当年剿海盗、抗倭寇的血雨腥风，仿佛从夕阳的余晖中穿越而来，重现在这段古老的城墙上。

原本"云深处"般隐蔽的关口，取名"雄镇关"后开始披上传奇色彩，成为"中国海岛第一关"

郑芝龙坊

深澳古镇石亭街，一座雄伟壮观的石牌坊在阳光下顽强地挺拔着，这就是郑芝龙坊。它建于明崇祯十六年（1643年），以石料构砌，三间八柱五楼，高8米、阔10米，坊上有人物、动物雕饰，石梁之间嵌石匾，是粤东潮汕地区罕见的古老牌坊。

郑芝龙是郑成功的父亲。早年，郑芝龙是海上武装商业集团的首领，后因抗击西方殖民主义者的商船，尤其是几次在闽台海域大败荷兰侵略者的夹板船，为中国人扬眉吐气，受到明朝廷的器重和招抚，被任命为南澳副总兵。因功勋卓著，朝廷立牌坊对其进行表彰。

1918年正月初三，深澳发生7.25级大地震，致使牌坊严重受损。现在这座牌坊除八根大石柱岿然如旧外，坊上的石梁和石板，有的断折，有的出榫移位，石雕饰件更是掉失不少。但梁柱上的各样动物雕饰仍清晰可见，覆上了一层苔痕，更显沧桑。

亭下东北侧数米处短墙上，嵌有一块地震时从亭顶掉落下来的石匾，匾上裂痕清晰，上面刻着："前历剿三省山寇钟凌秀、红夷，献俘海寇刘香、萧朝清、林振、李魁奇、钟斌等军功，崇祯癸未建。"这是郑芝龙显赫军功的见证。据民众忆述，另有一石匾刻"郑芝龙坊"，背刻"玉关独镇，铜柱永标"，可惜当年被震落后已不知所踪。一旁的石雕瑞兽虽历经风雨侵蚀却仍虎虎生威，让人依稀感觉到郑芝龙坊当年的辉煌气势。

历经几个世纪的时光，整座牌坊至今仍然结构完好，仿佛还能和周围的民宅一起度过更悠长的岁月。

位于石亭街上的郑芝龙坊，始建于明崇祯十六年（1643年），整座牌坊以石料构砌，是潮汕地区罕见的古老牌坊

郑芝龙，郑成功之父，因抗击荷兰侵略者有功，被任命为南澳副总兵，朝廷立坊对其表彰

深澳天后宫

南澳最大的天后宫位于深澳。这是一个几乎没有高楼的古镇，村口几个老汉在太阳下搓麻将，"哗哗"的声音在巷道里回响；另一头一位老妇人做着针线活，卧在脚旁的黄狗昏昏欲睡。清冷的石板小巷，稀薄的阳光洒在斑驳的墙上，愈发显出秋日的冷落。

石板铺就的纵横街巷寂静无人，许多老宅柴门虚掩，屋内幽暗无光，久无人住的样子。古镇现存的老房子大多为清末及民国的建筑，残存的老屋沧桑厚重，几处保存完好的窗花雕刻细致，人物走兽、吉祥花草，诉说着曾经的辉煌。

天后宫，也称"妈祖庙""妈祖宫"，民间妈祖信仰由来已久

深澳大后宫始建于明万历四年（1576年），是潮汕地区最早的妈祖宫

在迷宫般的巷陌里边走边问，终于见到一片连接海滩的阔埕，古榕参天蔽日。一座红墙黄瓦的神庙就坐落其中，这便是深澳天后宫。一进大门楼就看见屋檐下的精工石雕：一对狮子分驮福、禄二神；后有侍者执障扇，形象栩栩如生；两侧又有一对麒麟，扬蹄长嘶，呼之欲出。内天井埕面有"双凤朝牡丹"彩色卵石图案。二进有一对明代精雕石龙柱。三进有"寰海镜清"木匾，是清代南澳总兵陈应进所题。深澳在明、清两朝是南澳总兵府所在地，从宫外现存的明代古碑《南澳山种树记》可知天后宫始建于明万历四年（1576年），这也是潮汕地区最早的妈祖宫。

天后宫里明代保留至今的精美石雕龙柱

北宋雍熙四年（987年）九月初九，一个名叫林默的女子在福建湄洲岛去世。据说她去世那天，五彩云霞在空中飘来飘去。云彩把这个女子接上天去，她就是妈祖。传说她仙逝之后于海上屡救风浪中的渔民，人们崇敬她，称她为"妈祖娘娘"，供上神位，建庙祭祀。沿海渔民出海捕鱼，但见遇险船只，必定相救；每遇海面浮尸，必定捞回埋葬。这种见义勇为、遇难相帮的精神，正是对妈祖文化的传承。千百年来，人们以各种形式纪念这位巾帼英雄。行船的人每逢初一、十五会在船上祭拜妈祖。潮汕沿海百姓，每年正月或妈祖诞（农历三月二十三日），仍保留着"请妈祖"绕境巡游的习俗。

后宅武帝庙

南澳的渔灯赛会始于清代,原名"十三乡元宵游神",它起源于海岛每年元宵的祭祀庙会。渔灯赛会出发地在后宅武帝庙,本地人称为"营关公",即关公巡游。关公是潮汕地区仅次于妈祖的第二大神祇。

单刀赴会,独行千里,秉烛达旦,义释华容,在民间文学里,经过一代代人的重新塑造,关羽的过人之处被放大了,成为上到帝王将相下到贩夫走卒的偶像。

关公最初是以战神的形象出现。明朝嘉靖以后的百余年间,倭寇肆虐,潮汕地区基本处在战火的摧残中。就在这段时间里,关公崇拜在本地百姓心里扎了根。地方官和百姓们祈望这位勇武战神的保佑。

嘉靖四十四年(1565年),朝廷命总兵俞大猷、副总兵刘显率领舟师三万人征讨吴平。吴平逃匿南澳岛,负隅抗拒。两军相持三个月,朝廷又命都督戚继光领五千精锐从浙江前来增援。官兵屡攻不下,束手无策。夜里戚继光梦见关公指点,后吴平大败。大乱平定后,南澳设副总兵镇守。将士们认为打败吴平,多亏关爷显灵相助,遂建祠祭祀。

据《重建武庙碑记》记载:"我隆澳前江武庙相传创自清雍正年间……广被十三乡

关公崇拜是民间信仰和官方推崇相互影响的产物,后宅武帝庙建于清雍正年间,每年民间"十三乡元宵游神"的关公巡游正是起源于每年元宵的祭祀庙会

之子姓焉尔。"后宅过去称隆澳，是南澳岛四个大澳之一。雍正年间，隆澳前江建起了关帝庙。这座庙宇的关帝是隆澳十三乡乡民共同祭祀的神明，每年正月关帝要出游十三乡。因为是共同崇祀的神明，这些乡村之间的摩擦也就可以借神明求得解决。潮汕游神的风气很盛，大社区联合游神，小村落崇奉神明，也在村落范围内出游。隆澳十三乡之外，又有山顶乡和山边乡。这两乡的神明原来都在正月十六日出游，如果遇到风雨天，日期就会后延。因为两乡比邻，游神路线有一个地方是交叉的。早先，在这个双方必经之处，两支游神队伍相遇之时，那些血气方刚的年轻人争先向前，互不相让，不免因此滋生事端。到清同治七年（1868年），两乡衿耆一齐来到前江关帝庙帝君座前，谋求解决矛盾的方法。衿耆决定把两乡游神的日期改成正月十六、十七前后两日，就在关帝面前焚香拈阄，定下前后轮流次序，并盟誓"嗣后不得逾约争先，致伤和气。违者议罚大戏四台"。这个在关帝面前立下的盟约，一直被两乡共同遵守。

关公崇拜的发展，在民间信仰和官方尊崇中趋于普遍化。关羽由人而神的形象，与妈祖相似，但却在不同时空和人群中，因不同功利而象征性地有所差别。然而，又与韩文公一样，不论何时、何地、哪一个阶层的崇拜者心中，关公崇拜始终有一种普遍的价值存在，这种价值，就是"忠义"。

大夫第与康厝祠

南澳金山脚下有一座特别的清代老宅,门头金漆大字"大夫第",向路人暗示它曾经的显赫与贵气。老宅主人康耀美,就是曾经富甲南澳的"康百万"。

相传"康百万"慷慨豁达、利济困穷,深澳的龙舌桥和北门外桥便是他捐款修建。朝廷为嘉奖其善举,授予"朝议大夫"官衔。此后,子孙共有六人分别被授以"朝议大夫""奉政大夫"和"奉直大夫"官衔,这是一座名副其实的"大夫第"!

康氏大夫第,主人康耀美曾是富甲南澳的"康百万",因捐款修桥,朝廷授予"朝议大夫"官衔,后世子孙共六人分别获授不同的"大夫"官衔

院落前厅,有"拔元"横匾悬于屋梁上。"拔元"是清道光漳州府贡生康世奇所立;主厅大门上也有一块横匾,"藻奋儒林"四个大字是威名赫赫的两广总督叶名琛所书。

"大夫第"分左右两个院落,每个院落左右两横厝和后厝包都有七间房,主座共三进,这种建筑结构被称为"七包三",有如老人手抱儿孙之形态,意味承先启后。整座"大夫第"约有房八十间。由于建造得法,"大夫第"显得疏密有致,浑然一体。

清嘉庆五年(1800年),"康百万"在深澳镇北侧择址修建康氏宗祠,这就是"裕德堂"。祠内摆设极尽奢华,据说仅装饰用的石料便花了两千多两银子。康氏宗祠由此成为康氏子孙会宗祭祖的公共厅堂。

康氏宗祠主座深54.6米、阔28米,共三进,由两侧巷厝、后包厅、戏台、书斋等建筑物组成。大门口埕左侧树有"朝议大夫"旗杆座,门埕连戏台深42米、阔28米。二进大门两侧梁檐及墙壁有精致石雕、一对名盖九县的油麻石鼓,屋檐倒吊镂空石花篮,大门内有精工漆金木雕屋架。二进与三进之间的两廊墙壁上,有四川进士康以铭所题写的八幅劝世文石刻:忠、孝、弟、敬、义、礼、廉、节。三进大堂及拜亭屋架梁柱有精工金漆木雕。

祠内神龛下方有一堆沙。涨潮时,干沙立即变湿;而退潮时,沙子便逐渐变干。与这潮涨潮落相似,在两百多年的岁月里,康氏宗祠也曾历经起伏。中华人民共和国成立后它曾被作为农会、粮食仓库、围海造田连队宿舍和大队碾米厂,直至1986年才重新回到康氏子孙手中。为使宗祠得以复原,康氏宗亲成立管理组,发动宗亲捐资修缮,并派专人驻堂管理。在如今以个人利益为核心的社会里,宗祠更像是一种质朴的心灵归所。

清嘉庆五年（1800年），康耀美修建康氏宗祠，称"裕德堂"

海丝印记

| 海丝遗珠——南澳Ⅰ号 |

从宋井向东南海面眺望，视线越过官屿，成群的海鸟在翱翔。接近乌屿的那片海域，便是明代古沉船"南澳Ⅰ号"的打捞点。波涛翻滚，舟楫往来，海鸟的尖叫掠过苍穹。有多少人知道，这片碧蓝海域曾发生过怎样的传奇故事？几百年过去了，时间的风沙掩盖了往事，这里曾有一场惊心动魄的海难，它与南澳的历史息息相关。

明朝万历年间的某一天，一艘满载陶瓷、锡器等珍贵器物的船舶从福建漳州月港出发，一路乘风破浪，往菲律宾马尼拉方向驶去。这并非一艘巨舸，然而却也足够大，27米长、7.8米宽的船身，大大小小共有25个舱位。每个舱位都满满当当地装满了货物，其中以青花瓷的数量最多，皆是产自福建漳州或江西景德镇的民窑，还有锡器和铜钱。明朝后

"南澳Ⅰ号"古沉船打捞出来的明代瓷器

期，官府严禁将铜材销往海外，然而它却巧妙地躲过海关的盘查，带着几分走私的嫌疑，悄无声息地驶向目的地。

行至广东最东端一个叫南澳的小岛附近，离海岸约有2海里时，也许是天气突变，狂潮卷席；也许是航行不慎，船舶触礁。总之不幸猝然发生，这艘怀揣贸易梦想的商船饮憾大海。

大海复归平静。一年年过去了，旭日依旧每天升起，灿烂的阳光抚过曾经怒吼的海面。那个离沉船仅2海里的南澳小岛，也在年轮的转动中一天天变换着模样。一个叫白翰纪的人来了，在南澳选址建城，未竟而亡；他的继任者晏继芳，肩负起艰巨的使命，在南澳岛的深澳镇挖河渠砌高墙，艰辛备尝，终于方方正正地围起了一座城。于是南澳有了初始的繁华，开始一代代的休养生息。但似乎，人们永远也不会知道，就在小岛的东南海域，一艘沉没的古船默默地守望着，等待被发现和被挖掘。

历史跨入2007年，在乌屿附近，几个渔民潜入海底正在捕捞作业，意外发现这艘湮没在层层海泥和贝壳残片中的古沉船，从而揭开了一个沉睡了几百年的古老世界。

刻有龙纹的陶瓷

大部分保存尚好的瓷盘、瓷碗、瓷罐

面对打捞上来的几万件明代器物，人们惊呆了。一些瓷器的底款确凿无误地写着"大明年造"字样；几个青花瓷大罐和一批青花大盘经洗去淤泥后，竟然崭新如初。古船的上层结构已不复存在，但隔舱和船舷保存较好，整体而言，船体和文物受海水腐蚀和人为破坏较小。历经了几百年的沧桑岁月，这真是一个不小的奇迹！在南澳，在我们看不见的地方，又还有多少沉睡于海底的时光匣子等待我们去打开。

总兵们

抗倭名将陈璘

在南澳，陈璘这个名字可谓家喻户晓。这位南澳总兵从海上征战、岛上修城到御倭剿匪、戍边安民；从深澳金山一带的植树造林、美化海岛到创建学宫、兴学育才。南澳百姓一直没有忘记他。深澳妈祖庙前，有一块陈璘亲手题写的《南澳山种树记》石碑。"前人栽树，后人乘凉"，陈璘用实实在在的行动告诉人们，植树造林是功在当下、利在千秋的善举。然而，作为一位抗倭英雄，他的事迹却并不为人所熟知。

陈璘（1532—1607）

陈璘，韶州翁源人，是明初大规模迁入粤北的客籍人后代。嘉靖四十一年（1562年），潮州叛乱，陈璘响应两广总督号召应募入伍，颇受赏识。此后十多年，陈璘转战于广东各地。

明万历二十年（1592年），丰臣秀吉发动了第一次侵朝战争，这就是日本历史上的"文禄庆长之役"，中国称为"壬辰战争"。濒临亡国的朝鲜，遣使求援于明朝。面对唇齿相依的藩属国，且丰臣秀吉侵朝意在中国，明神宗决定发兵援朝。

万历二十一年（1593年），明军连克平壤、开城，收复汉城。日军退据南部诸道，提出停战议和。这年正月，陈璘被钦命为南澳镇副总兵，抵抗倭寇保卫海防，协防漳州、潮州。四年之后，明朝与日本和谈失败，日本第二次侵朝。应朝鲜宣宗李昖请求，明朝援军与朝鲜军队协同作战，水师提督陈璘统率五千广东兵驰援朝鲜。

东南会战后，侵朝日军被压缩在朝鲜东南沿海的顺天、泗川、南海一带。次年七月，丰臣秀吉病死，遗命从朝鲜撤军。当时，中朝联军水师约有八百艘战船，掌握了朝鲜半岛西南海域的制海权。陈璘最先获悉日军撤退的情报，决定在海上阻击日军。中朝联合舰队共击沉和焚毁日舰四百五十多艘，歼敌一万余名。日军发动侵朝战争的全部海

深澳妈祖庙前,陈璘亲手题写的《南澳山种树记》碑记

军力量在这场战役中几乎丧失殆尽。

平壬辰倭乱后,陈璘率军返回中国,并于万历二十八年(1600年)被任命为湖广总兵。此后陈璘因战功显赫,官至左都督、特进光禄大夫(正一品)和广东总兵官。万历三十五年(1607年)五月,陈璘病逝,终年75岁,被封赠"太子太保",赐"予祭葬"(国葬的一种),葬于广东云浮云安县六都镇莲花山。万历皇帝还恩准在陈璘故里建造"龙田城",城内设"太保祖祠"和"太保祠"。

民国海军之父萨镇冰

在南澳总兵府的史料展览中，有一位近代海军将领的肖像格外引人注目，他身披将军戎装，手执军刀，目光炯炯，这就是被誉为"七朝元老"的海军名将萨镇冰。南澳岛乃海防要塞，素为兵家必争之地，闽粤共管的驻岛两营五千官兵，受两省节制，又制两省之兵，南澳因此与福建海防关系极为密切。

萨镇冰祖先为色目人，"色目人"是元朝对中西亚各民族的统称，在元代社会中，色目人的地位在蒙古人之下，汉人和南人之上。萨镇冰的始祖萨拉布哈，为元世祖忽必烈所信任，执掌兵权，在元统年间入闽，传至萨镇冰已是十六世。清同治八年（1869年），年仅十一岁的萨镇冰考入福州船政后学堂二期，学习航海驾驶。毕业后在"扬武号"上实习，远航南洋、日本，增进了阅历。

光绪二年（1876年），福建船政第一批留学生出国，萨镇冰入选，萨父题联送子："家有健儿驰海上，国御顽夷赖栋梁。"次年萨镇冰在英国格林威治海军学校学习，三年后留学期满回国，到南洋水师任炮船大副。光绪八年（1882年）调任天津水师学堂教习。光绪二十年（1894年）七月，日本挑起甲午战争，为加强威海卫港防务，丁汝昌调萨镇冰率三十名水手守卫南口日岛炮台。光绪二十一年（1895年）年初，日军进攻威海，萨镇冰指挥炮台守军奋勇抵抗，苦战十天坚持不退，直

萨镇冰（1859—1952）

至丁汝昌下令才撤回刘公岛。

甲午一战北洋水师全军覆灭，萨镇冰被革职回乡，以教习西学为生。战后清王朝对海防建设又趋重视，由于原北洋水师武职实缺已裁汰，新授北洋海军将领只能向南洋、广东旧式水师借用。光绪二十二年（1896年）萨镇冰出任吴淞炮台总台官。光绪二十六年（1900年）义和团事起，萨镇冰率舰南下江阴，协防东南各省。当时清廷要整顿海军，派载洵与他往英、美、德、法、日、俄等国考察，回国后以载洵为海军大臣，萨镇冰任海军提督。光绪二十九年（1903年），萨镇冰授南澳镇总兵，留北洋统带海军。作为不可多得的留英海军将才，光绪三十一年（1905年）

萨镇冰又擢为总理南北洋海军兼广东水师提督，他是唯一未赴任的南澳镇总兵官。

1911年辛亥革命，萨镇冰率舰驻刘家庙及武汉、九江之间。当时革命军虽已攻克武昌，但清军与革命军仍在对峙。由于海军官兵皆心向革命，萨镇冰被迫引退，所属海军遂易帜参加革命。武昌起义后，被袁世凯任命为内阁海军大臣，却并未赴任。直至1916年黎元洪继任大总统，萨镇冰才又出任海军临时总司令、海军总长，次年在段祺瑞内阁任海疆巡阅使。1921年卸海军总长职务，回闽任福建省清乡督办。1922年第一次直奉战争，萨镇冰亲率兵舰开往秦皇岛，炮轰山海关，阻挡奉军归路，协助直系战胜奉系，被北京政府授为肃威将军、福建省长。

1927年南京国民政府成立后，萨镇冰对蒋介石的独裁统治不满，虽挂名海军部高等顾问，实际留居福州从事社会救济工作，赢得较好声望。1933年十九路军将领蒋光鼐、蔡廷锴发动"闽变"，萨镇冰不计较个人名位和安危，参加这一抗日反蒋的义举。抗战爆发后，到南洋和后方各省宣传抗日。

1949年8月福州解放前夕，萨镇冰拒绝蒋介石的邀请留在了大陆。1952年4月10日，萨镇冰以94岁高龄病逝于福州，毛泽东、周恩来均发来唁电，中央人民政府给费治丧；福建省政府举行公祭，葬于福州西门外梅亭。临终前不久，萨镇冰写道：

萨镇冰书法

国疆昔小而今大，民治虽分终必联。
人类求安原有道，俗情狃旧尚无边。
忘怀富贵心常乐，从事勤劳志益坚。
所望群公齐努力，相扶世运顺乎天。

山珍海味

南澳紫菜

南澳生产的紫菜，当地人称为"澳菜"。在潮汕地区，紫菜是家庭常备美食材料，平常的餐桌上几乎都能看到它的身影，如紫菜双丸汤、香芹炒野生紫菜、珍珠蚝焯紫菜、紫菜豆腐肉片汤……甚至在走亲访友时，还会捎上几饼上好的澳菜，承载着相互间朴实而真挚的情感。

南澳因四周被大海围绕，漫长的海岸线上分布着众多的天然港湾，在一些潮间带岩石上，就生长着很多营养丰富的海藻类植物，其中，就有天然紫菜。在一千四百多年前中国北魏《齐民要术》中就已提到"吴都海边诸山，悉生紫菜"。唐代孟诜《食疗本草》也有紫菜"生南海中，正青色，附石，取而干之则紫色"的记载。到了北宋年间，紫菜已成为沿海州府进贡朝廷的珍贵食品。而明代李时珍的《本草纲目》一书中更加具体地描述了紫菜的形态、采集方法以及它的药用价值，紫菜主治"热气烦塞咽喉""凡瘿结积块之疾，宜常食紫菜"。由此可见，食用紫菜在中国已经有很悠久的历史了。

南澳地处东海和南海交汇处，寒暖流交融，温度适宜，潮流畅通，海域无污染，水质含氮量高，出产的紫菜薄嫩，味道鲜甜可口，光泽紫黑透明，所含蛋白质、碘、磷、钙等营养物质甚为丰富。澳菜对于南澳人来讲，是一种骄傲，在南澳人的味觉神经里，澳菜绝对是紫菜中的极品。

养殖澳菜其实是一件非常辛苦又富有挑战的体力劳动。首先，选定良好的海域环境最重要，它直接决定紫菜将来的品质；然后在这片海域打桩、晒匾、投苗、附苗……这些过程中，数打桩最辛苦，从山上砍来十几米高的成年毛竹，将所有竹节疏通以消除压力差，用人力一点点将毛竹打入海底，再用绳子将所有毛竹连起来，形成网帘，最后将紫菜苗附在绳子上。潮落时，网帘就悬于海面上，紫菜苗进行光合作用，享受充足的阳光和洁净空气；涨潮时，紫菜苗浸入海水中，充分吸收海水中的养分。经历三个月的潮涨潮落，紫菜也基本完成了生长与营养价值的储备，这个时候就进入收获阶段了。

采收紫菜是一项非常危险的工作，潮汕有民谚"浪险过拍紫菜"，到了紫菜收获的季节，即使遇上风高浪急的恶劣天气，他们依然要进行艰险的采收工作，这是一项勇敢者的游戏，也是一项与生命博弈的高危劳动。此外，烘烤也是一道关键技术，直接影响到紫菜的色泽与味道，紫菜经烘烤变得深黑油亮，味道也变得更加芳香浓烈。

澳菜就是南澳这一方水土的味觉符号，咀嚼澳菜的鲜美，咀嚼出的是阅历的质感，更是对南澳浓浓的思念。鲜嫩脆口的澳菜弥漫着海洋的气息，捎几片澳菜给亲人朋友，这是来南澳的最好手信。

南澳紫菜色泽黑亮，晒紫菜是紫菜成品的一道重要环节

龙须菜

在南澳琳琅满目的海产品中，龙须菜就像万花丛里的一抹绿，随处可见。然而这抹绿色并非南澳的传统特产，它在岛上"定居"时间只有短短十多年，而今，其爽美的口感、丰富的营养、多样的食法等赢得食客们的青睐，在南澳众多美味中占据不可或缺的地位。

龙须菜是一种高产绿色的大型海藻。长期以来被作为鲍鱼等名贵海鲜的饲料，默默蛰伏在神秘的大海中。科学研究发现，它除含有人体所需的多种营养外，还是食品工业的重要原料。2001年，龙须菜被正式移植到南澳。南澳位处北回归线，水温较低，非常适宜龙须菜的生长。经过十多年科学培植与品种优化，龙须菜成为南澳三大拳头产品之一，在深澳、云澳、后宅等附近海域都有大面积养殖。因其生长速度快，又有细如金丝的华丽外形，当地人给它取了个非常吉利的名字——发菜。

春夏之交是龙须菜最好的采收季节，为了赶上大晴天和卖个好价钱，养殖大户临时雇帮工进行收割、晾晒和运输。简易的机动小筏子上，他们凭借娴熟的技巧，一会儿工夫，筏子上就堆得满满的，远看就像一座座在海面上移动的小山丘。一捆捆的龙须菜被直接装车，或摊开在太阳底下。这个季节，从沿岛的龙门湾、白沙湾、竹栖肚湾到走马埔和羊屿等海域，到处是忙碌的身影。无论是公路、沙滩还是其他任何空地，都晒满了龙须菜，在养殖户密集的深澳湾，从雄镇关至吴平寨的环岛公路两边，远远看去，就如两条金色的巨龙，舞出了一道奇特的风景。

龙须菜是一种绿色的大型海藻，当地人也称"发菜"，凉拌是龙须菜最经典的吃法

南澳饭馆的海鲜池常有塑料盆装着一些嫩绿色，细得像蚕茧、摸之弹性十足的海产。奇特的外形常令食客驻足，点菜生每天无数次重复地回答"叫什么""怎样吃""好不好吃"等问题。这就是龙须菜。刚采摘上岸的龙须菜因奇特的

外形引起食客关注，又因"发菜"的好意头吸引食客点食。凉拌是龙须菜最经典的吃法，只需将其洗净，在开水里焯一下，再用凉水一冲，加点蒜蓉、辣椒、香菜、酱油、老醋等调拌均匀，很快，一盆色香味俱全的"发菜"就上桌了。当然，定会有一股酸醋大蒜的香味以及浓郁的海洋气味扑面而来，吃在口里，脆生生有嚼头，一口下去，满口生津，令你胃口大开。

晒过的龙须菜呈金黄色，细细的，像一团缠绕的金丝球。它的吃法更加丰富，可以凉拌、煲汤、清炒、煮青菜等，每一种做法，都是令人垂涎的美味。龙须菜不但有清热解毒、利湿助消化等功效，还可以治感冒、便秘。龙须菜不含脂肪，还有天然的保健功效，有着"长寿菜"的美誉。

在这个注重健康的年代，绿色食品成为餐桌上的宠儿，龙须菜有讨喜的称谓、鲜美的口感，它既可以是饭前的开胃菜，也可以做成鲜美的浓汤，还可以是饭后的爽口菜。在南澳的餐桌上，如果没有龙须菜的身影，总会觉得有些许遗憾。

南澳金薯

"金薯"是人们对南澳红薯的专有称呼，这种看似不起眼的土特产，近年来因品质独特走俏海内外市场。

南澳金薯外观与普通番薯差不多，但煮熟之后却有天壤之别。掰开煮透的金薯，皮里的瓤呈金黄色，更特别的是，瓤的形状是一条一条的，不但香气浓郁，而且口感极甜，这就是"金薯"一名的由来。

在南澳吃海鲜是件平常的事情，一桌下来，并非都是龙虾鲍鱼之类的珍稀之物，各种野生鱼类、贝类总是餐桌上的主角。一般的餐后主食往往不是炒饭就是馒头，在南澳就变成了金薯，这压轴例牌不容小觑，咬一口，黏糯嫩滑，香甜可口。

在南澳烧烤，食材非常丰富，除了海鲜蔬菜，金薯也是必不可少的。火炉里用锡纸包住的金薯，一股浓郁的香味扑鼻而来，剥去皱皱的红薯皮，通体金黄色，入口即化，嫩、滑、香、甜一齐袭来。

然而，并非所有南澳出产的红薯都这么美味，只有云澳镇云祥村才是优质金薯的产地。因为这里地理位置特殊，日照时间长，所以金薯的糖分极高。又因为云祥村遍布赤红壤沙质土,所以生长在这里的红薯皮薄色黄。据《本草纲目拾遗》等文献记载,红薯不但含有丰富的维生素、钙、铁等多种营养成分,还有"长寿食品"之誉,具有抗癌、保护心脏、预防肺气肿、糖尿病以及减肥等功效。

近些年来,随着来南澳的游客逐年增多,云祥村的金薯也声名远扬。每年冬季正是金薯的收获季节,走进云祥村田间地头,总会看到很多来自岛外的收购者,甚至一些外国人也慕名而来。这里的金薯销售到珠三角地区,甚至远销香港及东南亚等地。金薯的热销为村民带来丰厚收入的同时,也潜移默化地成为提升南澳旅游知名度的一张珍贵名片。

南澳红薯因口感甜香软滑、色泽金黄而被称为"金薯",是远近闻名的土特产

南澳民俗

麒麟舞

南澳人崇拜麒麟，应该是源于"麒麟送子"的信仰。潮汕民间男女嫁娶，不论寨门、祠堂门、厅门、家门、轿门的门楣上，都要贴上一张"麒麟到此"红纸条，寓意吉祥平安，更祈望新娘早生贵子。按传统的风俗，新娘出轿后要"跨火烟"，伴娘唱四句："举步跨火烟，早得麒麟儿；夫妻同心腹，偕老到百年。"

南澳人对麒麟的信仰还体现在建筑物的设计当中。在神庙、宗祠及一些大型的建筑物前面的照壁上，经常能见到麒麟的形象。它们大都以嵌瓷的形式出现，光彩夺目，栩栩如生。

这种麒麟信仰催生了具有浓郁南澳特色的民间舞蹈——深澳麒麟舞。麒麟舞是一种以麒麟为造型、在民间节庆中表演的民间传统舞蹈，它融音乐、舞蹈、工艺美术、杂技于一体，既具有美学的欣赏价值，又有文艺、宗教和民俗的研究价值。

舞麒麟是深澳镇的传统民间舞蹈，它肇始于明朝，盛行于清朝，曾是每年深澳元宵庙会的重头戏。其程式为"麒麟踏八宝"，分为麒麟寻青、惊青、出洞、洗须、吐火、耍尾等。深澳舞麒麟是海岛优秀的传统民间艺术，它融合渔灯、舞蹈、音乐、造型艺术于一身，以内涵丰富、特色鲜明、观赏性强，成为海岛民间舞蹈的一朵奇葩。

舞麒麟的盛况。南澳人崇拜麒麟，源于"麒麟送子"的信仰

车鼓舞

云澳镇澳前村是一个靠山朝海的小渔村,也是南澳车鼓舞的发源地。相传清朝道光年间,有个逃难的闽南人来到南澳岛,得到渔民的善待和帮助,为报答恩人,他将擅长的车鼓舞传授给当地渔民,使这一民间艺术逐步在南澳流传开来,深深扎根于海岛渔村。车鼓舞曾代表南澳参加粤东地区的艺术汇演,甚至流传到台湾,为促进两岸的文化交流做出了贡献。然而,由于种种原因,目前南澳车鼓舞濒临失传,处于尘封多年难露脸的窘境。

车鼓舞,又名拖车舞、推车鼓,它取材于中国四大古典名著之一的《水浒传》,以大闹大名府的故事为背景,表现了梁山泊好汉林冲、李逵、顾大嫂、一丈青、时迁等乔装成卖艺人、问卜者,配以杂耍、舞蹈、技艺,进行推(拖)车鼓表演,混进大名府,里应外合,营救卢俊义的一次行动。最后以打碎车鼓、取出兵器的威武造型结束。过去正月游神赛会,车鼓舞是海岛民俗文化的重头戏,深受百姓欢迎。车鼓舞所到之处,海中渔船鞭炮齐鸣,街头巷尾万人空巷、人流如织,屋顶、树上都站满观众,看戏的人们也弃戏来看舞,可谓盛况空前。

车鼓舞的表演,最后以打碎车鼓、取出兵器的威武造型结束

南澳车鼓舞传承谱系

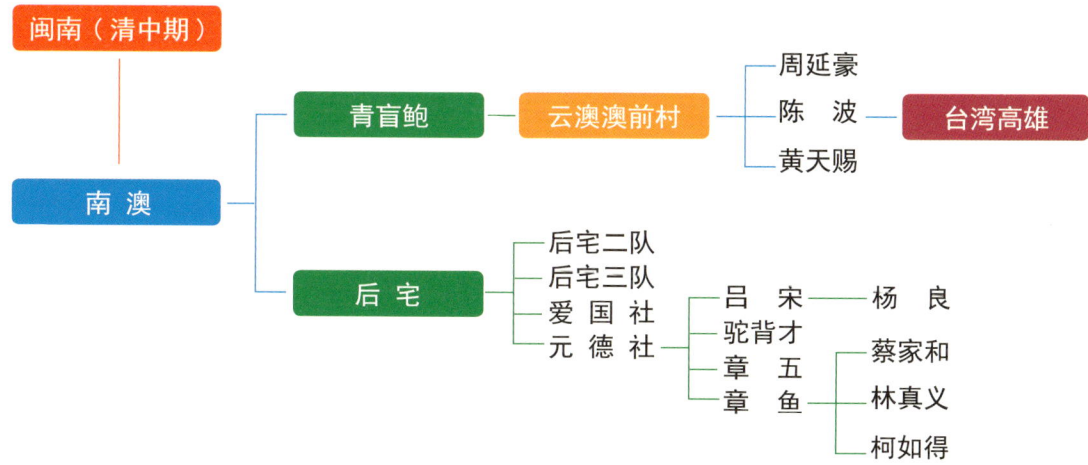

清朝末年，车鼓舞因一次意外偃旗息鼓。那年正月，车鼓舞参加伴神游行时，在一条狭长的巷口，竹竿误揭了一名乡绅的帽子，这位被激怒的乡绅将众人召去斥责，车鼓舞自此被迫停演。直至抗日战争胜利后，渔民又重新排演起来，然而接踵而来的内战使渔民生活十分困苦，车鼓舞再度濒于失传。

中华人民共和国成立后，车鼓舞得到文化部门重视，文化部门组织老艺人对这一古老的民间艺术进行整理排演，并传授给年轻人。1957年，南澳车鼓舞参加广东省业余文艺汇演，获得二等奖。当时，排演车鼓舞成为热潮，全县不少渔村纷纷组建了车鼓舞队。以前，车鼓舞的参与者全部是男性渔民，中华人民共和国成立后，为了与舞中人物相吻合，顾大嫂、一丈青等梁山女将不再男扮女装，而改由女性扮演。1983年，澳前村的车鼓舞队为了能在当年的春节汇演，所有演员都集中在云澳的弯叮山边排演边从事养殖，而演员大多是渔村的青年男女。

目前，南澳岛熟悉车鼓舞的民间老艺人多数去世，只有澳前村个别老艺人和县文化馆还保留着一些当年排演车鼓舞的文字图片资料。南澳县文化部门曾组织对车鼓舞重新发掘，但由于经费原因发掘保护工作搁浅。

跋

2013年，我们在南澳岛采访，曾为它的人文底蕴和丰饶物产所打动。时隔两年，我们再次踏上汕头这片土地，开启了更全面、更详尽的发现汕头之旅。作为北回归线上中国大陆唯一的海滨城市，汕头起源于海，崛起于海，临海而居的汕头人，创造了丰富的海洋文化。清末开埠以来，汕头依靠便利的海上交通，成为粤东地区最重要的港口，百年商埠给这座新兴城市增添了时代的光环。

从蓬洲所城、鸥汀印象的悠悠古韵，到开埠纳新、中西文化的碰撞融合，再到充满活力的经济特区，汕头，在不同的历史时期扮演着内涵丰厚的角色。这里有跨越温带和亚热带的北回归线标志塔，拥有优质海湾的"东方威尼斯"南澳岛，媲美荷兰风光的果老山，代表一个时代记忆的外马路，烙上开埠印记的海关钟楼，充满异国情调的小公园……这些都是汕头文化脉络里不可或缺的精髓。澄海灯谜、潮阳英歌、中秋烧塔等形式多样的民间风俗，在这里仍代代相传，是汕头历史民俗画卷最生动的写照。

汕头给我们呈现了得天独厚的自然风光、丰富多彩的民俗信仰和独具特色的风味美食，本书力求多角度展现它古今相融、中西合璧的城市风貌，以及兼容并取的城市气质。在走读汕头的过程中，我们得到很多汕头乡贤的帮助，本书得以付梓，要特别感谢香港潮属、利达中港有限公司董事长徐锦河先生的鼎力支持，为潮汕之行赞助了一批专业摄影装备。感谢《汕头特区晚报》原总编蔡谦先生对本书的指正，并应邀拨冗参与编辑。

感谢深圳市潮汕文化研究会黄惠生主席（会长）、杨经纬秘书长以及汕头市慈善家黄锡光先生的全力支持。以下单位和个人亦为本书的采访和编纂工作给予很多帮助，在此致以敬意和感谢：

  汕头市人民政府新闻办主任 林旭先生

  中共汕头市委党校 陈晓东老师

  汕头日报社记者 杨可女士

  汕头特区晚报社 赖国荣先生

  汕头市铂晶大酒店执行董事 黄海涛先生

  潮阳剪纸艺术家 陈小燕女士

  汕头市潮品手信文化传播有限公司 郑泽贤女士

  汕头市流行音乐协会主席 林伟文先生

  澄海区热心市民 黄叙芸女士

  潮阳区退休教师 刘佐铿先生

  另外，本书涉及的一些民间传说和历史典故，是我们参考网络信息或其他文献资料改编而成。因无法联系到原作者，恳请谅解并致以感谢！由于时间仓促，作品有不足之处在所难免，希望广大读者批评指正！

《发现城市之美·汕头》项目组
2017年10月

图书在版编目（CIP）数据

发现城市之美．汕头 / 肖岳山，徐子雅主编．— 深圳：海天出版社，2017.10
ISBN 978-7-5507-1968-2

Ⅰ．①发… Ⅱ．①肖… ②徐… Ⅲ．①汕头－概况 Ⅳ．①K92

中国版本图书馆CIP数据核字（2017）第094657号

发现城市之美·汕头
FAXIAN CHENGSHI ZHI MEI SHANTOU

出 版 人	聂雄前
责任编辑	刘翠文
责任技编	蔡梅琴

出版发行	海天出版社
网　　址	www.htph.com.cn
地　　址	深圳市彩田南路海天综合大厦7-8层（518033）
电　　话	0755-83460601（批发）0755-83460239（邮购）
开　　本	787×1092　1/16
印　　张	26
字　　数	500千字
版　　次	2017年10月第1版
印　　次	2017年10月第1次
定　　价	162.00元

海天版图书版权所有，侵权必究。
海天版图书凡有印装质量问题，请随时向承印厂调换。

发现城市之美

出 品 人	吴树彬
指导单位	汕头市人民政府新闻办公室
封面书法	陶 铸
总 顾 问	林辉勇
主 编	肖岳山　徐子雅
副 主 编	蔡 谦
总 监 制	许英生　张热云
监 制	龚志先　饶云清　卢卫卫　谢宏中
文字主管	徐舜希
撰 稿	许英生　徐舜希　肖永良　欧阳敏　唐兰燕
摄 影	许英生　张热云
设 计	深圳市卢石文化传媒有限公司
运营主管	齐玲玲
新媒体运营	李 叶
版 权	深圳市点石文化传媒有限公司
地 址	深圳市福田区田面设计之都1栋3D
电 话	0755-82701682
微 信	发现城市之美
二 维 码	

一扫解乡愁